高铁站点地区发展研究丛书 | 张文新主编

中央高校基本科研业务费专项基金资助项目(2009SD-5)
中国社会福利基金会城乡发展基金资助项目(ZJ20150129)

高铁站点地区产业发展研究

张文新　孙方　史艳慧　著

东南大学出版社
SOUTHEAST UNIVERSITY PRESS
·南京·

内容提要

本书从交通、产业与城市发展三者的内在关联出发,基于访谈与问卷调查、社会经济统计、地图等多元数据,采用定性与定量相结合的研究方法,从企业视角探讨高铁站点地区产业空间分布及其演变过程,以及产业发展的动力机制,旨在认识高铁站点地区产业发展的过程与机理,揭示高铁站点地区产业发展存在的问题,为我国高铁站点地区的产业发展提供参考。

本书可供高等院校城乡规划、国土空间规划、建筑、地理、经济、交通、土地规划与管理等专业的师生和科研机构的科研人员参考,也可供发展和改革委员会、规划、建设、自然资源、交通等政府管理部门相关人员,以及金融机构、企业、高铁站点地区建设指挥部或高铁站点地区管理委员会等经营管理人员参考。

图书在版编目(CIP)数据

高铁站点地区产业发展研究 / 张文新,孙方,史艳慧著. — 南京:东南大学出版社,2023.12
(高铁站点地区发展研究丛书 / 张文新主编)
ISBN 978-7-5766-1003-1

Ⅰ. ①高… Ⅱ. ①张… ②孙… ③史… Ⅲ. ①高速铁路—铁路车站—影响—区域经济发展—产业发展—研究—中国 Ⅳ. ①F269.27

中国国家版本馆 CIP 数据核字(2023)第 231561 号

责任编辑:孙惠玉 李倩　　责任校对:子雪莲　　封面设计:王玥　　责任印制:周荣虎

高铁站点地区产业发展研究
Gaotie Zhandian Diqu Chanye Fazhan Yanjiu

著　　者:张文新　孙方　史艳慧
出版发行:东南大学出版社
出 版 人:白云飞
社　　址:南京市四牌楼2号　邮编:210096
网　　址:http://www.seupress.com
经　　销:全国各地新华书店
排　　版:南京布克文化发展有限公司
印　　刷:南京凯德印刷有限公司
开　　本:787 mm×1092 mm　1/16
印　　张:14.25
字　　数:347 千
版　　次:2023年12月第1版
印　　次:2023年12月第1次印刷
书　　号:ISBN 978-7-5766-1003-1
定　　价:59.00 元

本社图书若有印装质量问题,请直接与营销部调换。电话(传真):025-83791830

总序

近年来我国高速铁路(简称高铁)发展迅速,据中国国家铁路集团有限公司数据,截至2022年底,全国高铁运行里程达到4.2万km,高铁站点有670余个。随着我国高铁的迅速发展,一些地方依托高铁建设的有利条件,积极推进高铁站点地区的开发建设,围绕高铁站点建设城市副中心或高铁新城(新区),希望借此培育城市新的增长点,打造城市新的增长极。

我国的高铁站点大都位于城市郊区,目前开发建设取得了一定成效,但由于缺乏科学的规划、选址距离中心城区较远等,我国高铁站点地区普遍存在功能定位过高、建设规模过大、发展模式较单一、土地利用效率较低、产业发展和人口集聚十分有限、开发效果不理想、发展比较缓慢等问题。

2018年4月,国家发展和改革委员会、自然资源部、住房和城乡建设部、中国铁路总公司联合发布《关于推进高铁站周边区域合理开发建设的指导意见》(发改基础〔2018〕514号),明确指出要对高铁站周边区域进行合理开发建设。继开发区建设、新城建设之后,高铁站点地区成为推动我国城市化和城市发展的新的空间,但目前学术界对于高铁站点地区的发展研究还处于起步和探索阶段,关于高铁站点地区发展的过程与机理等缺乏系统深入的研究,无法为高铁站点地区的建设实践提供有效的理论指导。

本丛书主要根据经济地理学、区域经济学、城市地理学、城市经济学等学科的相关理论和方法,从高铁站点地区的发展机制与模式、高铁站点地区的产业发展、土地的合理开发利用、站城关系和站城一体化发展等方面,围绕高铁站点地区发展面临的重点问题展开研究,旨在认识高铁站点地区发展的过程与机理,为我国高铁站点地区的建设提供参考。

本丛书是国内外第一套全面系统阐述高铁站点地区发展的系列专著。丛书具有以下特点:一是更微观的剖析角度。以高铁站点地区500—1 000 m范围为核心研究区域,从微观视角剖析站点地区发展的相关问题。二是研究源于第一手田野调研资料。书中涉及的素材和数据,大都是作者基于在国内外学习、实地调研、访谈获得,资料珍贵且可靠。三是对国内外案例进行系统的比较分析。全面系统地总结国内外高铁站点发展的普遍规律,为我国高铁站点地区的发展提供全面的指导。

本丛书主要基于中央高校基本科研业务费专项资金资助项目"城际轨道交通对大都市地区城市发展及其空间结构的影响研究"和中国社会福利基金会城乡发展基金资助项目"我国高铁站点地区发展调查研究"的研究成果,全面系统地阐述了高铁站点地区的发展机制、产城融合、土地合理利用、站点地区与依托城市的相互关系及互动机制等高铁站点地区发展的关键问题,具有较高的学术价值和实践意义。

前言

目前关于高铁站点地区产业发生、集聚、发展的过程与机理的研究比较缺乏,无法为高铁站点地区的产业发展实践提供有效的理论指导。探讨高铁站点地区的产业发展过程与机理,不仅对站点地区的开发实践具有指导意义,对丰富经济地理学、城市地理学和区域经济学等相关学科的理论研究,促进相关学科的发展也有一定的意义。

本书选择京沪高铁的部分站点为案例,采用访谈与问卷调查、社会经济统计分析、地理信息系统(Geographic Information System,GIS)空间分析等多种方法,对高铁的产业影响效应进行识别,探讨高铁站点地区产业发展时空格局及其动力机制;选择商业和房地产业两个主要行业进行深入剖析;并从相关利益主体的视角,对站点地区的产业功能配置、产业开发整体效果进行总体评价。主要内容和结论如下:

(1) 根据区位论、节点—场所理论、圈层结构模型、公交导向型发展(Transit Oriented Development,TOD)理论、利益相关者理论等相关理论和模型,基于高铁站点的双重属性,节点、场所的相互作用机制,以及站点开发与场所功能的内部平衡等因素,构建了高铁站点地区产业发展的过程、格局、机制分析框架。

(2) 探讨了京沪高铁对沿线城市产业发展的影响。选择京沪高铁沿线的13个地级站点城市,采用基于"2,1范数"($\ell2,1$-norms)的特征选择模型对受高铁影响显著的城市产业类型进行识别,结果发现:①高铁运营与高铁站点地区的产业发展具有高度的同时性;②对产业具有显著影响的高铁属性因子为高铁站点的位置、站点等级及站点开发范围;③受高铁影响显著的行业类型主要包括公共设施管理、科研、技术服务、教育、卫生、社会保险和社会福利业、文化、体育和娱乐等第三产业;④由于城市与区域背景、宏观经济条件等的差异,高铁对沿线城市产业发展的影响有较大差别。

(3) 对苏州北站站点地区的企业发展演变及其动力进行分析。采用核密度分析,结合企业兴趣点(Point of Interest,POI)数据对苏州北站站点地区的企业空间格局及其演变过程进行探讨。采用问卷调查方法,对高铁站点地区企业迁入迁出的原因进行调查分析。研究发现:新的企业与当地原有的产业类型没有直接关联,与地方规划和重点发展的产业高度一致。企业迁出和迁入的动力有所不同。高铁站点节点可达性、场所品质与场所功能能够促进企业生产效率的提高。

(4) 对苏州北站站点地区商业总体的空间演变特征和零售业、住宿餐饮业、居民服务业等主要商业类型的空间演变过程进行了深入研究。研究结果显示:①前期商业网点空间分布表现为沿站点地区主要交通线路分布的特征,后期出现了购物广场、商业街、社区商业中心等集聚形态;②高铁服务、政府规划、交通区位等因素主导了商业的主要类型与空间分布。

（5）探讨了苏州北站站点地区房地产业的发展与驱动机制。研究发现：①站点地区住宅的发展经历了一个由传统村庄到现代城镇型居住区的变化过程，商铺由早期的农贸市场演变为当前的小区底商与综合购物中心相结合的格局，写字楼则经历了从无到有且成为主导地产类型的过程；②高铁服务、宏观经济背景、社会经济发展水平等是站点地区房地产业发展的主要影响因素。

（6）基于多元主体视角对苏州北站站点地区的产业发展效果进行评价。结果显示：①文化体育、批发业、金融业、房地产、医疗是高铁站点地区产业服务满意度最低的五个行业；②不同利益主体对站点地区产业综合发展效果的认识有所不同，社会性主体认为高铁站点地区缺乏高端就业机会，房价增长过快，产业发展没有带来实际利益，配套设施有待完善，而政府主体则对高铁站点地区发展的主要社会经济指标表示满意。

本书主要有以下创新：首先，在理论层面，借鉴企业发展理论，建立了高铁站点地区发展的利益相关者体系；其次，在研究方法上，将机器学习的模型与算法引入高铁站点地区的产业发展研究；最后，在研究内容上，对高铁站点地区产业发展的驱动机制进行了深入分析。

目录

总序
前言

1 绪论 ·· 001
  1.1 研究背景 ·· 001
    1.1.1 理论背景：交通、产业与城市化的关联 ··················· 001
    1.1.2 现实背景 ·· 001
  1.2 研究意义 ·· 003
    1.2.1 理论意义 ·· 003
    1.2.2 实践意义 ·· 003
  1.3 研究现状 ·· 004
    1.3.1 国外研究 ·· 004
    1.3.2 国内研究 ·· 007
    1.3.3 研究述评 ·· 012
  1.4 研究思路与研究内容 ·· 013
    1.4.1 研究思路 ·· 013
    1.4.2 研究内容 ·· 013
  1.5 研究方法、技术路线与数据来源 ··· 014
    1.5.1 研究方法 ·· 014
    1.5.2 技术路线 ·· 015
    1.5.3 数据来源 ·· 015

2 理论基础与分析框架 ·· 018
  2.1 理论基础 ·· 018
    2.1.1 区位论 ·· 018
    2.1.2 节点—场所理论 ·· 019
    2.1.3 圈层结构模型 ··· 021
    2.1.4 公交导向型发展理论 ··· 022
    2.1.5 利益相关者理论 ··· 023
  2.2 分析框架 ·· 024
    2.2.1 高铁站点的双重属性 ··· 024
    2.2.2 节点、场所的相互作用机制 ··································· 025
    2.2.3 产业的概念与分类 ·· 025
    2.2.4 站点开发与场所功能的内部平衡 ···························· 026
    2.2.5 产业发展的过程、格局、机制分析框架构建 ············ 027

2.3 案例选取 ··· 028
  2.4 研究区范围界定 ··· 028
    2.4.1 范围界定的依据与步骤 ··· 028
    2.4.2 站点地区范围界定结果 ··· 029
  2.5 研究区域背景介绍 ··· 030
    2.5.1 苏州北站简介 ··· 030
    2.5.2 苏州北站高铁新城 ··· 031
    2.5.3 苏州北站的城市—区域背景 ··· 031

3 京沪高铁对沿线城市产业发展的影响 ·· 034
  3.1 高铁的产业影响效应研究进展 ··· 034
  3.2 研究对象、指标与数据来源、研究方法 ··· 036
    3.2.1 研究对象 ··· 036
    3.2.2 评价指标与数据来源 ··· 037
    3.2.3 研究方法 ··· 038
  3.3 结果分析 ··· 040
    3.3.1 高铁运营前后各行业从业人员数目增长率的对比 ·························· 040
    3.3.2 高铁属性对行业的影响分析 ··· 040
  3.4 讨论 ··· 043

4 高铁站点地区企业空间分布与演变分析 ·· 045
  4.1 高铁站点地区企业的相关研究 ··· 045
  4.2 企业空间分布与演变过程分析 ··· 046
    4.2.1 研究方法与数据来源 ··· 046
    4.2.2 高铁开通后的企业空间分布格局 ··· 047
    4.2.3 高铁开通前的企业空间分布格局 ··· 058
    4.2.4 企业总体空间演变过程 ··· 059
  4.3 企业空间演变的动力：企业迁入迁出的原因分析 ································· 060
    4.3.1 区位选择要素体系 ··· 061
    4.3.2 调研企业基本情况 ··· 061
    4.3.3 企业区位选择影响因素调查结果分析 ····································· 065
    4.3.4 企业空间演变的驱动力分析 ··· 078

5 高铁站点地区企业发展的动力分析 ·· 081
  5.1 指标体系与数据来源 ··· 081
  5.2 高铁服务与站点开发对企业发展的影响结果分析 ································· 083
    5.2.1 对企业发展的总体影响 ··· 083
    5.2.2 对不同行业类型企业发展的影响 ··· 085
    5.2.3 对不同规模企业发展的影响 ··· 088

    5.2.4 对地方代表性企业发展的影响 ………………………………… 090
  5.3 高铁服务、站点开发与企业发展的关系 ……………………………… 091
    5.3.1 节点效应提升企业生产效率 ……………………………………… 092
    5.3.2 场所品质提升与功能完善为企业带来积极影响 ………………… 092
    5.3.3 高标准的建设与高效管理消除了对企业的负面影响 …………… 093
    5.3.4 站点开发存在的问题 ……………………………………………… 093

6 高铁站点地区商业空间分布与演变机理 ……………………………………… 094
  6.1 分析框架 …………………………………………………………………… 094
  6.2 站点地区商业总体空间演变特征 ………………………………………… 096
    6.2.1 高铁开通前站点地区商业空间分布的总体特征 ………………… 096
    6.2.2 高铁开通后站点地区商业空间的演变 …………………………… 097
  6.3 站点地区主要商业类型的空间演变过程 ………………………………… 102
    6.3.1 零售业 ……………………………………………………………… 102
    6.3.2 住宿餐饮业 ………………………………………………………… 104
    6.3.3 居民服务业 ………………………………………………………… 105
  6.4 站点地区商业发展总体过程总结 ………………………………………… 106
  6.5 站点地区商业发展过程及机理分析 ……………………………………… 107
    6.5.1 专业化市场的形成与发展 ………………………………………… 107
    6.5.2 社区商业中心的形成 ……………………………………………… 108
    6.5.3 综合性购物中心的形成 …………………………………………… 109
    6.5.4 站点内部商业中心的形成 ………………………………………… 109
    6.5.5 高铁服务与站点开发对商业发展的影响 ………………………… 110
    6.5.6 商业中心的等级体系 ……………………………………………… 110

7 高铁站点地区房地产业发展过程与机理 …………………………………… 112
  7.1 房地产和房地产业 ………………………………………………………… 112
  7.2 高铁对房地产影响效应的多样性特征 …………………………………… 113
  7.3 研究对象、研究方法、数据来源 ………………………………………… 115
    7.3.1 研究思路与研究对象 ……………………………………………… 115
    7.3.2 研究方法与数据来源 ……………………………………………… 118
  7.4 站点地区土地市场概况 …………………………………………………… 118
  7.5 站点地区居住地产价格影响因素分析 …………………………………… 120
    7.5.1 变量选取与数据来源 ……………………………………………… 120
    7.5.2 住宅价格的影响因素 ……………………………………………… 124
  7.6 站点地区商业地产租金影响因素分析 …………………………………… 129
    7.6.1 样本总体特征描述 ………………………………………………… 129
    7.6.2 商铺租金价格影响因素分析 ……………………………………… 131

7.7 机制分析 135
7.7.1 住宅价格形成机制分析 135
7.7.2 商铺价格形成机制分析 137
7.7.3 写字楼市场与工业用房市场形成机制 138

8 基于多元主体视角的高铁站点地区产业发展评价 140
8.1 研究设计 140
8.1.1 利益相关者类型划分 140
8.1.2 研究思路 141
8.1.3 研究方法 141
8.2 利益主体对产业类型的重要性—满意度评价结果分析 143
8.2.1 乘客主体 143
8.2.2 居民主体 148
8.2.3 企业员工 152
8.2.4 商家 156
8.3 利益主体对站点地区产业开发效果的评价 160
8.3.1 评价指标体系 160
8.3.2 利益主体对产业开发效果的评价结果分析 162

9 高铁站点地区产业发展的总体过程与机制分析 168
9.1 站点地区产业发展的总体过程 168
9.1.1 高铁的开通与附属交通设施的建设 168
9.1.2 房地产开发与配套设施建设 169
9.1.3 产业和人口集聚阶段 169
9.1.4 新产业格局的形成与动态平衡 170
9.2 站点地区产业发展的动力机制分析 171
9.2.1 内生优势 172
9.2.2 城市推动 175
9.2.3 区域助力 176
9.2.4 市场机制 177
9.2.5 不同利益主体的积极参与 177
9.3 站点地区产业发展的问题与对策建议 178
9.3.1 企业 178
9.3.2 商业 179
9.3.3 房地产业 179
9.3.4 兼顾不同利益主体需求,体现以人为本的开发理念 179
9.3.5 坚持高标准的城市建设与监管,营造高品质城市场所 ... 180
9.4 对其他高铁站点地区产业开发的启示 180
9.4.1 理性看待高铁效应 181

  9.4.2　站点开发优先考虑节点功能完善 …………………………… 181
  9.4.3　政府决策要以市场机制为前提 ……………………………… 181
  9.4.4　合理选择重点区域进行产业开发 …………………………… 182

10　结论与展望 …………………………………………………………… 183
 10.1　主要结论 …………………………………………………………… 183
 10.2　主要创新点 ………………………………………………………… 186
 10.3　不足与研究展望 …………………………………………………… 187

附录 ………………………………………………………………………… 188
 附录1　苏州北站站点地区企业区位选择要素调查问卷 ………… 188
 附录2　高铁服务与站点开发对企业发展的可能影响调查问卷
    ………………………………………………………………… 190
 附录3　乘客视角的高铁站点地区产业服务功能满意度调查问卷
    ………………………………………………………………… 192
 附录4　社会性主体视角的高铁站点地区产业服务功能满意度调查
    问卷 …………………………………………………………… 194
 附录5　社会性主体视角的高铁站点地区产业发展效果满意度调查
    问卷 …………………………………………………………… 196
 附录6　政府主体视角的高铁站点地区产业发展效果评价调查问卷
    ………………………………………………………………… 198

参考文献 …………………………………………………………………… 200
图片来源 …………………………………………………………………… 214
表格来源 …………………………………………………………………… 216

1 绪论

1.1 研究背景

1.1.1 理论背景:交通、产业与城市化的关联

每一次交通技术和交通方式的变革都会带来产业结构、城市化与城市空间结构的巨大变化。马车时代以农业和手工制造业为主,交通条件的限制导致商品交易只能在小范围内进行,而商业不发达又导致城市数量少、密度低,且规模小。进入铁路与火车时代后,以大机器生产为代表的制造业兴起,交通条件的改善大大扩展了贸易和商品交换的范围,促进了区域分工,城市化进程大大加速,出现城市数量的急剧增长和城市规模的急剧扩张。进入航空和高铁时代以后,跨区域的交流和贸易成为现实,以商务、科技、金融等服务业为主的全球城市开始出现,城市化迈向新的阶段,跨区域甚至跨国家的城市群、大都市连绵区开始出现。交通是产业经济活动扩张的先行条件,是区域经济发展的骨架系统(崔功豪等,2006),交通可达性对城市间的合作、城市吸引力的发挥至关重要。交通条件的改善可以推进产业转型与产业结构的升级,进而对城市化进程、城市空间扩展产生积极作用。高铁作为一种以客运为主,快速、准时、高效的交通方式,对服务业(高翔,2019)尤其是知识密集型产业的发展具有独特的优势。因此,在高铁时代,如何通过合理地配置产业来积极地发挥高铁效应,进而推动城市社会经济的发展是值得关注的重要问题。

1.1.2 现实背景

1) 我国高铁快速发展

中国高铁建设在最近 10 年内飞速发展,未来仍将会经历一个集中快速的高铁建设时期。截至 2017 年底,中国的高铁运营总里程已达到 26 329 km,占到世界总量的 65.2%,另外还有超过 12 000 km 的高铁线路处于在建和规划中(UIC,2017)。大规模的高铁建设带来了大量的新建高铁站点。据中国国家铁路集团有限公司 2020 年发布的《新时代交通强国铁路先

行规划纲要》可知,规划到2035年,我国高铁运营里程将达到7万km,通达所有省会城市及50万人口以上的城市。未来我国将形成八纵八横的高铁骨架系统,高铁站点将遍布地级市,部分县级城市也将加入高铁城市的行列。与一般的铁路站点和公共交通站点不同,高铁站点地区不但具有便捷的对外交通,而且对内交通也十分方便;与机场相比,高铁站点与城市的距离相对较近,站点的基础设施也较为完善,更重要的是高铁的准时性也远远高于飞机;与一般火车站相比,高铁站点地区的环境舒适性更强,展现出远高于普通火车站的整洁舒适的风貌,更容易吸引高端产业和人才的进入;而舒适性和人力资本是城市增长的两大核心要素(Florida,2005;Storper et al.,2009),显然高铁站点地区在这两个方面均具有优势。

2) 高铁站点开发和高铁新城建设热潮

高铁站点作为高铁网络中的节点,是高铁效应体现得最为强烈的地方;也正是通过高铁站点,才得以将不同的区域和城市紧密联系起来。随着我国高铁的建设,高铁站点数量也在不断增加,许多地方政府依托高铁站点开展新城建设。据不完全统计,2015年,全国已经进行高铁新城规划或在建的城市超过70个,其中京沪线最多,24个站点中有16个为规划或在建,哈大线上一共23个站点,也至少有9个为规划或在建。大规模的高铁新城建设极大地消耗了地区发展资源。一些中小城市在本身物力财力极其有限的情况下,仍然强行推进大规模的高铁新城建设和站点开发活动,将本身有限的资源集中消耗在高铁新城建设上,导致其他一些本应该优先发展的地区失去了资本支持,对区域、城市的发展造成了不利影响。在当前已经开建的高铁新城中,很大一部分并未带来显著的经济效益。许多产业是由于行政力量的干涉而进入高铁新城,并非由于高铁站本身的吸引或者市场的作用而进入,因此高铁新城的建设存在比较突出的问题。

3) 关于站点开发指导意见的出台

高铁站建设与城市化进程结合的"高铁+城市"模式暴露出不少问题,如土地财政导致的过度房地产化趋势,地方债务增长潜藏着不可忽视的社会经济风险。高铁站点地区和高铁新城大多注重硬件建设,而对于如何发展产业、如何吸引人口集聚等问题考虑不够;一些高铁站点和高铁新城建设片面强调房地产开发,过分注重房地产业发展,其他产业发展滞后,违背了城市发展的基本规律。这样的高铁站点和高铁新城不会被市场认可,缺乏人气光顾,最终将沦为空城。针对一些地方高铁站点周边的开发建设在不同程度上存在初期规模过大、功能定位偏高、发展模式较单一、综合配套不完善等问题,为了规范高铁站点地区的开发活动,国家发展和改革委员会、自然资源部、住房和城乡建设部、中国铁路总公司于2018年4月联合出台了《关于推进高铁站周边区域合理开发建设的指导意见》,从强化规划引导和管控作用、合理确定高铁车站选址和规模、严格节约集约用地、促进站城一体融合发展、提升综合配套保障能力、合理把握开发建设时序、防范地方政府债务风险、创新开发建设体制机制八个方面明确了高铁站点开发的重点任务,旨在推动高铁建设与城市发展良性互动、有机协调(国家发展和改革委员会等,2018)。无论是国家高层还是媒体大众都已经认识到高铁站点开发所存在的问题,以及改变开发方式的紧迫性,可见,我国高铁站点和高铁新城的建设亟须科学的研究进行指导,对产业发展等关键问题进行系统深入的研究也具有其迫切性。

4) 中国高铁建设的特点

我国高铁建设的特点包括:第一,以客运专线与城际铁路为主,也就是说以旅客运输为主。第二,以高铁建设推动国家国土开发格局的重塑。我国的高铁建设被赋予了很高的政治使命,高铁从建设之初就担负着改善国土空间开发格局、助推区域经济发展的使命;随着新型城镇化的推进,高铁也成为推动城市化发展的重要途径。第三,我国的高铁站点选址多在市郊和远离城市中心的地方,其主要原因是建成区人口密度高,拆迁成本高,导致土地获取成本过高;旧城区往往有比较成熟的规划建设,而在其规划中并未为高铁站点的建设预留足够的用地,因此不具备充足的条件进行站点建设。

鉴于交通、产业与城市化之间的密切关联,高铁站点在高铁效应发挥中的重要作用,当前我国高铁站点开发与高铁新城建设中所出现的问题,以及我国高铁建设的独特背景,本书从高铁站点本身属性及站点地区的产业角度出发,通过选取具体案例,探索站点地区产业发展过程、机制并提出相关的对策建议。

1.2 研究意义

1.2.1 理论意义

本书基于区位论、公交导向型发展(TOD)理论、节点—场所理论、圈层结构模型等经典理论和模型,以产业为切入点,探讨在站点地区这一微观尺度下,产业经济活动产生、发展、集聚与扩散的机制。这样一方面推进了传统理论的应用,丰富了城市地理学的微观研究;另一方面促进和深化了经济地理学、城市地理学关于城市化与新城新区开发建设的相关理论研究。此外,对具体实证案例的研究对于推动理论模型的进一步发展与完善具有积极意义。

1.2.2 实践意义

目前我国高铁站点地区以及高铁新城、高铁特色小镇的建设都以借鉴日本和欧洲的经验为主,自身缺乏系统性、专业性的研究成果与案例分析,因此,面对高铁建设、站点开发等方面出现的一系列问题,学术研究层面对实践层面的指导严重不足。本书选择典型高铁站点为案例,剖析站点地区产业发展的过程、机制、存在的问题与应对方略,可以为高铁站点地区的开发、交通与产业功能的合理配置提供更为科学、系统的指导,服务于《关于推进高铁站周边区域合理开发建设的指导意见》中所提出的站点合理开发的国家需求。另外,也可以为站点城市的产业发展、城市内部交通组织、空间结构优化提供一定的参考。

1.3 研究现状

自从 1964 年 10 月世界上第一条高铁日本东海道新干线(shinkansen)正式运营之后,学术界围绕新干线对沿线城市和区域发展带来的影响进行了大量的研究。之后,法国于 1983 年建成高速列车(Train à Grande Vitesse,TGV)东南线,于 1990 年建成 TGV 大西洋线,尤其是欧洲里尔开发项目的实施成功地刺激和促进了里尔的城市复兴(Newman et al.,1995;Moulaert et al.,2001;Trip,2008),这些案例也成为世界各地效仿的对象。其后,欧洲其他国家也开始建设自己的高铁网络,并取得快速发展,欧洲也逐渐成为高铁效应研究的重要地区。随着中国高铁的建设与运行,中国学者也开始对高铁带来的各种效应进行研究,并越来越多地关注站点地区的合理开发,以充分发挥高铁的各种积极效应。

1.3.1 国外研究

国外的高铁研究起步较早,大致可以分为两个时期:第一个时期是 19 世纪 60 年代到 80 年代末期,这一时期的研究是以日本新干线为主要对象。日本的新干线建设成为世界关注的焦点,许多学者对其建设所产生的影响进行了研究。第二个时期是 19 世纪 90 年代至今,在此期间欧洲开始大规模建设高铁,欧洲的学者从不同的角度对高铁进行了研究。本书主要从站点地区产业发展的角度对国外相关研究进行梳理,主要分为站点地区范围的界定研究和站点地区产业发展的相关研究。

1) 高铁站点地区范围研究

铁路站点地区的范围是以铁路站点为中心,以一个适宜步行的距离为半径的环状区域。"适于步行的距离"可以是 500 m,也可以是一个时间距离,比如 10 min 的步行长度。舒茨(Schütz)的圈层结构模型将站点地区按照步行时间 5—10 min 为第一圈层,11—15 min 为第二圈层,15 min 以上为第三圈层(Schütz,1998;Pol,2003)。这种确定站点地区范围的方法十分简便,易于操作,但也有明显的缺点:现实中障碍物的存在或者使用者采用不同的交通方式,都会对站点地区的范围和形状产生影响(Bertolini et al.,1998)。

站点影响范围的界定是构建交通需求预测模型的基础(Castillo et al.,2014)。最常用的界定站点服务范围的方法就是以站点为中心确定一个一定半径的缓冲区域(Upchurch et al.,2004),但是这种方法对站点所处的自然、社会条件等因素缺乏考虑，导致其饱受争议。也有学者借助"服务地区"(catchment areas)的内涵，基于空间综合分析方法，根据距离和客流量之间的关系，提出了一个界定高铁站区范围和形状、分析范围影响因素的方法，并对西班牙萨拉戈萨、塞维利亚、巴利亚多利德等6个高铁站进行了实证研究，结果表明由于不同的高铁站点所处的环境以及自身特点的差异性，不同因素对其边界和范围的影响效果也不同。附近其他交通节点会对高铁站点地区的服务范围产生两种相反的影响：一种是为旅客提供其他交通选择而减少其对高铁的使用，从而限制高铁站区的服务范围；另一种是与高铁站点相互协作，从而扩大其影响范围(Martinez et al.，2016)。英国列车运营公司协会(Association of Train Operating Companies，ATOC)的《乘客需求预测指南》建议使用800 m和2 000 m作为站点地区的影响半径(ATOC，2009)。也有研究表明在交通畅通的情况下，将驾驶汽车4—6 min所行驶的距离作为站点地区的影响半径更加合适(Preston，1991；Wardman et al.，2007；Blainey，2009)。

当与交通站点的距离小于0.8 km时，人们对站点的使用率要远远高于0.8—5 km的距离。并且当人们从更远距离搬迁到距离交通站点0.8 km以内的范围时，先前靠汽车通勤的人中会有超过半数的人转而使用公共交通(Cervero，1994，2007)。0.8 km的半径范围在某些情况下适用于部分交通节点，但是并非所有站点都适用，不同的研究目的，区域的差别，都可能造成范围确定的差异(Guerra et al.，2012)。例如，如果考虑到不动产市场对轻轨站点的影响，那么盐湖城大都市区轻轨站点的可达性范围可以扩展至2 km(Petheram et al.，2013)，而这个范围要比以往研究中的0.8 km大很多。

在研究方法上，通过构建数学模型，并以地理信息系统(GIS)空间分析作为辅助手段，对站点地区范围影响因素进行研究。人口、距离、客流量、列车频次等成为衡量站点地区影响范围的常用指标(Blainey et al.，2013；Petheram et al.，2013)。在对站点地区进行规划设计时，应当对当地的人口、劳动力、站点附近的企业和家庭进行社会调查，合理进行需求预测，从而确定站点地区的范围(Guerra et al.，2012)。

综合国外对站点地区范围的研究可以发现：第一，半英里(half-a-mile)半径，即0.8 km是站点地区范围的临界点。大多数研究对半径为0.8 km范围或步行5 min左右范围是站点地区的核心范围较为认可，而大部分的公交导向型发展(TOD)规划也主要规划这个区域。第二，对于站点地区范围的影响因素，国外研究已经形成了较为完善的研究体系，从研究方法、模型构建到结果分析都较为成熟。第三，对0.8 km半径范围的批判。许多研究提出0.8 km虽有其实用性，但也存在很多问题。对于站点地区范围的确定，需要服务于研究目的，对其人口、经济、区域环境等条件进行充分调查之后，才能较为合理地确定其范围。第四，国外研究较重视站点地区范围的作用，站点地区范围的确定是进行交通需求预测和规划等的基础；另外出现了较为普遍认同的研究成果，如圈层结构模型等。

2) 高铁站点地区产业发展相关研究

劳动的地域分工会受到市场范围的限制，如果交通的改善扩大了市场的范围，那么区域劳动力的专业化分工程度也将会得到提升，这将对整个经济产生积极的影响(Levinson，2012)。而高铁是否会扩大市场范围，取决于它是否比其他交通方式快速并能够为使用者带来更多的收益。由高铁建设而触发的经济活动类型主要包括信息产业、通信和娱乐业，主要是城市内生性企业。这些经济活动的发展区域主要集中或邻近高铁站点。从区域的角度来看，高铁建设所触发的其他建设项目一般都位于城市内部，并没有扩散到城市边界以外的其他地区(Feliu，2012)。

一些学者以兰斯塔德地区为案例，研究了高铁站点的服务等级(level-of-service)对企业区位选择的影响。结果显示，能够提供国际高铁服务的站点对企业的区位选择具有一定的影响，只能提供国内服务的站点对企业区位选择来说并不重要。对企业选址具有显著吸引力的高铁站点地区的范围并没有十分明确的边界，但是 10—15 min 的步行时间是比较合理的范围。研究结果并没有显示高铁站点的服务等级对站点地区大小的影响(Willigers et al.，2011)。在第戎(Dijon)高铁站点地区的 663 家被访企业中，有 1/3 的企业认为高铁是其在企业选址时考虑的因素，但只有 4 家企业宣称高铁是其选址的关键因素。可见，高铁对企业区位选择的影响几乎可以忽略(Willigers，2003；Albalate et al.，2012)。高端服务业并没有表现出在高铁站点地区选址的兴趣。商务旅游和会议则从高铁服务中获益，由于停留过夜的总量减小，人们减少了包括住宿及其他消费支出(Albalate et al.，2012)。

新干线沿线设站城市的批发零售业、工业、建筑业的就业较其他城市高 16%—34%，土地价值增长了 67%(Hirota，1985)。沿线地区的人口和就业增长与三个因素呈正相关，即高比重的信息交换产业(商务服务、银行和不动产服务)；有充足的机会接受高等教育(大学)；与站点良好的可达性。制造业比重过高、人口老龄化则是限制经济增长的主要因素。在城市产业层面，新干线对信息产业具有较强的作用。在站点层面，不同站点发展有所差异。已有站点的升级对周边地区的发展几乎没有促进作用。位于城市边缘的新的站点，其发展则取决于是否与城市中心具有良好的交通连接。

高速列车(TGV)南特(Nantes)站成功发展为商务企业选址优先考虑的地点，其从巴黎吸引了许多大型商务公司，而且由于高铁的出现，一个大型的城市复兴项目开始实施，并为再开发区域带来了 20%以上的额外经济增长。由于站点距离原有的城市中心较近，车站的开发也带来了城市中心的复兴。但部分位于城市边缘区的站点发展十分缓慢，蒙沙南(Montchanin)高铁站仅吸引了四家公司，创造 150 个就业机会(Albalate et al.，2012)。与日本的新干线相似，法国的高铁建设也导致了经济活动向大型节点城市的集中,但主要是服务型产业,对工业活动的影响很小。德国城际特快列车(InterCity Express,ICE)卡塞尔—威海姆苏赫站(Kassel-Wilhelmshöhe station)是一个位于两个城市之间新建的高铁站,在其运行后两年,站点周边的办公、零售、酒店空间需求就出现了显著的增长,站点周边已经开始大面积开发,为信息和服务类企业的进驻做准备(Sands,1993;Haynes,1997)。

站点地区的就业数量及密度对其使用率具有显著的影响(Cervero,2007)。站点地区的建设投资对其周边地区的土地利用和房地产价格具有重要影响(Hess et al.,2007)。新干线站点的建设使其周边的商业用地价格增长了67%,但是法国高速列车(TGV)勒克勒佐(Le Creusot)站由于孤立的站点位置、交通不便、历史基础差等原因,对周边地区的就业、商业扩张和企业发展几乎没有产生积极影响。良好的换乘系统、与中心城市良好的交通连接对站点地区的产业、经济发展尤为重要(Sands,1993;Haynes,1997)。

1.3.2 国内研究

目前,国内相关研究多关注高铁可达性(罗鹏飞等,2004;蒋海兵等,2010;汪德根等,2015;李涛等,2017;曹小曙等,2018),高铁对区域空间结构、城市之间联系的影响(杨维凤,2010;方大春等,2015;孟德友等,2017;徐银凤等,2018),高铁对沿线区域社会经济发展的影响(何丹等,2011;汪建丰等,2014;覃成林等,2017;刘志红等,2017;陈丰龙等,2018;余泳泽等,2019),高铁与民航、传统铁路等其他交通方式之间的相互作用(王姣娥等,2013;丁金学等,2013;孙枫等,2017;骆嘉琪等,2019)等方面,对高铁站点地区的相关研究相对较少。关于高铁站点的已有研究大致可以分为以下几个方面:

1) 高铁站点选址与布局优化研究

此类研究认为高铁客运站总体布局的核心原则是"快速集散""便捷换乘""与周边及城市一体化开发",在确定高铁站点布局方案时应综合考虑高铁、站区场地和客流需求等众多因素的影响(陈岚,2010)。选址时也要对站点所在城市的背景、既有铁路枢纽的类型、客运专线的引入方向和数量、城市规划和现状,以及旅客换乘需求、客流量、工程实施难度等因素进行综合分析(董二通,2010)。高祥(2010)通过对站点选址布局影响因素的理论分析,选取投资费用、与区域经济的发展和铁路运量的适应度、与既有站点的衔接度、与城市交通网的衔接、与城市规划的配合度五个因子建立了布局方案评价框架,并以西安枢纽站为例进行了布局方案的评价,认为高铁客运专线与原西安站并站为最优方案。张本湧等(2015)基于武汉市区域竞争态势、城市定位及国家战略,分析了武汉市铁路枢纽布局现状及拟定选址所存在的问题,借鉴国际高铁枢纽布局的空铁联运、选址中心化及铁路枢纽互联互通的发展趋势,提出打造武汉市空铁联运一体化交通枢纽。刘倬函(2013)采用城市空间结构绩效评价方法,对不同类型的高铁站点选址并结合具体案例进行了分析,指出了各选址的优点与不足,并提出建议。冯振宇(2013)提出了基于旅客出行费用最少的高铁客运站选址方法,并通过具体的案例验证了方法的可行性和适用性。

2) 高铁站点地区范围研究

高铁站点地区是由因高铁的修建而发展起来的客运站,以及与之相关的城市功能组成的高铁客运站周边的城市区域。这个区域的范围与设站城市的发展水平、交通可达性等因素有关,与城市其他空间是相互融合的,并不独立于城市空间和城市功能之外(窦迪,2012)。广义上高铁站点地区的影响范围可以分为三个层面:①国家级(国际级),沟通国家内部各大城市区域,或者与其他国家的核心城市直接连通;②区域级(区际级),国家内部一个区域的核心交通枢纽,担负该地区与其他重要城市区域交通连接的责任;③城市级(城际级),担负一个城市区域或者不同核心城市之间的交通任务(李松涛,2009)。高铁站点核心区域既是城市形象的重要体现,也是高铁站周边地区发展的源头,在确定其范围时,应综合分析其城市肌理、空间结构和功能布局(孟繁茹,2011)。

林辰辉通过问卷调查发现,我国高铁枢纽的影响范围为乘客步行 20 min 可达的区域(步行速度以 4.5 km/h 计,20 min 步行距离为 1 500 m),并结合站区的不同情况指出每个高铁枢纽的具体影响范围依据下列四个条件划定:①以客站为中心,半径为 1 500 m 的区域;②叠加实际道路情况;③在实际道路上确定步行 1 500 m 可达的区域;④综合考虑地块完整、自然要素等因素确定该客站的实际影响范围(林辰辉,2011;林辰辉等,2012)。王兰等(2014)将高铁站点影响区分为核心区、影响地区和外围影响地区,并结合站点周边建设的实际情况来确定各圈层半径,最终划定的圈层半径分别为核心区 2 km、影响区 4 km、外围影响区 8 km。王丽等(2012)将站区分为以站点为中心、半径分别为 500 m、1 000 m、1 500 m、2 000 m 和 2 500 m 的五个圈层,作为站点地区的影响范围。卢杰(2013)提出除了根据站点地区的圈层结构模型确定站区影响范围之外,还要根据站区与城市规划的关系、与现状道路与自然界的关系、与现状用地功能结构布局的关系来综合确定站区影响范围。刘芳(2014)将站点地区的范围界定为高铁设站城市在站点及周边地区规划设计文本中所设定的研究范围,并参考我国部分大型高铁站区的规划范围,最终将高铁站的具体范围界定在站点周边 1 500 m 的半径范围内和周边 6 km^2 的范围内。郝之颖(2008)依据"三圈层"理论将高铁客站的直接影响区定义为 3—5 km^2 的范围。

在国内已有研究中,首先,没有对高铁站点地区范围的专门性研究;其次,大部分需要界定站点地区范围的研究,均参考"三圈层"结构模型,并以此为依据简单划定了站点地区范围(朱锋,2010;井维仁,2012);最后,只有极少部分的研究,在对站点地区范围界定时,综合考虑了城市规划、自然条件等因素(林辰辉,2011;卢杰,2013)。

3) 高铁站点开发与城市关联

当高铁作为一个新生事物嵌入城市系统的时候,必须与城市空间发展格局和发展趋势相协调、相适应,方能发挥最大效用。站点是城市的站点,城市是站点的城市,站点地区的开发离不开城市的支撑,城市空间的发展也受制于站点地区开发的成败。只有两者紧密结合,方能实现共振、共鸣和共赢(殷铭等,2013)。高铁站点将成为城市新的节点,并对城市原有节点产生影响;高铁既会影响新的城市通道的形成,也有利于原来城市通道的完善;高铁的开通也将影响城市梯度,影响房屋价格,进而影响置业者的居住选择,从而形成城市新的功能区(井维仁,2012)。

站点周边开发与城市第三产业和固定资产投资密切相关,而与城市人口、与城市中心的距离以及城市商贸业的关联性较弱(李世庆,2012)。高铁站点的建设对周边地区的城市发展具有催化效应,并且随着站点综合交通运输网络的完善,这种催化作用也在不断加强。段进(2009)从城市发展的微观角度出发,探索了高铁站与城市综合交通枢纽周边地区的空间应对,并指出高铁与城际综合交通枢纽的建设不能只注重交通价值而忽略城市功能价值,并且在城市功能价值中应注重城市空间发展的综合功能,而不仅仅是注重形象美学功能。高铁站区引导下的城市空间良性发展需要结合城市自身要素、合理规划高铁站区的功能定位以及预先评估站区与原有城市中心的距离和区位关系等(曹阳,2017),促进站城融合,实现站城一体化(翟国方,2016)。

4) 高铁站点规划与设计

城市规划与设计对站点地区的发展具有引导作用,而目前高铁站周边地区的发展正向城市综合发展区转变,因此,应当利用好城市规划和设计,从开发运作和管理实施多个方面提升站点地区的发展水平(井维仁,2012)。在规划设计中,要兼顾高铁本身的功能与城市发展的需求。公交导向型发展(TOD)模式是高铁站发展应遵循的理想模式(刘俊山,2015;王昭晖等,2015),高铁站作为城市门户,在规划设计中应充分考虑其景观空间的属性和品质,综合设计,以塑造高铁站区景观的独特性,体现区域城市特色。对于我国来说,高效、畅通的行政协调机制和利益分配机制对保障高铁站周边地区的开发具有重要的意义(朱锋,2010)。

城市发展背景、高铁客站选址、高铁站区的功能定位和新区基地现状条件是影响高铁新区交通综合网络规划最主要的四个因素(余晋,2011)。高铁站点地区开发的功能定位、所在城市等级、建设方式及城市规划的引导是影响高铁站点地区空间形态的主要因素(刘芳,2014)。侯雪等(2016)对比分析了我国天津南站、于家堡站以及荷兰阿姆斯特丹南站和鹿特丹中央火车站站点地区的发展,从属性—节点—场所质量和站点发展类型方面,采用节点—场所质量分析方法,发现高铁站在城市发展中起促进作用,郊区型站点地区的发展具有土地资源的优势,而中心型站点则具有发展基础好、配套设施健全的优势,站点地区的发展与特定的城市区域背景密切相关。总的来说,站点地区规划设计的相关研究成果较多,内容也较为丰富,涉及站点地区总体规划、交通、空间设计等多方面内容(刘芳,2014;陆建,2016;马小毅等,2017)。

5) 高铁站点地区土地利用

高铁站点不仅仅是交通枢纽,还承载了商务办公、商业金融、休闲娱乐等综合功能,土地开发呈现一种综合性、混合型、多样化的特点(张潘,2012),而且在不同圈层其用地类型与开发密度具有较大差别(杨维,2011)。在高铁站点土地开发过程中,开发经营者应大力盘活铁路生产经营性划拨用地,加强与政府主体的沟通与协调,明确各自权责,共同探索与完善土地综合开发的模式,实现站点地区土地综合开发产业化,在利益分配上要兼顾各利益主体的权益(王慧云,2015)。在功能建设与土地分配上要兼顾交通与其他用地类型之间的平衡。于长明等(2013)从站点地区接驳系统、功能布局和空间形态三个方面对伦敦、巴黎、东京等世界城市高铁枢纽地区的土地利用形态进行分析,并提出对北京市丰台高铁站点周边地区规划的建议。赵倩等(2015)研究发现,在高铁站点地区的用地类型中,除道路交通之外,居住和商务、商业用地的占比较高,开发显著的站点与高铁交通功能密切相关的基本服务功能完善,而与城市价值相关的衍生功能差异较为显著,京沪线站点周边的开发规模远大于武广线,且商业类用地占比更高。

当前我国许多地方的高铁建设运营都具有较大的资金缺口,高铁营利困难,这对高铁的长期发展不利,但是通过国家政策支持,与地方政府利益共享,通过获取站点地区土地利用开发权,与地方规划衔接,合理选择开发业态,吸引社会资本的参与,有助于铁路部门增收、减小亏损,进而有助于铁路建设的可持续发展,有助于站点周边地区城镇化的健康发展并增强铁路企业的竞争力(边头保,2015;付良玉等,2016)。

6) 高铁站点地区产业发展与功能布局研究

高铁站点地区是一个多种产业服务功能混合的地区,包含交通功能、餐饮住宿、商务办公等,总的来说以围绕第三产业的服务业为主,呈混合式、复合化的功能布局特点(孟繁茹,2011)。高铁站点地区通常会被当作未来城市中心之一来建设,因此,业务功能会高度聚集,与之相关的产业包括商业、餐饮、教育和培训、交通和物流,居住及生活服务功能也会得到发展。该区域不宜发展价值过低、劳动密集或有环境污染的产业,比如批发、采购中心、重化工业等(窦迪,2012)。日本新干线车站地区的产业经济活动明显集中于信息咨询、投资咨询、商务服务业、商业、房地产服务等。日本新宿(Shinjuku)站在20世纪90年代已经成为东京都的副中心,以新宿站为中心,西口区、南口区和东口区连成一体,共同构成了一个大型交通枢纽设施和商业文化活动中心(李胜全等,2011)。高铁站点周边地区的适度开发应当以高铁枢纽本身的特点、高铁所在城市的特色为基础,通过引进具有集聚客流能力的大型活动设施和合适的产业(以第三产业为主),以加速高铁枢纽附近地区的开发(侯雪,2014)。城市特色应优先于高铁通车,因为搭乘高铁本身并非目的,是因为当地有值得到此的原因。另外必须拟定产业发展与高铁建设相辅相成的发展战略(侯明明,2008)。

尹宏玲(2011)在对高铁站地区的功能定位及其体系分析的基础上,探讨了高铁站地区功能定位的基本思路,并以京沪高铁济南西客站地区为例进行了实证分析,认为济南西客站的产业应以金融服务业和商务服务业中的企业管理服务业(总部经济)、知识型商务服务业(信息经济)、专业化服务业为主导产业,以会展酒店业、商贸休闲业为辅助性产业,以房地产业为基础性产业。杨东峰等(2014)通过研究大连高铁站建设对周边地区的影响发现,在所有接受问卷调查的乘客中,仅有一半左右的乘客在停留期间会在站点周边地区进行个人消费活动,而且消费活动的主要内容则是餐饮,并伴有少量的购物、娱乐或旅游等,有48%的受访者表示在停留期间并未安排与地方经济相关的任何活动。也就是说,当前高铁站的产业仅仅以零售餐饮为主,与地方经济的关联不大,其建设主要依靠地方政府的固定投资和以房地产投资为主,并不能给当地居民创造有效的就业和增收的机会,即产业类型单一,关联性差,场所功能较弱,仅体现为以交通枢纽为主的节点功能。

由于站点地区的圈层结构模型在高铁站点开发中的重要影响、高铁自身特点、不同产业类型的时间敏感性差异,商务经常作为重要的功能之一被布局在紧邻站点的"第一圈层"或"核心区"内(索超等,2015)。第一圈层的土地及房地产价值相对较高,多开发为高档办公、居住场所。高档次的职能也可能建于第二圈层,但房地产价值和建筑密度将比第一圈层有所降低。至于第三圈层,高铁可能与这些地区的发展不存在十分密切的直接相关性(杨维,2011)。

王丽(2015)基于利益相关者分析理论,通过对高铁乘客的问卷调查,结合三圈层模型,对高铁站点地区产业的空间分布进行了研究,发现第一圈层是高铁站场交通服务区域,产业主要包括高铁运输服务、市内交通换乘服务、企业总部、区域驻地、金融服务,以及包括酒店、会展、咨询在内的专业服务等。这些经济活动的增长和产业的规模与高铁的运营水平直接相关,往往随着高铁的开通而产生。第二圈层是对第一圈层各种功能的拓展和补充,产业设施主要包括对时间较为敏感的产业,如商务办公、高新技术产业等生产性服务业和商业餐饮、百货零售、文化娱乐、旅游等消费型服务业以及一些高端居住。这一圈层的产业与高铁站的关联性也很高,其集聚时间稍晚于第一圈层产业,但是集聚以后发展迅速,其大规模发展对推动高铁站区的发展影响巨大。与第一圈层相比,第二圈层的各类产业与车站的关联性降低,逐步向常态的城市功能组织、空间结构过渡。第三圈层产业包括一般办公、居住、文化、教育等。这一圈层的产业与高铁的运营没有直接关系。

根据郑德高等(2011)的研究可知,上海虹桥站与嘉兴南站的商务区可以分为三个圈层:第一圈层为商务核心区;第二圈层为商务区;第三圈层为功能拓展区。在功能定位上,高铁商务区主要包括第一圈层与第二圈层,它们共同构成城市的商务副中心。依据城市与站场的等级不同,这两个圈层辐射的区域也不同,但都以就业为主。第三圈层一般整体定位为综合性新城,包含较大量的居住功能,实现职居平衡。在功能结构上,三个圈层的功能以商务功能为主,一般第一圈层核心区的商务功能为50%左右,第二圈层的商务功能为30%左右,第三圈层商务功能的占比不是很明显。

1.3.3 研究述评

综合国内外关于站点地区的研究可以发现,目前站点地区的研究所涉及的面较广,包括站点选址、开发范围、交通接驳、土地利用等多个方面,但也存在一些不足,需要加强研究。

1) 理论创新有待加强

在关于站点地区的研究中,形成了节点—场所理论、圈层结构模型等经典的理论模型。在对高铁效应的研究中,总结提炼了高铁的触媒效应、时空压缩效应、隧道效应等理论,而这些理论层面的研究成果和创新大多属于国外的研究成果,国内多借鉴而缺乏对新的理论的探索。由于中国独特的社会经济背景与发展阶段、高铁建设模式,这些都与国外尤其是日本、欧洲等发达国家具有较大差别,相关理论的产生背景截然不同,因此在理论研究层面,在借鉴国外理论的同时,要加强对自身背景的思考,加强理论的创新。

2) 技术手段与研究方法的创新有待加强

在研究方法上,国内外研究均以定性分析为主,基于乘客的社会调查方法最为普遍。在涉及研究范围界定时,部分研究采用了地理信息系统(GIS)空间分析的手段,但总体较少。在数据获取上,取决于特定的研究内容和方法,总体上以问卷调查所获得的微观数据为主,并结合特定站点的城市—区域背景等宏观经济数据辅助研究。总之在已有的研究中,传统的统计学方法和社会学研究方法应用最为普遍。而随着计算机科学技术的发展,新的机器学习模型与算法的开发,大数据分析方法等先进的技术手段层出不穷,许多方法的有效性已经被证明,然而在城市地理学,尤其是高铁的社会经济效应研究方面的应用却依然较少。因此在今后的研究中,大数据分析方法、机器学习方法的引入并与具体高铁站点研究的结合需要加强。另外,基于信息网络、流空间网络的分析方法也可以尝试用于高铁站点地区的研究中。

3) 站点地区产业发展影响因素与发展机制的研究有待加强

目前关于高铁站点地区发展的研究主要集中在站点可达性、站点地区土地利用等方面,关于站点地区产业发展的影响因素和发展机制的研究相对较少。一些学者对站点地区产业发展的影响因素进行了研究,并取得了一些成果,但存在如下不足:一是由于数据资料所限,目前高铁站点地区产业发展的影响因素研究大多是宏观的定性分析和简单的定量分析,缺乏深入的定量研究。二是各影响因素的影响机制尚待进一步深入研究。已有研究虽然形成了高铁站点地区产业发展的一致性结论,但缺乏对结果的解释,尤其是高铁站点地区产业的集聚机制尚不清晰,需要加强各种影响因素对高铁站点地区产业集聚的促进与制约的机制分析。

因此,针对已有研究存在的问题,本书以高铁站点地区的产业为核心,选取典型案例区,基于区位论等地理学经典理论,并参考国内外已有研究成果,结合对站点地区基本属性的分析,采用地理学空间分析技术方法,对站点地区产业的时空格局及其机制进行研究,对产业现状及演化过程背后的原因进行解释,并从乘客、居民、从业者、企业、政府管理者等不同利益主体的视角审视站点产业功能配置的合理性与开发效果,为高铁站点地区的产业发展提供参考。

1.4 研究思路与研究内容

1.4.1 研究思路

本书的研究主题为高铁站点地区产业发展的时空过程和动力机制。回答的主要问题为:站点地区产业空间演变的过程、演变的动力、产业发展的驱动机制以及存在的问题。在研究思路上,首先以企业为视角从总体上探讨高铁站点地区产业空间分布格局及其演变过程,产业发展过程及其动力机制;然后选择商业和房地产业两个主要行业进行深入剖析,以作为企业分析的补充,弥补单纯企业分析的不足,从产业总体到分行业更为全面地认识站点地区的产业发展;最后从相关利益主体的视角对站点地区产业功能配置、产业开发整体效果进行总体评价,揭示站点地区产业发展存在的问题。本书旨在认识高铁站点地区产业发展的时空过程及其机理,发现高铁站点产业发展存在的问题,为我国高铁站点地区的产业发展提供参考。

1.4.2 研究内容

根据本书的研究问题与研究思路,本书研究的主要内容如下:
(1) 高铁对产业发展的影响效应研究。通过引进机器学习的方法,探讨高铁运营对城市不同产业类型的影响,明确受高铁运营影响显著的行业类型,以判断站点地区产业类型与高铁影响显著的行业类型之间的关系。
(2) 站点地区产业空间分布格局及其演变的过程和动力、产业发展的动力机制。企业作为产业活动的核心,在站点地区产业发展中有着关键作用,因此,本书以企业视角为主,从总体上探讨高铁站点地区产业空间分布格局及其演变过程、产业发展过程及其动力机制。从企业的空间分布揭示站点地区的产业分布格局,从企业迁入迁出的动力解释站点地区产业空间分布演变的原因,从高铁服务和站点开发对企业增长的动力分析揭示站点地区的产业发展过程及其动力机制。

(3) 站点地区商业发展过程与机理。商业是站点地区重要的产业类型之一,商业对站点地区开发的影响体现在两个方面:其一,服务于周边从业人员与居民的日常需要;其二,高等级的商业中心、高端商品服务可以增加站点的吸引力,促进站点地区的人口集聚。因此本书以商业零售业为辅,通过对站点地区的商业空间格局及其演变过程、机理进行分析,更为全面深入地反映站点地区的产业发展。

(4) 站点地区房地产业发展过程与动力。房地产业是我国各地方政府在站点地区开发建设中极为重视的产业,也是站点地区的重要产业类型。房地产业及其相关的建设活动是站点地区物质空间的生产者,为其他社会经济活动的开展提供了承载平台。在站点地区居住、产业等景观转变的过程中,房地产业也扮演着关键角色。因此本书对站点地区房地产业的发展过程、发展机理进行了深入分析。

(5) 不同利益主体对站点地区产业功能配置的评价,对站点地区产业综合开发效果的评价。从利益主体视角出发,发现站点地区产业发展存在的问题,并提出产业进一步发展的对策与建议。

1.5 研究方法、技术路线与数据来源

1.5.1 研究方法

(1) 社会调查研究方法。该方法主要包括问卷调查、结构化访谈和半结构化访谈。针对企业负责人的问卷调查和结构化访谈,被用于分析企业在站点地区布局的原因、高铁服务和站点开发对企业发展的影响,明确站点地区企业空间分布演变的动力、高铁服务和站点开发在企业发展过程的作用。针对乘客、居民、企业员工、商家的问卷调查和半结构化访谈,被用于分析站点地区产业功能配置是否能够满足不同利益主体的需求。针对政府管理人员的问卷调查和半结构化访谈,被用于分析管理者视角下站点地区综合开发的效果。针对居民、商家等经营者的半结构化访谈,被用于分析站点产业综合开发的效果是否切实提高了周边居民的生活质量,提升了经营者的收入水平。

(2) 勘察与地图影像分析方法。通过对案例区的多次勘察,对其周边在不同时期的环境及建设情况有了一定的把握,对站点周边土地利用的变化情况有了较为详细的了解。从整体来看,这样可以更好地把握站点地区

景观演变过程。通过勘察并结合地图数据,可以精确到单个地块的土地利用类型变化,能够更为精确地了解站点地区的景观变化过程。

(3) 基于地理信息系统(GIS)的大数据处理方法。通过地理信息系统(GIS)的数据分析工具,对站点地区产业经济活动的兴趣点(POI)点位数据进行空间分析,可以得到站点地区产业经济活动的分布范围,进而结合城市肌理、地图数据等确定站点核心区范围;对不同时间节点的产业经济活动兴趣点(POI)数据进行空间分析,可以得到站点地区的企业空间分布格局、不同类型的商业网点的空间分布,进而分析高铁站点地区的产业发展时序及其时空过程。

(4) 机器学习方法与传统统计学的定量模型方法。引入机器学习的方法,探测高铁属性与城市产业之间的相互关系,并以此识别出受高铁效应影响显著的城市产业类型、对产业发挥显著影响作用的高铁属性特征。采用统计学的回归分析方法探讨站点地区不同类型的房地产价格形成的影响因素,结合土地市场的变化分析站点地区房地产业的发展过程及动力机制。

1.5.2 技术路线

本书研究的技术路线如图 1-1 所示。首先,由于交通、产业与城市化的关联,高铁的大规模建设导致高铁站点及新城开发遍地开花,针对站点地区开发的盲目性及高铁新城建设中的千城一面等问题,本书试图从产业建设的角度破解当前站点地区开发及新城建设的困境,通过梳理国内外相关研究成果,从站点地区的基础背景分析开始,以站点地区发展的相关经典理论为基础,选择典型案例对高铁站点地区的产业发展过程进行深入研究,以发现我国高铁站点地区的产业发展过程与动力机制,并基于不同利益主体的视角对案例站点地区的产业功能配置与综合开发效果进行评价,发现站点地区产业发展存在的问题,进而针对存在的问题提出高铁站点地区产业发展与功能建设的具体对策。

1.5.3 数据来源

本书的数据类型多样,既包括以兴趣点数据为主的大数据和以社会经济统计数据为主的小数据,还包括主观调查数据、地图数据和实地调研数据。

(1) 统计数据。主要从站点地区建设管理委员会或城市各级统计部门获取站点地区及所在城市(区域)的相关社会经济统计数据。具体来源包括:中国城市统计年鉴、江苏统计年鉴、苏州统计年鉴、相城统计年鉴、国民经济和社会发展统计公报。

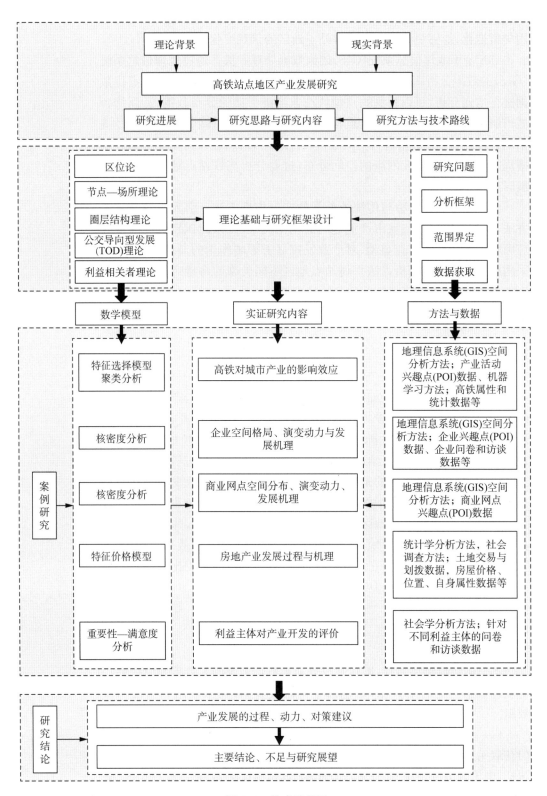

图 1-1 技术路线图

(2) 地图数据。此类数据主要包括遥感影像数据、站点地区兴趣点数据。通过收集高铁建成前后站点地区的遥感影像数据，分析站点地区土地利用类型及景观变化，主要采用谷歌地球不同年份的影像图。通过产业经济活动的兴趣点数据，分析不同类型产业活动的空间分布变化。兴趣点数据主要来自高德地图数据库。地图数据可以有效弥补统计数据的不足。

(3) 社会调查数据。通过对企业负责人的问卷调查与访谈，获取影响企业区位选择的因素，分析高铁对企业区位选择的影响。通过实地调查获取不同类型的房地产租金价格数据，分析站点地区房地产价格的形成机制。通过对居民、从业者、商家的问卷调查与访谈，获取不同利益主体对站点地区产业功能配置及产业综合开发效果的反馈，发现功能方面的不足。

2 理论基础与分析框架

2.1 理论基础

2.1.1 区位论

区位论又称选址论、空间论,是研究经济单位及其活动的空间位置及空间分布的理论,主要研究经济活动区位的决定因素、内在规律及预期经济单位的空间格局。区位论是地理学与经济学的交叉学科,包括工业区位理论、农业区位理论和城市、乡镇空间分布等理论(杨明基,2015)。德国经济学家约翰·冯·杜能于1826年出版了《孤立国同农业和国民经济的关系》,首次系统阐述了农业区位理论的思想,成为区位论开创者(李小建,2006)。工业区位论的先驱是龙哈德(W. Launhardt),1909年,德国经济学家阿尔弗雷德·韦伯(Alfred Weber)在龙哈德的基础上出版了《工业区位论》一书,成为工业区位论的集大成者。20世纪三四十年代,区位论得到了较大的发展。德国地理学家瓦尔特·克里斯泰勒(Walter Christaller)将区位论拓展到聚落分布和市场研究,建立了"中心地点论"。德国经济学家奥古斯特·廖什(August Losch)将利润原则应用于区位研究,并从宏观的一般均衡角度考察工业区位问题,建立了以市场为中心的工业区位论和作为市场体系的经济景观论。上述区位论由于受到新古典经济学理论的影响,在基本假设中都采用了理性经济人假设、完全竞争和收益递减等,因此被统称为新古典区位论(李炯光,2004)。美国学者埃德加·胡佛(Edgar Hoover)等人的研究使区位论进入了一个崭新的阶段。现代区位论的特点是以第二产业、第三产业和城市为对象,进行宏观的一般区位研究,并且以市场—价格分析为主,形成了区位论的市场学派。第二次世界大战以后,以凯恩斯主义为代表的宏观经济学的发展以及计量研究的兴起,给现代区位论注入了新的血液。美国经济学家瓦尔特·艾萨德(Walter Isard)从数量结构角度——投入产出关系来说明一个地区新建一种工业对于地区经济的影响。另外,还有一些英美学者从人的行为心理因素出发研究其对工业区位的影响。

对于区位论与企业区位选择的关系,新古典主义区位论认为企业会选择利润最大化的区位进行布局(Weber,1929;Lösch,1954;Moses,1958)。现代区位论则以保罗·克鲁格曼的新经济学理论为代表,也包括市场学派、行为学派等。其中新经济地理学理论认为交通成本、劳动力成本和市场规模等区位要素对企业区位选择具有重要影响,并基于区位要素建立企业区位选择及迁移的解释模型。但是行为区位论认为企业决策是有限理性的,而且是在信息不完全的情况下做出的,因此往往不能达到利润最大化,而是选择次优解(Cyert et al.,1963;Pred,1967;Townroe,1972)。行为区位论认为企业区位是一个决策过程,追求探索实际的企业家行为,关注的焦点在于其决策的过程。制度区位论假设经济活动是处于特定的经济和社会背景下的,社会文化制度和价值体系而非企业行为塑造了企业(Hayter,1997)。经济活动根植于不断发展的社会制度或社会网络(Storper et al.,1997)。企业区位选择的过程与供给者、政府、工会密切相关,税率、补贴、基础设施和其他在生产过程中起关键作用的要素都会影响企业的区位决策(Brouwer et al.,2004)。

高铁的建设可以显著提升站点地区的区位条件,而区位则是产业布局的重要考虑因素。理论上,高铁站点地区具有相对较好的区位条件,有利于市场范围的扩张,增加收益。企业是产业活动的核心,当前研究普遍认为高铁对企业区位选择影响较弱,大部分企业在区位选择时不关注是否有高铁,至少高铁不是主要考虑的因素。本书试图从区位论出发对站点周边地区企业选址的影响因素进行研究,分析站点地区企业的发展现状,揭示区位对不同类型企业的作用。

2.1.2 节点—场所理论

节点—场所理论(node-place theory)是1996年卢卡·贝托里尼(Luca Bertolini)在其论文中提出的一个关于交通站点属性的理论。作为一个地理实体,火车站具有两个基本属性:首先,它是一个节点(node),是一个进入铁路交通网络或其他交通网络中的接入点;其次,它又是一个场所(place),是城市的具体组成部分,这一场所区域具有较为集中的基础设施、多样化的建筑和开放空间(Bertolini,1996)。节点—场所理论的基本假设基础是节点功能的提升会带来可达性的改善,进而会为站点各种经济活动的增强和多样性创造条件。反过来,站点地区经济活动的增强和多样性的提升(即场所功能的提升)会引起交通等需求的增多,进而会为交通等基础设施的进一步建设开发创造有利条件。注意这里用的是"创造条件"而不是直接促进彼此功能的提升,"创造条件"的涵义是为彼此注入发展的潜力,而不是实现这种发展,潜力可能会转变为现实也可能不会,即使转变为现实,也可能具有不同的发展方向(Peek et al.,2006)。

节点—场所理论包含五种理想类型(图2-1),沿着虚线中间的部分表示节点和场所价值相等,处于平衡状态。顶端表示站点地区处于压力状

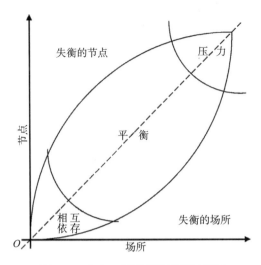

图 2-1　节点—场所理论模型示意图

态,具有强烈的交通流和多样化的城市活动,并且二者都处于极高的水平。这说明站点地区同时具有强的节点和强的场所功能,土地利用潜力已经被完全开发,站点场所和节点功能接近或达到饱和,站点地区的交通流和城市活动高度集中。在今后进一步的发展过程中,不同的开发策略之间将会有很大可能为了争夺有限的空间而产生冲突,因此,可以说未来的发展难度将越来越大。许多位于或邻近城市中心的火车站都属于这一类型。底部是第三种理想类型,表示场所和节点之间相互依存,二者的强度都很小,几乎不存在对空间的竞争,同样,区域居民、工作者和其他站点使用者对交通服务和城市活动的需求也很低,仅通过其他因素诸如交通网络组织、外部补助、区域地形条件的改善等的介入,就可以满足这些需求。位于小城镇上的车站大多属于这一类型。最后是两个非平衡态。一个位于图的左上部——失衡的节点,站点地区交通供给远较城市活动发达(比如位于城市边缘的新建站点);另一个位于图右侧底部——失衡的场所,其场所功能发达,而节点功能很弱(比如一个位于历史悠久却难以通行的城市中心的站点)。

理论模型假设后两种非平衡态有向平衡态转变的强烈趋势,而且这种转变可以以两种截然不同的方式实现。失衡的节点要么增加其场所价值,要么减少其节点价值。一个反向推理可以应用于失衡的场所:要么通过增强与外部的连接提升其节点功能,要么通过低密度和不同性质的混合功能开发来降低其场所价值。

节点—场所理论为站点地区研究提供了新的视角,已经被广泛应用于不同类型的交通站点地区的相关研究中(Vale et al.,2018;陈小君等,2018;Olaru et al.,2019;陆林等,2019)。高铁站点作为高铁网络中的节点,交通节点功能是其根本属性,是站点地区其他建设发展的基础。而站点地区要想发展成为城市新区,则需要其城市型功能的健全与完善,也就是场所功能的建设。本书通过借鉴节点—场所理论，探索高铁站点的交通节点功能与城市场所功能的建设，有助于把握站点地区的基本功能属性，发现功能建设中存在的问题与不足，为产业与站点地区的建设与发展服务。

2.1.3 圈层结构模型

站点地区的圈层结构模型最初是由舒茨（Schütz）于1998年提出。舒茨试图描述从高铁连接中获益的发展区域，并区分了三个区域，即第一、第二和第三发展区，分别代表10 min可以到达的站点地区范围，通过辅助交通工具从站点出发15 min以内可以到达的区域范围，距离站点15 min以上的区域（图2-2）。

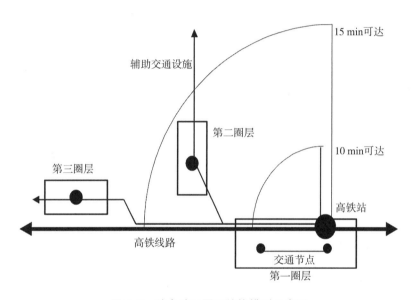

图2-2 站点地区圈层结构模型示意图

第一圈层可以通过借助交通工具而扩大其范围。这一区域是受高铁作用最为强烈的站点地区。大部分的旅行时间节约都发生在这个区域，因为该区域位于站点核心，旅客不需要其他换乘交通，另外，由于与高铁网络的邻近性，这一区域从高铁网络中获利，并提升其区位重要性。这也是此区域高端办公和居住功能集聚、土地和不动产价值增长的主要原因。大量投资的涌入和建造高层建筑成为这一区域的特点。由于高铁的出现，城市的参与者迫切希望高铁成为区域经济增长的催化剂，也会积极主动地向第一圈层投资。舒茨指出，由于第二圈层距离高铁站点较近，因此高端功能也可能在此产生，但是资产价值和建筑密度会比第一圈层低。而利益相关者也会因此减少在这一区域投资的欲望。第三圈层由于与站点较好的可达性，也会从中获益，但其发展与高铁的出现并没有直接的联系（Schütz，

1998；Pol，2003）。

圈层结构模型作为一种经典的站点分析模型，在相关研究中得到了广泛应用。本书在进行站点地区范围的界定时，参考了三圈层结构模型中不同圈层的半径范围；在对站点地区的产业分布进行分析时，借鉴三圈层结构分析模式，研究不同产业类型的空间集聚状态。

2.1.4 公交导向型发展理论

第二次世界大战之后，随着私人交通的普及，美国城市发展呈现出低密度蔓延、无序扩张的状态，为应对这种低效的土地开发方式及其出现的一系列城市问题，卡尔索普提出了基于公共交通导向的城市发展模式。公交导向型发展（TOD）是一种土地多功能开发模式，例如一个与公共交通站点和核心商业区距离在 2 000 ft（约 610 m）的步行范围内，具有多功能特征的社区可以称之为一个公交导向型发展（TOD）区。公交导向型发展（TOD）区在一个适宜步行的范围内，混合了居住、零售、办公、开发空间和公用空间等多种功能，使居民和从业者能够通过不同的交通方式便捷出行（Calthorpe，1993）。一个公交导向型发展（TOD）区域的范围并不是固定的、一成不变的，平均 2 000 ft（约 610 m）的范围只是一个对于大多数人来说"适宜步行的范围"。在不同的区位条件下，适宜步行的距离也会受到地形、气候、建筑隔离物等的影响，因此，范围可能也有所不同。由于不同地区不同类型的公交导向型发展（TOD）之间差别很大，因此关于公交导向型发展（TOD）并没有一个统一的、明确的定义（Cervero et al.，2004），大多数研究中关于公交导向型发展（TOD）的定义都是纯描述性的，例如多样化的用途、高密度的开发、功能的混合、一定的半径范围等（Dittmar et al.，2012）。

根据公交导向型发展（TOD）的具体特点，卡尔索普总结了两种类型：一种是都市型公交导向型发展（urban TOD），其直接坐落于干线交通网络中，具有高密度开发的商业活动、就业的集聚，同时还具有较高的居住密度。另一种是邻里公交导向型发展（neighborhood TOD），位于地方或支线公交线路上，但是与干线交通站点的时间距离不超过 10 min。邻里公交导向型发展（TOD）在开发建设密度上要低于都市型公交导向型发展（TOD），具有中度的居住、商业、服务、娱乐开发密度。

一个公交导向型发展（TOD）区，按照用地类型与功能布局特点，可以分为核心商业区（core commercial areas）、居住区（residential areas）、公共区域/开放空间（public/ open space）和外围区域（secondary area）（陆化普，2012），如图 2-3 所示。核心商业区是每一个公交导向型发展（TOD）区的必备功能，位置上紧靠站点分布，提供便捷的零售、办公服务。大型的核心商业区也会包含大型超市、餐饮、娱乐等功能。居住区包括多种不同类型的住房，与站点和核心商业区的距离在一个便捷的步行范围

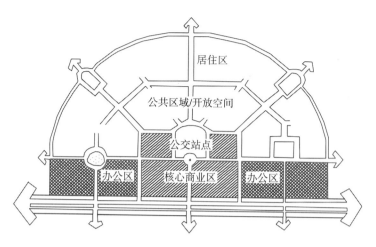

图 2-3 公交导向型发展功能结构图

内。公共区域也是组成公交导向型发展（TOD）必不可少的部分，其主要为居民和从业人员以及邻里社区服务，包括公园、广场、公共建筑等。每一个公交导向型发展（TOD）都会有一个外围区域，距离站点和核心商业区不超过 1 mile(约 1 609 m)，与核心商业区和站点具有便捷的道路系统直接相连，与外围区域主干道具有最少的十字路口，拥有低密度的独立别墅、学校、大型社区公园，低密度就业和交通换乘设施。

本书在对站点地区产业功能开发与空间布局进行评价时，参考公交导向型发展（TOD）理论，根据其发展理念，对站点地区的产业功能布局与未来发展提出建议。

2.1.5 利益相关者理论

利益相关者理论是由爱德华·弗里曼（Freeman，2010）1984 年在其《战略管理：利益相关者方法》（*Strategic Management: a Stakeholder Approach*）一书中提出的。利益相关者是指任何一个影响公司目标完成或受其影响的团体或个人，包括企业员工、消费者、供应商、投资人、银行、政府，以及能够帮助或损害公司的其他团体（Donaldson et al.，1995；Freeman et al.，2005），如图 2-4 所示。在企业成功达成目标的过程中，每一个利益相关者都具有各自的重要作用。

与企业管理与发展相似，站点地区的开发建设也涉及各种各样的利益相关者。一些学者从利益相关者的视角出发，认为高铁所带来的城市发展，根本上是由地方利益相关者的强烈发展意愿，进而采取的一系列行动所引起的（Feliu，2012）。这里的利益相关者与企业不同，具体包括市议会、地方企业、高校、商会、工会等等。本书对苏州北站站点地区开发所涉及的利益相关者按照社会经济属性进行分类，将所有的利益相关者分为政府性利益主体和社会性利益主体两类，其中政府性利益主体包括站点管理

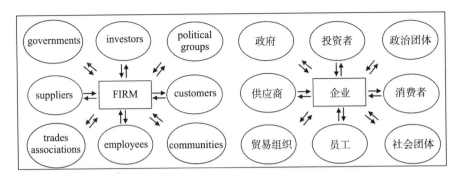

图 2-4 利益相关者模型

者、城市规划管理者、高铁运营商,社会性利益主体包括从业人员、居民和乘客。借鉴节点—场所理论,将不同利益主体的主要需求分为节点功能和场所功能两个方面。其中,节点功能主要是指站点的交通服务功能,包括对外的高铁服务,对内的公共交通服务、出租车、私家车便捷性等;场所功能则主要是指站点地区的各类产业服务功能。

2.2 分析框架

2.2.1 高铁站点的双重属性

根据贝托里尼的节点—场所理论可知,高铁站点具有"节点"和"场所"的双重属性。节点是指,高铁站点不仅是通往高铁交通网络的一个点,而且是一个通往其他综合交通网络的点。简单来说,节点是"网络中的节点"(node of networks)。当产业活动和人口在站点周边集聚,那么站点就与城市其他地区、经济活动、人产生了空间上的相互关联与相互作用。这时的网络就不仅仅是交通网络,同时也是社会经济网络。场所则是相对于站点的城市背景而言的,站点是城市的场所,是城市的一部分(a place of city)。此时的站点更多的是"站点地区"(station neighborhood)或"站区"(station district),即在以站点为中心,综合考虑具体站点的外在的—内在的、功能的—历史的和发展的特点,包含所有的已建成区域和开放空间在内的,一个适宜步行的半径范围内所包含的区域(Bertolini,1996)。

高铁站点天然是一个交通节点,但是并非天然就是一个城市场所。如果没有产业活动的集聚,站点虽然具有一定的交通服务范围,占据一定的地理空间,但也只能说是一个面状空间或者面状场所,并不具备城市场所的内涵,而决定站点是否能够成为一个完整意义上的城市场所的正是产业。多样化的产业活动为站点地区的发展注入了生机和活力。产业在站点地区集聚,则在极大程度上取决于站点的交通节点功能。节点功能的完善,提升了站点地区的可达性,区位条件得到了改善,从而吸引产业活动的产生和集聚。不同类型的产业活动共同塑造了站点地区的场所功能。房地产业作为物质空间的生产者,塑造了站点地区作为城市场所的基本形态和外部特征,并为其他各种经济活动的产生和扩张提供了承载空间。企业活动则决定了城市场所的主导功能与内涵特征。产业经济活动的数量和种类决定了站点的场所功能强度,因此场所功能可以由站点周边的产业经济活动类型来测度,具体而言经济活动类型包括:公共服务和行政管理;零售、餐饮和住宿;教育卫生和医疗等(Chorus et al.,2011;Lyu et al.,2016)。

2.2.2 节点、场所的相互作用机制

节点和场所是相互竞争、相互促进的统一体。节点强度反映了站点的可达性,而场所强度则反映了站点经济活动的紧凑性和多样性(Bertolini,1999)。节点和场所的竞争体现在对空间的争夺上。一方面,节点功能的完善需要附属配套交通设施的建设,需要占据一定的物质空间;场所功能的开发也需要足够的土地进行产业空间的生产,因此二者存在竞争关系。另一方面,节点功能的完善直接促进了站点地区的可达性提升,从而使得站点对产业活动的吸引力更强,促进了产业集聚,直接丰富了站点的场所功能;而场所功能的完善,产业活动的集聚与不断发展,为站点地区的税收和其他经营性收入的增长做出了贡献,从而可以为站点地区的建设,包括节点功能的完善提供资金支持,因此二者也是相互促进的。

节点—场所理论则提供了新的且更为全面的认识站点地区发展的视角和分析框架。通过对站点地区节点—场所功能的分析,我们了解到站点地区所具备的功能,以及功能的优势与不足,为站点的进一步开发提供参考。在已有研究中,涉及站点地区产业的研究多关注站点周边不动产价值的变化,如办公租金、居住地产、工业地产等(Bowes et al.,2001;Debrezion et al.,2007;Hess et al.,2007;Ko et al.,2010;Geng et al.,2015);或从企业的角度研究高铁站点对企业区位选择的影响(Willigers,2003;Beckerich et al.,2017,2019),站点地区的产业空间分布(邓洪波等,2018),缺乏从产业综合视角出发研究站点地区发展状况的研究,而且针对具体的高铁站点,详细地梳理其发展过程的研究也亟待加强。

2.2.3 产业的概念与分类

产业是销售相似商品的生产单位的集合,产业也经常被用来指一个生产分支,这是作为产业经济学研究对象的"产业"的理论含义。根据国民经济行业分类的国家标准和国际标准,可以将所有的产业活动分为19个类别,其中第一产业1类,第二产业4类,第三产业14类。这19个类别也被称为行业,是统计学意义上的产业分类。在当代经济分析和政策研究领域,基于部分生产活动的共同属性特征,将产业划分为高新技术产业、文化

产业等,这属于自主产业分类(史东辉,2015),服务自身研究的需要。企业既是基本的决策实体,企业也是产业经济活动的主体,通过出售商品和服务来获取利润。在产业经济学或产业组织学中,为了研究的方便,往往将企业作为直接的研究对象。

商业的发展可以从两个方面促进高铁站点地区的发展:首先,满足站点地区从业人员、居民的日常需要,为企业以及其他经营活动的顺利开展提供帮助。其次,高等级的商品服务可以在一定程度上扩大站点的辐射和影响范围,为站点地区的人口集聚与吸引力的提升做出贡献。因此,商业作为高铁站点地区的主要产业类型对站点开发具有重要意义。

房地产业的土地开发与建设活动,为站点地区的其他一切经营活动、居民的居住生活等创造了空间,因此房地产业作为站点地区物质空间的生产者,是其他经济活动存在的前提与基础。

综上所述,根据企业、商业、房地产业在站点地区产业发展中所扮演的不同角色,以及本书研究区域及数据的特点,在对站点地区产业发展的研究中,从企业视角对产业发展进行总体分析,选择商业和房地产业两个细分行业进行深入剖析,以期对站点地区产业发展的过程、格局、机制有更为全面、深入的认识。本书的商业则囊括了所有的商家经营活动。对企业和商业发展过程进行研究时,也参考了《国民经济行业分类》(GB/T 4754—2017)中统计意义上的产业分类。

2.2.4 站点开发与场所功能的内部平衡

在站点的开发过程中,核心功能和非核心功能都应该受到关注。前文已经论述,已有关于站点地区的研究可以分为以下几个主题:站点地区服务范围,站点地区换乘交通接驳及多交通方式联运;站点对周边地区的影响效应;站点地区发展评价等。公交导向型发展(TOD)理论、节点—场所理论成为研究站点地区发展的主要理论。在已有关于站点地区的研究中,大多就站点论站点,偏重于对站点主要功能的展示,例如站点地区公交导向型发展(TOD)评价研究、对站点发展的公交导向型发展(TOD)类型进行界定的研究(Singh et al.,2017)和基于节点—场所理论对站点地区发展进行评价的研究,最终结果往往是以站点核心功能为基础确定站点类型,并以此为重点解释站点的地区发展,缺乏对核心功能之外的特征的描述、分析与解释。而站点地区是具有多功能特征的,不同的功能之间相互影响,形成一个有生机活力的城市空间。非核心功能也不可或缺,不同的功能都会为站点地区的发展贡献自身力量。因此,核心功能和非核心功能都应该受到关注。

综上所述,除了对站点地区产业发展的过程与动力进行分析之外,本书以站点核心功能与非核心功能之间的平衡为基准,从不同利益主体的视角对站点地区的产业发展效应进行评价,以发现站点产业发展存在的问题。

2.2.5 产业发展的过程、格局、机制分析框架构建

本书在对高铁站点地区产业发展进行研究时,采用过程、格局、机制的分析框架。在对产业发展过程与格局演变分析的基础上,解释产业发展的机制;并根据利益主体的评价与反馈结果,发现产业发展中所存在的问题,提出进一步发展的对策与建议(图2-5)。

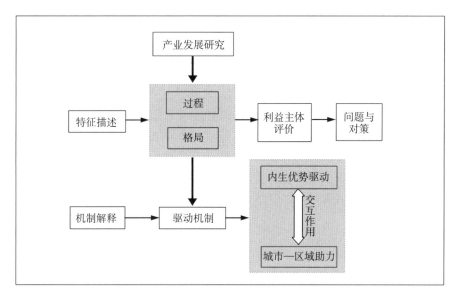

图2-5 高铁站点地区产业发展的过程、格局、机制分析框架

(1)描述性分析框架,针对具体案例,对高铁开通前后站点地区产业发展的过程与空间格局进行描述。首先是企业空间分布格局与演变的过程、企业数量、主导类型的变化过程;其次是商业网点的空间分布与演变过程,商业类型的变化过程,商业中心地的等级结构;最后是房地产业的发展过程,从土地一级市场入手,分析站点地区住宅、商业、办公和工业地产等的演变过程。在对产业发展过程的研究中,基于多元利益主体的视角,对站点地区不同的产业功能类型、产业综合开发的效果进行评价,以发现站点地区产业发展存在的问题。

(2)机制解释框架,即在对产业发展的过程、格局进行全面描述的基础上,对整体产业发展的机制进行解释。主要从三个方面对产业发展机制进行解释:首先是基于站点地区内生优势的机制解释,包括高铁服务等一系列站点自身特点对站点地区产业发展的影响机制,主要是基于高铁对产业的影响效应进行机制解释;其次是基于外部驱动的机制解释,主要是站点所处的中观城市背景和宏观区域背景对站点地区产业发展的影响机制;最后是内生优势与外部驱动的相互作用机制分析,主要是对高铁效应与外部驱动的相互作用方面进行解释。

2.3 案例选取

由于对高铁站点发展的长期关注与相关研究的开展,对于天津高铁站点和苏州的高铁站点,笔者有一定的前期工作积累。在本书研究展开之前,笔者分别在2015年、2016年和2017年对天津、苏州的各高铁站点进行了调研,对天津西站、天津南站、天津滨海站、苏州北站、苏州站、苏州工业园区站和苏州新区站站点周边3 km半径范围进行了全盘实地走访。在多次走访的过程中发现,天津南站、天津西站和苏州北站都进行了高铁新城建设规划,对站点开发有着清晰的发展方向和产业配置方案。但是,天津南站和天津西站在规划的实施阶段进展较慢,尚未有实质性的开发建设活动;苏州北站则不同,在站点开通以后,紧接着进行了站点周边地区的规划,成立了专门的管理机构——苏州高铁新城管理委员会,并立即展开了相关建设活动,无论在规划的制定还是实施上都表现出了极高的效率,而其他站点仍保持着原来的面貌,周边鲜有开发建设活动,也没有发生显著的产业和经济活动在站点地区的集聚。因此,最终选择了京沪高铁沿线的苏州北站作为本书研究的案例站点。

2.4 研究区范围界定

定义一个科学合理的范围是研究开展的前提和必要条件。界定站点地区范围最常用的方法就是以站点为中心确定一个一定半径的缓冲区域。这个距离半径既可以是时间距离(Preston,1991;Wardman et al.,2007;Blainey,2009)也可以是物理距离(Upchurch et al.,2004;ATOC,2009)。这种方法的优点就是简单、直接、易于操作,但其缺点也十分明显,即缺乏对站点自然、社会经济背景的考虑。因此,随着相关研究的不断深入,地块完整性、现实道路情况等自然社会要素开始被纳入高铁站点地区范围界定的考量因素当中(林辰辉,2011;卢杰,2013)。在关于高铁站点地区的已有研究成果中,涉及范围界定时多从区域视角出发,考虑站点地区范围及其影响因素(Monzón et al.,2013;董瑶等,2014;Zhang et al.,2016),而从更微观的地方视角(local perspective)探讨站点核心区空间范围的成果较为缺乏。基于本书的研究内容与研究目的,本书的站点核心区范围界定即为微观地方视角下的范围。

2.4.1 范围界定的依据与步骤

站点地区作为城市场所具有其独特的功能特征。定义这个场所范围的就是它所具备的功能特征。这些功能特征通过其物质空间所承载的产业经济活动得以体现。站点地区的开发过程实质上就是站点从一个节点成长为城市场所并最终成为城市(副)中心的过程。这个过程最为直观的表现就是随着时间的变化,各类产业活动在站点地区的不断集聚与扩张。根据站点地区产业分布在空间上的差异性,可以更直观地发现站点地区与城市其他地区的界限,明确站点范围。随着时间的变化,站点地区的产业也在不断地扩张,因此,根据产业空间分布而确定的站点地区范围也是随时间变化而动态变化的,这也与场所的时间动态性相一致(Gregory et al.,2009)。因此,本书界定站点地区范围的基本思想为:只有当站点成为一个城市场所时,讨论其核心范围才具有实际意义,而在站点由单纯的交通节点发展成为具有复合功能的城市场所的过程中,产业扮演了关键的角色。这些特定的产业也是站点地区区别于城市其他地区的关键所在。范围界定的具体步骤:首先,根据站点位置,确定一个前期研究的范围,这个范围以站点为中心,半径为 5 km,理论上讲足够涵盖一个站点地区的核心范围;其次,搜集此范围内的兴趣点(POI)数据,并将这个范围以站点为中心切割为 500 m×500 m 的网格;再次,使用地理信息系统软件 ArcGIS 中的空间连接(spatial join)工具,将所有的兴趣点(POI)划分到所属区域的网格当中,并统计每个网格内的点数目,计算网格内的点密度,根据每个网格的点密度值,使用自然分段法将所有的网格分为三类,分别为高、中、低三个类别;最后,提取中高密度网格即为站点地区的核心范围。但仅仅根据兴趣点(POI)的密度及空间分布来识别站点地区的范围可能会出现偏差,因此还需要根据地图数据进行进一步的识别和校正,并最终确定站点地区的范围。

2.4.2 站点地区范围界定结果

苏州北站主要的产业活动都集中在站点以南的主干道两侧,依托主要的居住区和商务大厦分布,而这些居住区和商务大厦绝大部分分布在距离站点 1 000 m 半径范围内(图 2-6),基本分布在站点以南。虽然站点以北只有一个居住区,而且 1 000—1 500 m 半径范围内的地物较少,但为了避免出现产业活动的遗漏,更全面地掌握站点地区的开发情况,分析站点地区的产业空间演变,将本书的研究范围界定为以站点为中心、半径为 1 500 m 的圆形区域,这样也就包括了站点以北的新建居住区和商业网点。最终,研究区半径为 1 500 m,其中 1 000 m 半径的区域为核心区。研究区域主要由高铁新城南片区和中部片区的部分地块组成,另外还包括站点以南的汽车产业园和太阳花园居住区,二者的建设虽然与高铁没有关联,但由于距离站点很近,之后的发展或改造必然会受到高铁站点的强烈影响,因此也包含在研究区内。具体的四至道路范围为西至相城大道,东至澄阳路以西,南至太阳路,北至太东路,并包括相城大道两侧、太阳路两侧、富翔路(规划)两侧的部分地块。

根据图 2-6 可以看出,在研究区内,现状主要建筑大部分位于高铁轨道以南地块,也就是南片区内。

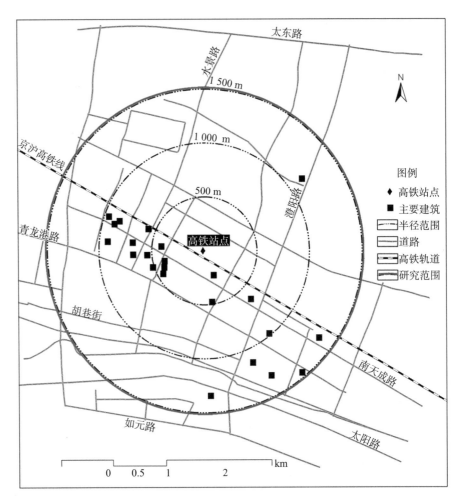

图 2-6 研究范围示意图

由于南片区是最早开发的区域,因此大部分已经建成的楼宇建筑均位于南片区。研究区域内的主要产业经济活动也多位于南片区内。整个南片区的面积为 9.42 km²,在研究区内的部分约占到整个片区面积的 1/3,而这 1/3 恰恰是距离站点最近、开发建设活动最为密集、建设完成度最高的区域。更具体地说,已建设完成的商务大厦、居住小区、购物中心均位于南天成路和青龙港路之间的区域,主要集中在南天成路沿线两侧。

2.5 研究区域背景介绍

2.5.1 苏州北站简介

苏州北站位于江苏省苏州市相城区南天成路,为京沪高铁一等站、中间站,由苏州站管辖。苏州北站距离苏州市中心 15 km,距离苏州火车站 10.5 km。苏州北站于 2011 年 6 月随京沪高铁一同开通运营,在 2015 年进行了改扩建。苏州北站的总建筑面积为 10 000 m²,站房建筑面积为 8 000 m²,设计日客流量为 3 000 人。截至 2016 年,日最大发送旅客流量 2.2 万人,年客流量约为 600 万人。日均经停列车班次 171 次,其中高铁班次 168 次。在站点交通接驳上,地铁 2 号线经过苏州北站,站前南广场设有公交枢纽站和出租车换乘中心。在商业开发上,苏州北站在站房内部、紧邻候车厅的东侧建有特色商业街,以餐饮和纪念品零售为主,为旅客提供便捷服务。

2.5.2 苏州北站高铁新城

在产业发展上,整个相城区可以分为五大片区。其中阳澄湖生态新区片区面积为 110 km²,重点发展智能科技、大数据、科技金融、文化创意、电子商务等新兴产业。苏州北站高铁新城片区即为阳澄湖生态新区的组成部分,为阳澄湖生态新区启动区,总面积为 28.9 km²,具体范围为东起聚金路、西至元和塘、南起太阳路、北至渭泾塘。苏州高铁新城开发以"高铁枢纽、创智枢纽"为产业引擎,全力推进"苏州新门户、城市新家园、产业新高地、生态新空间"建设(苏州规划设计研究院,2015)。苏州高铁新城围绕建设商贸商务、生态休闲、创智文化等功能为主导的现代化商务区目标,以构建"智商文旅"全产业链体系为指引,创新"基金、科技、孵化器、人才"产业驱动模式,加快推进影视产业园、电子商务产业园、创意设计街区等现代服务业载体建设。苏州高铁新城管理委员会于 2012 年 1 月 11 日挂牌成立,专门负责高铁新城片区的规划开发、建设管理、招商投资、经济建设等。

苏州高铁新城在开发时序上分为南片区、中部片区、北部片区。其中,南片区为最早进行开发的区域,为整个高铁新城开发区的启动片区。南片区的具体规划范围为北临西(东)公田路,南到北河泾,西起元和塘,东至聚金路,总规划面积为 9.42 km²。在功能定位上,南片区作为高铁新城重要组成部分,依托快速便捷的交通枢纽,建设以商务办公、生态居住、文化产业三大功能为主导的现代化商务区。当前的开发建设活动主要集中在南片区,也是本书研究区的核心组成部分。

高铁新城中部片区也叫苏州阳澄国际研发社区,总规划面积为 10 km²。具体规划范围为北至 352 县道(原漕湖大道),南至西公田路,东至相城大道,西至聚金路。规划的主要产业类型为科技研发、科技金融和文化创意产业。高铁新城中部片区位于高铁站以北,也是本书研究区的重要组成部分。

2.5.3 苏州北站的城市—区域背景

1) 苏州北站的交通条件
在区际和对外交通方面,在与周边相邻城市的交通连接上,得益于京沪高铁服务,苏州北站与周边南京、上海、无锡等沿线城市的交通十分便捷。从苏州北站出发,搭乘高铁 10 min 即可到达无锡,20 min 可到达上海,45 min 可到达南京,到达其他京沪高铁沿线城市的时间也都在 4 h 以内。与相邻的南通市和湖州市,由于没有高铁相连,因此最快的交通方式为自驾车,需要将近 2 h 的时间。苏州北站与嘉兴市虽有高铁相连但需要转道上海,因此在时间上,搭乘高铁反而不如驾驶汽车来得快速高效,到达嘉兴市的最短时间为 90 min。苏州北站到杭州市的公路距离和直线距离都要比到南京市近,但由于没有直通的高铁线路——需要绕道上海、嘉兴才能与杭州相连,因此在时间上要远长于到南京的时间,乘坐高铁最短约需要 100 min。可见,苏州北站与周边城市的交通方面,与南京、上海、无锡最近,与其他城市较远,但都可以实现单日往返。在市内交通方面,苏州北站位于远离市中心的城区北部边缘,由于地铁 2 号线的开通,市中心和火车站的交通联系便捷,基本上 0.5 h 可达市中心。公交系统也较为发达。由于站点周边没有配套的长途客运站,因此在公共交通方面与县区的联系不便。苏州与各区县的交通主要是公路交通,除最北部的张家港市之外,到其他区县的时间均在 1 h 之内。

2) 相城区的产业经济发展

2017 年,相城区的地区生产总值为 713.82 亿元,其中第二产业的占比为 48.8%,第三产业的占比为 49.5%。其地区的生产总值在苏州市各区县中的排名为倒数第二位,仅高于传统老城区姑苏区;人均生产总值排名倒数第三位;第二产业产值排名倒数第二位;第三产业产值排名全市倒数第一位,但第三产业产值增速较快,排名全市第四位;人均地区生产总值的增速排名倒数第二位。可见,相城区在整个苏州市处于经济发展落后,增长乏力,面临与园区以及其他区县的差距逐渐拉大的局面。目前,相城区的主导产业类型为制造业,其中电子信息制造业和高端装备制造业的占比较高。现代服务业也是相城区的重要产业类型之一,是未来产业发展的重点方向。

3) 苏州市的产业经济发展

2017 年,苏州市的地区生产总值约为 1.7 万亿元,位居全国第七位,江苏省第一位。其中第三产业产值约为 8 861.65 亿元,占比为 51.16%。从私营企业数量上看,2017 年底,苏州市区私营企业数量最多的行业类型依次为批发和零售业,制造业,租赁和商务服务业,科学研究和技术服务业,建筑业以及信息传输、软件和信息技术服务业,其中企业数量增长速度最快的是科学研究和技术服务业,其次是信息传输、软件和信息技术服务业。全市服务业增加值比上年增长 8.2%。全年实现高新技术产业产值 1.53 万亿元,比上年增长 10.5%,占规模以上工业总产值的比重达 47.8%,比上年提高 0.9 个百分点。苏州市正处于产业转型的历史时期,谋求从制造业到"智造业"的转型,因此在企业管理上,近几年逐步淘汰和关停了一些低效益的制造业企业,大力发展和引进科技服务业企业。苏州市总体规划对产业的定位为国家高新技术产业基地,长三角城市群地区次级商务、商贸、物流中心,长三角地区创意和研发产业基地之一。

4) 苏州市的政治与经济中心

苏州市区共辖姑苏区、相城区、虎丘区、吴中区和吴江区五个区级行政单元。其中姑苏区作为苏州市老城区,成立于2012年10月26日,由苏州原平江、沧浪、金阊三个老城区合并而成,总面积为83.4 km²,包含14.2 km²的苏州古城,常住人口为95.75万人。姑苏区是全国首个也是唯一一个国家历史文化名城保护区。姑苏区既是苏州的政治、教育、文化、旅游中心,也是苏州历史最为悠久、人文积淀最为深厚的中心城区,同时还是苏州"一核四城"发展战略中的重要之"核"。姑苏区的主要产业为旅游业、文化产业,其主要任务并不是追求产业开发和经济建设,而是古城保护与合理开发。因此,虽然姑苏区的多项经济指标在全市处于倒数地位,但并不影响其作为整个苏州精神内核的地位。

苏州工业园区地处苏州城东金鸡湖畔,行政区域面积为288 km²,户籍人口为25万人。原辖三个镇:娄葑镇、唯亭镇、胜浦镇。现辖四个街道:娄葑街道、斜塘街道、唯亭街道、胜浦街道。2019年,苏州工业园区共实现地区生产总值2 570亿元,高新技术产业产值占规上工业产值的比重达到70%以上。公共财政预算收入350亿元,进出口总额为1 035.7亿美元,社会消费品零售总额为493.7亿元,城镇居民人均可支配收入超7.1万元。在商务部公布的国家级经济技术开发区综合考评中,苏州工业园区有三年(2016年、2017年、2019年)位列第一(苏州工业园区管理委员会,2019)。苏州工业园区作为苏州市经济发展的中心地带,引领着整个苏州市的产业发展方向。未来苏州工业园区产业发展的主导类型包括商务、科教创新、旅游度假、高端制造与国际贸易四大产业。

5) 苏州北站高铁新城产业发展的政策扶持

据不完全统计,截至2023年,仅相城区已经累计出台了10多项政策,以扶持不同类型的产业发展,包括一系列人才引进与服务政策,如"阳澄湖人才计划"、相城区人才安居乐业政策等,为高端人才提供补贴和福利,另外对招收到高端人才的企业也会给予一定的奖励。对高新技术企业、上市企业、独角兽企业等的引进、发展和培育也提供了相关的资金支持和政策优惠。

3 京沪高铁对沿线城市产业发展的影响

一方面,中国正处于产业转型与城市化快速发展的时期,高铁的大规模建设运营,极大地重塑了原有的经济地理格局,深刻地影响了中国的城市化进程和经济发展(王姣娥等,2014;Chen et al.,2016),但是,并非所有的产业类型都会对交通方式的变革、对高铁的到来产生积极响应。另一方面,伴随着中国高铁的大规模建设,许多地方政府都将高铁的到来视为推进新一轮城市增长与城市化发展的重要契机,一大批城市—区域开发项目纷纷上马(史官清等,2014),但其发展效果并未达到预期,资本浪费与低效率利用等问题严重。因此,在当前中国的经济社会背景下,探索高铁对不同行业的不同影响,为社会经济发展和地方开发实践活动提供参考具有十分重要的现实意义,也具有其迫切性。本章从总体上分析京沪高铁对沿线城市产业发展的影响,为后续苏州北站的产业发展研究打下基础。

3.1 高铁的产业影响效应研究进展

高铁对产业的影响主要集中于第三产业(Dai et al.,2018)。例如,新干线的建设运营所产生的积极影响明显地集中于信息产业,如商务服务、金融服务、房地产等领域,而大规模的制造业则对高铁服务并不感冒(Sands,1993)。高铁促进了服务业向主要站点城市集聚,而对工业活动几乎不产生影响(Haynes,1997;Albalate et al.,2012;覃成林等,2016;邓涛涛等,2017)。旅游业也成为直接从高铁服务中获益的产业类型之一(Masson et al.,2009;Chen et al.,2012;汪德根,2013;魏丽等,2018;李磊等,2019)。在对房地产行业的影响上,高铁的作用在不同规模城市具有明显的差异(Chen et al.,2015),但以促进作用为主(何里文等,2015)。高铁的出现使得大型节点城市在旅游、会展领域取得了显著的增长(Ureña et al.,2009)。在一些中等规模城市,高端服务业(包括会议、贸易展览、金融业、娱乐休闲购物、科研培训、现代物流业等行业部门)受到高铁服务的刺激而产生了显著的经济增长(Feliu,2012)。高铁可能会给知识密集型企业带来更大的经济效益(Murakami et al.,2016)。以伦敦为中心,高铁1 h可达的城镇,其知识密集型产业的发展具有显著的优势;2 h经济圈内城镇知识密集型产业的发展也在区域平均水平之上(Chen et al.,2011)。

高铁的到来将会促使技术经济模式的根本性转变,成为下一波经济增长的重要基础性工程,为经济发展创造更多的机遇(Tierney,2012)。

根据已有研究可以发现,首先,高铁对产业发展的作用集中在服务业,如知识密集型产业、高端商务服务、会展业、金融业等,但以定性分析为主,并作为其他研究的附属;其次,有部分产业研究其重点多聚焦在高铁对单一行业的影响上(Hensher et al.,2012;郭建科等,2016),缺乏高铁对全行业影响效应的系统探索;最后,已有研究多关注大城市、大型节点城市或大都市区、城市群地区等,对中小城市的关注不足。

本章以已有研究为基础,以京沪高铁沿线13个中等城市为例,探讨高铁建设运营对沿线城市产业发展的影响。具体的研究问题主要有三个:首先,探讨高铁属性的哪些因素对行业发展具有重要影响;其次,探索高铁对不同产业类型及宏观经济的影响(表3-1);最后,与国内外相关研究结果进行对比讨论。

表3-1 三次产业子类别与宏观经济指标

产业经济指标	代码	行业名称
第一产业	F_1	农林牧渔业
第二产业	S_1	采掘业
	S_2	制造业
	S_3	电力、煤气及水生产供应业
	S_4	建筑业
第三产业	T_1	批发和零售业
	T_2	交通运输、仓储及邮政业
	T_3	住宿、餐饮业
	T_4	信息传输、计算机服务和软件业
	T_5	金融业
	T_6	房地产业
	T_7	租赁和商务服务业
	T_8	科研、技术服务和地质勘查业
	T_9	水利、环境和公共设施管理业
	T_{10}	居民服务和其他服务业
	T_{11}	教育
	T_{12}	卫生、社会保险和社会福利业
	T_{13}	文化、体育和娱乐业
	T_{14}	公共管理和社会组织

续表 3-1

产业经济指标	代码	行业名称
宏观经济指标	GRP	地区生产总值
	PCGRP	人均地区生产总值
	PIP	第一产业占地区生产总值的比重
	SIP	第二产业占地区生产总值的比重
	TIP	第三产业占地区生产总值的比重

3.2 研究对象、指标与数据来源、研究方法

3.2.1 研究对象

京沪高铁全线共设有 24 个站点，其中北京市 1 个，河北省 2 个，天津市 2 个，山东省 6 个，江苏省 8 个，安徽省 4 个，上海市 1 个，共分布在 16 个地级市和 3 个直辖市。不同于其他京沪高铁的相关研究（Chen et al.，2016；张凯烊等，2016；Li et al.，2018；Ma et al.，2019），本书重点探讨高铁开通对中等城市产业发展的影响，研究单元的范围为城市市辖区，考虑直辖市、省会城市与一般地级城市和县级城市的差异显著，因此基于可比性的原则，选取沿线除直辖市与省会城市之外的 13 个地级站点城市作为研究对象，具体研究对象见表 3-2。

表 3-2 研究站点与城市

地区	城市	站点名称	运营年份	建设年份	站点类型
河北省	廊坊	廊坊站	2011	2007	中间站
	沧州	沧州西站	2011	2010	中间站
山东省	泰安	泰安站	2011	2008	中间站
	枣庄	枣庄站	2011	2009	中间站
	德州	德州东站	2011	2010	中间站
江苏省	徐州	徐州东站	2011	2008	预留始发站
	镇江	镇江南站	2011	2008	中间站
	常州	常州北站	2011	2008	中间站
	无锡	无锡东站	2011	2010	中间站
	苏州	苏州北站	2011	2010	中间站
安徽省	宿州	宿州东站	2011	2008	中间站
	蚌埠	蚌埠南站	2011	2009	中间站
	滁州	滁州站	2011	2009	中间站

3.2.2 评价指标与数据来源

高铁对城市发展影响效应的发挥与其本身属性密切相关。高铁对特定的城市、区域产生影响是借助站点实现的,因此在衡量高铁对城市的影响效应时,本章使用站点属性来表征城市的高铁属性(表 3-3),具体包括以下方面:

(1) 站点位置(location),表示站点与城市中心的连通性,使用站点与市中心的道路交通距离来表示。

(2) 站点可达性(accessibility),表征站点与城市腹地的连通性,使用站点到各县、区中心的人口加权平均旅行时间表征。站点位置和可达性决定了站点与城市及城市腹地互相联系的便捷程度,对高铁效应的发挥具有重要影响。

(3) 列车频次(train frequency),指一天中通过并在站点停靠的列车数量。列车频次越高,线路越多,说明站点与区域外其他城市的联系越便捷。

(4) 站点等级(level),是按照站点在国家铁路系统中的地位、客运量以及城市地位而确定的,共有六个等级。站点等级越高,说明站点在整个高铁网络中的地位越重要,分配的高铁资源如线路、停车时间、座位分配占比等就越多,即可享受的高铁服务容量越大。

(5) 站点规模(scale),指高铁站点的建设规模,用高铁站点的站房建筑面积表示。站点规模与其客流量密切相关,规模大的站点一般在列车线路与客流量方面都具有一定优势。

(6) 站点地区开发范围(development area),指站点周边经济活动集中分布的半径范围。

(7) 站点开发密度(development density),指在站点核心区内经济活动的分布密度。站点地区的开发范围与开发密度集中反映了高铁站点作为城市场的吸引力,是高铁效应向外扩散的窗口地带。

(8) 站点客流量(passenger flow),选取了 2015 年站点发送的总旅客数量。

在本章所涉及的高铁属性数据中,列车频次数据来自当年的列车时刻表;站点等级、规模和位置数据来自高铁网站以及其他网站关于高铁站点的资料介绍;站点可达性数据来自百度地图数据,通过计算站点到行政区域范围内各个县级行政中心的平均最短通勤时间,进行人口加权计算而确定;站点地区开发范围通过站点周边兴趣点(POI)的空间分布确定。站点开发密度通过计算站点核心区的兴趣点(POI)密度确定,兴趣点(POI)数据来自高德地图数据库。

由于各行各业在国民经济发展过程中都在贡献着自身的力量,但并非所有行业都具有直接的产值输出,因此选择各行业的从业人员数目作为具体指标来研究高铁对行业发展的影响,行业及宏观经济数据均来自中国城市统计年鉴。

表 3-3 高铁属性表

指标名称	指标内容	评价方法	单位
站点位置	站点与市中心的道路交通距离	物理距离	km
站点可达性	站点与县、区中心的人口加权平均旅行时间	人口加权的时间距离	min
站点规模	站房建筑面积	—	m²
站点等级	本书涉及的高铁站点一共有三个等级,分别为一等站、二等站和三等站	一等站=4分;二等站=3分;三等站=2分	—
列车频次	每日始发或经停的高铁、城铁和动车班次总数	—	次
站点地区开发范围	站点周边经济活动集中分布的半径范围	与产业经济活动相关的兴趣点(POI)的空间分布范围	km
站点开发密度	站点核心区内经济活动的分布密度	站点核心开发区域内兴趣点(POI)的平均密度	个/km²
站点客流量	2015年站点发送的总旅客数量	—	万人

3.2.3 研究方法

高铁对行业影响强弱程度的计算:本书探讨高铁运营对行业及宏观经济的影响,可知本章的自变量为高铁属性,因变量为不同行业及其经济属性,而一般的回归模型虽然能够找出自变量与因变量之间的关系,但大多只适用于一个因变量的情况,而不能兼顾不同因变量之间的内在联系,但本章的24个因变量彼此之间是相互联系的,向上构成了国民经济的三次产业。所以结合本章的数据特征和研究目的,选择了特征选择模型(feature selection model),这样既不破坏各因变量之间的关系,又能够探测出高铁属性对各个行业的影响大小。不同于一般的线性回归模型,特征选择模型采用特定的范数对投影向量 W 进行约束,使得模型在训练时不会出现过拟合现象,从而有效地避免模型在训练时表现极好而在测试与应用时效果很差的情况,有效地提高了模型的泛化能力。

基于 $\ell 2,1\text{-norms}$(以下简称"2,1 范数")的特征选择模型的公式(Nie et al.,2010):

定义矩阵 $X=[x_1,x_2,\cdots,x_i]\in \mathbb{R}^{d\times n}$ 和矩阵 $Y=[y_1,y_2,\cdots,y_i]^T\in \mathbb{R}^{n\times c}$,其中 $x_i\in \mathbb{R}^{1\times n}$,在本章中 x_i 即第 i 个研究单元的高铁属性构成的列向量;y_i 为第 i 个研究单元的各项社会经济属性所构成的列向量。

$$\min_{W} J(W)=\sum_{i=1}^{n}\|W^T x_i - y_i\|_2 + \gamma R(W) \tag{3-1}$$

上述公式可以进一步优化为

$$\min_{W} J(W) = \|X^T W - Y\|_{2,1} + \gamma \|W\|_{2,1} \qquad (3\text{-}2)$$

其中,X 为要输入的各研究单元的高铁属性,因此 X 为 8 行(高铁属性一共 8 项)13 列(13 个研究单元)的矩阵。Y 即由各研究单元的行业等经济属性所构成的 13 行(13 个研究单元)24 列(24 项经济属性)的矩阵。W 为投影矩阵,即为本章所要计算的权重,表示每一高铁属性对每个经济属性的影响大小。$\mathbb{R}$ 标识实数取值空间。γ 为调节系数,在模型训练过程中会自动寻找到最优的 γ 值。本章主要根据 W 进行分析。

模型基本原理(图 3-1):给定一组数据 X 和 Y,随机抽取其中一部分数据作为训练(学习)数据,剩余的部分数据作为测试数据。通过使用训练数据进行机器学习,得到调节系数 γ 和投影矩阵 W;利用得到的调节系数和投影矩阵,并结合测试数据中的高铁属性数据,对研究单元的经济属性指标进行预测,通过比较预测值与真实值之间的差值,确定拟合优度最高的调节系数 γ 和对应的投影矩阵 W。

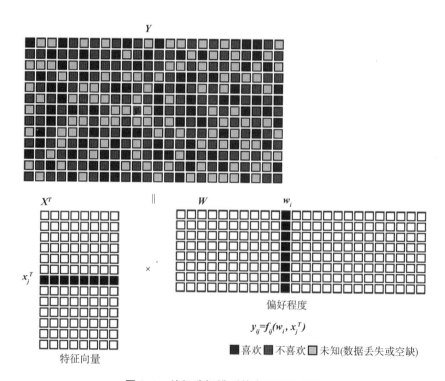

图 3-1 特征选择模型基本原理示意图

投影矩阵 W 确定的依据:采用最小二乘法,使测试得出的社会经济属性值与真实值之间的离差平方和最小,当满足这个标准之后,可以认为此时得到的投影矩阵 W 可以在最大程度上揭示高铁属性对社会经济属性的影响,反映二者背后的关联。

选择"2,1 范数"算法的原因:一般的求取权重的方法,比如熵值法和因子分析法等,其结果会使得权重的差距很小,比如出现 0.118 5、0.120 6、0.117 9 这样的结果,导致看似每个影响因子都有作用,而且效果相近,因此很难有效地区分哪些因子更为重要;而"2,1 范数"可以使得权重的差异更为显著,从而可以更为有效地识别出重要因子。因此本章选择采用基于"2,1 范数"的特征选择模型。

3.3 结果分析

3.3.1 高铁运营前后各行业从业人员数目增长率的对比

观察高铁开通前后城市不同行业从业人员数目的年均增长率(图3-2、图3-3)可以发现,高铁开通前,超过30%的行业增长率低于0,居民服务和其他服务业的增长率甚至低于−20%。其他行业的增长率均大于0,但是除了建筑业之外,大部分增长率不高于10%。高铁开通后,接近20%的行业增长率为负值,但集中在第一产业和第二产业,其他行业的增长率均大于0,且半数以上的行业增长率接近或高于10%。农林牧渔业、采掘业、建筑业、住宿、餐饮业、公共管理和社会组织五个行业的增长率有所下降,其他行业的增长率都有所提升。虽然建筑业、公共管理和社会组织两个行业的增长率有所降低,但增长率一直为正,尤其是建筑业不但增长率一直处于高位,而且从绝对人数来看,其年均新增的就业人口数也远高于其他行业。总之,高铁开通后各城市产业保持了整体增长的趋势,并且大部分行业类型的增长速度加快。这说明高铁开通有可能是导致行业增长的一个因素,至少城市行业增长与高铁运营具有同时性。

3.3.2 高铁属性对行业的影响分析

借助特征选择模型,选取 2015 年数据测算了高铁属性对行业及宏观经济的影响,最终不仅得到了高铁属性对各个行业类型的影响,而且得到了高铁属性对城市经济总体水平[国内生产总值(Gross Domestic Product,GDP)]、人均水平[人均国内生产总值(GDP)]和三次产业[三次产业分别占国内生产总值(GDP)的比重]的影响效应。

根据模型结果发现,在所选取的高铁属性的八个因子当中,对行业和其他社会经济属性产生较大影响的因子有四个,分别为站点位置、站点可达性、站点等级和站点地区开发范围。其中,站点位置的影响力最大,其次是站点地区开发范围,然后是站点等级,站点可达性的权重值极小,几乎可以忽略。因此,最终真正具有显著影响效应的因子有三个,分别为站点位置、站点等级和站点地区开发范围。

将不同因子对站点城市经济属性的影响权重进行聚类,根据聚类结果,可以得到站点属性对城市不同行业及经济属性的综合影响权重(表

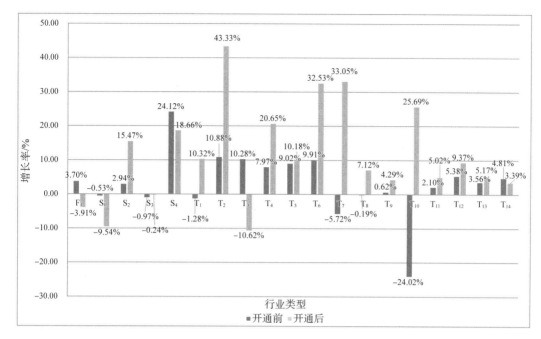

图 3-2 高铁开通前后站点城市不同行业从业人员增长率

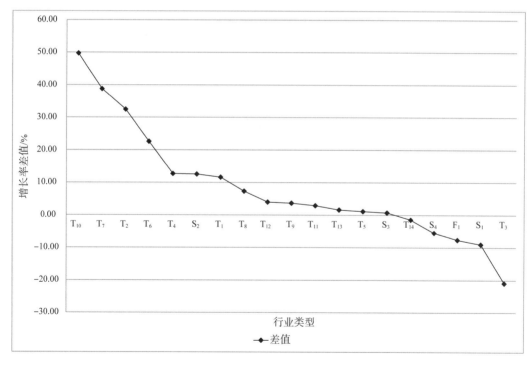

图 3-3 高铁开通前后站点城市就业增长率差值

3-4)。根据表 3-4 中各个高铁因子对不同行业的影响权重值可以看出,第一,高铁对人均经济发展水平的影响要大于对城市生产总值的影响;第二,观察各高铁因子对三次产业的影响权重可以发现,其对第三产业的影响最大,第二产业次之,第一产业最小;第三,结合聚类结果,可以发现类别 1 和类别 3 具有相对较高的权重,因此将其划分为受高铁影响较为显著的行业类型,具体包括建筑业(S_4),科研、技术服务和地质勘查业(T_8),水利、环境和公共设施管理业(T_9),教育(T_{11}),卫生、社会保险和社会福利业(T_{12}),文化、体育和娱乐业(T_{13}),电力、煤气及水生产供应业(S_3),公共管理和社会组织(T_{14});第四,对制造业的影响,各高铁因子对制造业的影响权重均低于其平均值,因此可以判断高铁属性对制造业的影响较小;第五,对 FIBRE 产业,即金融业(financial)、信息产业(information industry)、商务服务业(business services)和房地产业(real estate)的影响,各地方政府依托高铁建设所推出的开发项目,其规划开发的重点均为 FIBRE 行业,因此在此处单独列出了高铁对这一类行业的影响,除对科研、技术服务和地质勘查业(T_8)的影响属于权重较高的第一类别外,对金融业(T_5),信息传输、计算机服务和软件业(T_4),租赁和商务服务产业(T_7),房地产业(T_6)的影响均属于权重值较小的类别 2 和类别 4,因此可以判断,高铁对城市制造业和 FIBRE 产业的影响较弱;第六,除第一产业之外,高铁对其他行业及宏观经济要素都表现出一定程度的正向作用(权重值均大于 0)。

表 3-4 高铁属性对城市不同行业的影响权重表

代码	站点等级	站点位置	站点地区开发范围	聚类结果
S_4	0.097 2	0.162 9	0.128 6	1
T_8	0.075 7	0.147 7	0.157 3	1
T_9	0.105 7	0.210 7	0.171 4	1
T_{11}	0.107 1	0.161 4	0.180 6	1
T_{12}	0.140 2	0.197 4	0.200 6	1
T_{13}	0.099 1	0.157 0	0.186 4	1
PIP	0.012 4	0.169 1	−0.000 4	2
SIP	0.051 5	0.255 0	0.039 9	2
F_1	0.096 7	0.175 2	0.022 7	2
S_1	0.060 0	0.123 2	0.017 7	2
T_5	0.064 4	0.190 5	0.090 3	2
PCGRP	0.109 7	0.299 0	0.158 7	3
TIP	0.107 9	0.366 5	0.139 0	3
S_3	0.129 5	0.265 6	0.161 5	3
T_{14}	0.129 3	0.247 1	0.158 9	3
GRP	0.075 2	0.086 7	0.138 8	4
S_2	0.046 3	0.045 2	0.082 8	4

续表 3-4

代码	站点等级	站点位置	站点地区开发范围	聚类结果
T_1	0.099 6	0.105 2	0.136 0	4
T_2	0.111 8	0.104 8	0.143 5	4
T_3	0.059 2	0.059 0	0.118 9	4
T_4	0.055 7	0.097 9	0.089 7	4
T_6	0.047 2	0.046 8	0.072 2	4
T_7	0.054 1	0.074 8	0.111 4	4
T_{10}	0.050 5	0.092 3	0.040 6	4
权重均值	0.082 8	0.160 0	0.114 5	—

3.4 讨论

站点位置、站点等级与站点地区开发范围是影响城市产业发展的主要因素,站点可达性的作用则较弱。第一,站点位置表示站点与市中心联系的便捷性,距离越近与城市的融合性越好,互动越频繁,因此有助于高铁效应的发挥。第二,站点等级则体现了站点所能提供服务的水平与质量,站点等级越高,说明站点在区域交通体系中的重要性越强,所提供的高铁服务越完善,这都会对城市发展产生积极作用。第三,站点地区开发范围代表了站点地区开发的规模,由高铁建设与站点开发所吸引的投资、一系列的开发建设项目大都位于站点及其周边,因此这一区域范围的大小直接反映了由高铁激发的新的产业活动的规模,是高铁带来的城市增长的核心体现。第四,站点可达性尚未体现出对城市经济的显著作用,其原因可能是当前京沪高铁的站点选址一般在偏远郊区,可达性整体较低,限制了高铁效应的发挥。站点可达性直接决定了高铁与城市—区域的互动,对高铁效应的发挥起到决定性的作用。因此,当前阶段若要最大化高铁带来的增长效应,站点可达性的提升是首要解决的问题。

与已有研究结果的对比。纳卡莫拉等(Nakamura et al.,1989)研究认为,FIBRE 产业与高铁之间的相互作用会强化和促进高铁所带来的产业增长效应。本章研究发现,京沪高铁的出现对沿线城市的 FIBRE 产业具有一定的影响,但这种作用较弱,相对于其他产业来说并不明显。广田(Hirota,1984)和布罗奇等(Brotchie et al.,1991)研究发现,高铁同样会促进住宿和餐饮业的发展。费柳(Feliu,2012)对欧洲一些中等城市的研究结果显示,高铁影响最为显著的行业为高端服务业和高度专业化的产业活动,比如会议和贸易事务、金融服务、购物和娱乐、科研教育培训、旅游和文化、咨询行业等。本章研究发现,在中等城市层面,高铁影响的行业类型与上述行业类型部分一致。另外费柳(Feliu,2012)还发现受高铁影响显著的信息交流和娱乐等行业其增长基本上都发生在站点周边,相关的开发项目也都位于市域内部。从本章的研究结果来看,虽然高铁对上述部分产业的影响并不十分明显,但是站点开发范围对城市文化教育、信息技术、商务金融等行业具有相对较强的影响,这可能表明站点周边是新的产业增长的集聚地,结合中国高铁站点开发的实际情况来看,产业增长和新的开发项目的确更多分布在站点周边,重点开发的产业类型也多为金融、商务服务、信息技术等行业。

乌雷纳等(Ureña et al., 2009)研究发现,一些较大的中间城市(如里尔、萨拉戈萨、科尔多瓦)的旅游业、会议会展业都经历了显著的发展。在京沪高铁沿线的地级城市当中,大部分城市是第二产业即工业主导型城市,第三产业的发展程度与国外城市相比仍有很大差距,除徐州、无锡和苏州等几个城市之外,其他城市的区域影响力也都较小,并不是大型会议会展等活动的首选城市,因此会议会展行业的发展动力也十分有限。对于旅游业来说,除了泰安、苏州之外,大部分城市的旅游资源开发程度并不高,旅游业在租赁和商务服务业中的占比有限,因此即使高铁开通后旅游业得到了一定的发展,但对于总体的商务服务业来说也并没有引起显著变化。

2008年到2015年有学者对京沪高铁沿线18个站点城市和42个非站点城市19个行业区位熵的变化进行研究,以探讨高铁对产业集聚的影响,结果发现,在站点城市中,高铁对产业集聚的正面影响主要表现在制造业(S_2),建筑业(S_4),信息传输、计算机服务和软件业(T_4),金融业(T_5),水利、环境和公共设施管理业(T_9),房地产业(T_6),科研、技术服务和地质勘查业(T_8),公共管理和社会组织(T_{14}),卫生、社会保险和社会福利业(T_{12}),教育(T_{11}),文化、体育和娱乐业(T_{13}),共11个行业(Dai et al., 2018)。除制造业(S_2),电力、煤气及水生产供应业(S_3),金融业(T_5)和房地产业(T_6)之外,与本章对地级站点城市的研究结果基本一致。

总之,除第一产业产值外,高铁对中等城市的产业及宏观经济发展体现出普遍的积极影响。但是,高铁对于不同行业的影响是有明显差别的。对于旅游业、商务服务业、科研、会议咨询等知识密集型行业来说,它们对"速度"更为敏感,更多会受到高铁的直接影响。对于更多的其他行业来说,高铁的影响效应则主要表现为间接影响。高铁的开通运营对国民经济发展的促进是全方位的,而经济发展的最终体现在商品生产与消费的增长,商品既可以是有形的产品,也可以是无形的智力产品。对于大多数中等城市来说,在当前的发展阶段下,知识密集型产业的占比较低,制造业及初级服务业仍然占据国民经济的主要部分。另外,大多数中等城市周边都具有较高一级的大型中心城市,这些中心城市仍然处于集聚发展的阶段,高级服务业依然倾向于向大型中心城市集聚,这就导致知识密集型产业在中小城市发展缓慢。因此,我国中等城市对高铁效应的响应表现出与欧洲国家、日本差别较大。

4 高铁站点地区企业空间分布与演变分析

企业作为产业发展的核心组成部分,在区域和地方开发过程中扮演重要角色。本章首先探讨站点地区不同类型企业的空间分布及变化趋势,何种类型的企业偏好在站点地区布局,站点地区的主要企业类型与城市主要产业类型、受高铁影响显著的行业类型之间的关系;然后对站点地区企业空间演变的动力进行分析,探讨企业迁入迁出的原因,以及高铁服务和站点开发在企业区位选择过程中的作用。

4.1 高铁站点地区企业的相关研究

理论上讲,靠近高铁站点布局可以为企业带来诸多好处(Martin,1997;Vickerman et al.,2006;Willigers et al.,2011),比如站点良好的区际交通可达性既可以扩大企业的市场范围,也可以扩大劳动力的来源范围,从而为企业提供更多的优质员工(Kamel et al.,2008;Preston,2009;Cheng,2010)。靠近站点布局可以为企业业务出行节约时间,尤其是需要大量出行的企业,而且也能够方便员工上下班。另外,高铁站点地区不同于传统火车站,其具有较高的规划建设标准,环境品质较高,在一定程度上有助于企业形象的提升。但是大部分已有研究发现,在多数情况下,对于企业来说,高铁服务很少成为企业区位选择时所慎重考虑的区位要素(Sands,1993;Mannone,1997;Haynes,1997;Kamel et al.,2008),高速列车(TGV)仅仅是企业在区位选择时考虑的一个因素而已,并没有商务企业因为高铁而重新选择区位布局。贝克里希等(Beckerich et al.,2017)曾分别在 2008 年和 2014 年对法国兰斯(Reims)高铁站点周边的企业进行研究,发现的确有企业重新布局在站点周边的商务区内,但是高铁服务并不是重要的影响因素,并且很少会有企业使用到高铁服务。企业区位选择的决定因素并不是高铁服务,而是办公场所(office real estate)的可获得性。

综合已有研究可以发现,大部分涉及站点与企业关系的论述只是作为探讨高铁对城市经济发展影响的一部分,较少有研究专门探讨站点对企业发展的影响;并且已有研究大多仅探讨站点对企业区位选择的影响,而缺乏对站点地区企业布局的影响因素、动力进行系统而深入的研究。另外,已有研究也较少关注高铁服务与站点开发对企业发展的具体影响以及站点地区企业增长的动力。而且鉴于中国与西方发达国家在经济、社会及制度、人口等各方面的差异性,高铁对企业也可能具备不同的影响效应。因此,本章借助兴趣点(POI)数据,结合天眼查等企业信息数据平台,搜集站点核心区企业数据,从站点地区企业类型及空间分布演变、企业区位选择等方面深入分析站点对企业的影响。

4.2 企业空间分布与演变过程分析

4.2.1 研究方法与数据来源

本章通过核密度分析识别站点周边企业的集聚特征,分析不同集聚中心的企业类型。根据不同类型企业空间分布的变化,分析企业演变过程。核密度估计(kernel density estimation)是一种用于估计概率密度函数的非参数方法,使用此法可以得到研究对象密度变化的图示(Anderson,2009;禹文豪等,2015),空间变化是连续的,又有"波峰"和"波谷"强化空间分布模式的显示。核密度方程的几何意义为:密度分布在每个 x_i 点中心处最高,向外不断降低,当距离中心达到一定阈值范围(窗口边缘)时密度为 0(王法辉,2009)。网格中心 x 处的核密度为窗口范围内的密度和:

$$\hat{f}(x) = \frac{1}{nh^d} \sum_{i=1}^{n} K\left(\frac{x_i - x}{h}\right) \quad (4-1)$$

其中,$K()$ 为核函数(非负,积分为 1,符合概率密度性质,并且均值为 0);n 为点数目;$h>0$,为一个平滑参数,称作带宽(bandwidth),也叫窗口值;d 为数据维度,本章中的数据为二维数据,因此 $d=2$。

地理信息系统软件 ArcGIS 内置核密度分析工具,带宽既可以人为指定,也可以通过计算获取,其中默认搜索半径(即带宽)的获取步骤如下:

第一,计算输入点的平均中心。
第二,计算与所有点的平均中心之间的距离。
第三,计算这些距离的中值 D_m。
第四,计算标准距离 SD。
第五,使用以下公式计算带宽:

$$SearchRadius = 0.9 * \left(SD, \sqrt{\frac{1}{\ln 2}} * D_m\right) * n^{-0.2} \quad (4-2)$$

其中,SD 是标准距离;D_m 是中值距离。

站点周边的兴趣点数据主要来自高德地图 2019 年数据。其中将高德默认分类中与产业、站点开发建设不相关的数据类别剔除。

本章选择研究站点核心区内的企业空间分布,时间选择从站点开通前的 2010 年到 2019 年。本章的企业点位数据主要来自高德地图兴趣点数据,企业规模数据(职工数和注册资本)来自企查查、天眼查等企业信息平台。

4.2.2 高铁开通后的企业空间分布格局

2019年企业分布具有显著的空间集聚特征。截至2019年初,苏州北站周边1 500 m范围内共有企业140家左右,其中1 000 m范围内共有企业60家。为了去除边界效应的负面影响,更好地观察站点核心区范围内的企业空间分布情况,选择了对站点周边1 500 m半径范围内的企业进行核密度分析,这个范围稍大于上文得出的站点核心区的半径范围,结果如图4-1所示。根据图4-1可以看出,企业的分布格局具有较强的规律性,空间集中态势明显。

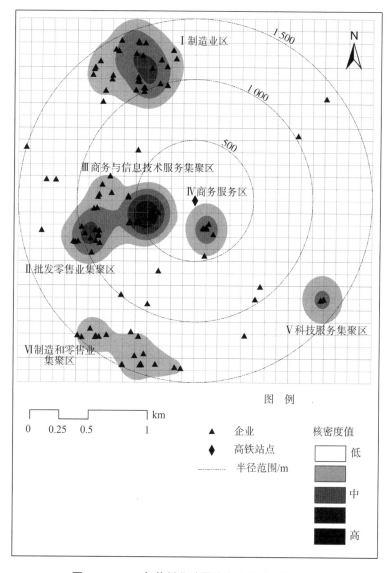

图4-1 2019年苏州北站周边企业核密度分布图

位于最北部的Ⅰ区域共有企业40家,该地区距离苏州北站1 000 m到1 500 m,为原有的工业园区,建成时间早于站点开发时间。在所有的40家企业当中,只有2家的成立时间是在站点开通之后。从产业类型来看(表4-1),75%的企业为制造业企业,另外有5%的企业为建筑业企业,其余20%为第三产业,制造业占绝对优势,因此可以称此区域为制造业区。就目前看来,在企业形成和发展过程中,基本与站点没有关联,但今后的发展可能会受到站点周边综合开发的影响。这一区域已成立高铁新城开发项目部,未来的开发活动可能会不断增多,从而改变这一地区的企业构成。

表4-1 Ⅰ区域企业类型分布

企业类型	类型代码	企业数量/家	比重/%
制造业	C	30	75.0
建筑业	E	2	5.0
批发和零售业	F	7	17.5
租赁和商务服务业	L	1	2.5
总计	4类	40	100.0

Ⅱ区域距离站点较近,并且与紧邻站点的Ⅲ区域连接成片。Ⅱ区域内的企业与站点的距离基本上在800 m到1 200 m之间,企业类型与Ⅲ区域的区别还是十分明显的。这一区域是以宏驿仓储市场为中心的木业家具批发市场,共有企业15家,主要的企业类型为批发和零售业,数量占比达到80%(表4-2),其他企业基本上是为其提供相关服务的企业,如房地产业、交通运输业。因此,从企业类型来看,可以将此区域命名为批发零售业集聚区。与Ⅰ区域内的企业相比,Ⅱ区域内的企业更多是下游延伸的企业,Ⅰ区域内的企业负责生产,而Ⅱ区域内的企业主要负责销售。整个仓储批发市场的形成是在2012年到2014年,但这一用途开发是违背相关规划的,更与站点高铁新城的开发无关,而且企业类型为当地的传统产业——木业(蠡口镇为著名的木业家具中心),企业也大部分成立于高铁站运营之前,可见,这一区域企业的形成发展与高铁也没有什么关联。但是在未来,随着高铁新城建设的不断扩展,由于这一区域距离站点较近,必然会受到站点开发的影响,市场将会面临拆迁,土地实际用途的改变也必然会造成相关企业的迁出和新企业的入驻。

表4-2 Ⅱ区域企业类型分布

企业类型	类型代码	企业数量/家	比重/%
制造业	C	1	6.67
交通运输业	G	1	6.67

续表 4-2

企业类型	类型代码	企业数量/家	比重/%
批发和零售业	F	12	80.00
房地产业	K	1	6.66
总计	4 类	15	100.00

Ⅲ区域一共有 25 家企业，与站点的距离基本在 300 m 到 600 m 之间。企业主要分布在高融大厦和领寓商务广场，企业类型多为租赁和商务服务业，信息传输、软件和信息技术服务业等知识密集型产业（表 4-3），大部分企业为新注册成立的公司，或者是已有企业在北站地区新设立的分公司。建筑业相关企业主要是装饰工程公司，以办公为主。这里的企业类型基本上符合高铁商务新城的规划定位。与Ⅰ、Ⅱ区域的企业相比，此区域内的企业在成立时间、企业类型方面均独具特色，根据主要企业类型，可以将这一区域命名为商务与信息技术服务集聚区。这一区域内的开发活动集中在站点运营前后，部分地块处于在建或刚刚完成开发的阶段，因此整个区域处于开发的早期阶段，产业类型已基本确定，但数量较少，密度不高。作为站点开发的核心区，在未来的发展过程中企业会不断在此集聚，密度也将会不断增高。

表 4-3　Ⅲ区域企业类型分布

企业类型	类型代码	企业数量/家	比重/%
建筑业	E	5	20
批发和零售业	F	4	16
信息传输、软件和信息技术服务业	I	6	24
金融业	J	1	4
房地产业	K	2	8
租赁和商务服务业	L	6	24
科学研究和技术服务业	M	1	4
总计	7 类	25	100

Ⅳ是距离站点最近的一个企业集聚地，共有企业 11 家，与站点距离在 200 m 到 500 m 之间。该区域内的企业主要分布在站点综合服务楼内。企业类型（表 4-4）多为商务、文化和技术服务业，以众创空间的小微企业为主。企业类型与Ⅲ区域相似，并且也均为新注册成立的公司，但与Ⅲ区域相比，企业数量较少。总体来说，该区域内的企业类型与站点地区的规划定位比较吻合。根据主要企业类型，此区域可被称为商务服务区。

表 4-4 Ⅳ区域企业类型分布

企业类型	类型代码	企业数量/家	比重/%
建筑业	E	1	9.09
批发和零售业	F	1	9.09
信息传输、软件和信息技术服务业	I	2	18.18
租赁和商务服务业	L	4	36.37
科学研究和技术服务业	M	1	9.09
文化、体育和娱乐业	R	2	18.18
总计	6类	11	100.00

Ⅴ区域与站点距离相对较远,企业数量也较少,共有 8 家,分布在天成大厦内,距离站点 1 300 m 左右。该区域内的主要企业类型为专业技术服务业(表 4-5),属于科学研究和技术服务业大类。这里的企业主要是为当地的房地产开发提供勘测、规划服务的专业技术企业。另外一部分为批发和零售业。Ⅴ区域处于站点地区的外部边缘,距离其他集聚中心较远,企业类型虽然也以服务业为主但与Ⅲ、Ⅳ区域还是具有明显差异,虽然企业数量较少,但是特点显著,因此此区域可以被称为科技服务集聚区。

表 4-5 Ⅴ区域企业类型分布

企业类型	类型代码	企业数量/家	比重/%
批发和零售业	F	3	37.5
房地产业	K	1	12.5
科学研究和技术服务业	M	4	50.0
总计	3类	8	100.0

Ⅵ区域是距离站点最远的企业集聚区域,共有企业 20 家,与站点的距离在 1 300 m 到 1 500 m 范围内。整个Ⅵ区域可以分为两个部分:一部分是以元和科技园为主体的制造业企业集聚区,另一部分是以东昌国际汽车城为主体的汽车销售服务企业集聚区。制造业与批发和零售业企业合计占到总数的 87.5%(表 4-6)。此区域的形成时间较早,始于 2000 年,远早于站点开通时间,因此其形成过程基本没有受到站点开发建设的影响。这一区域的同类型企业高度集中,不同类型的产业之间没有什么关联,而且企业的类型也与站点地区的规划定位不同,属于传统工业园区、旧汽车销售市场。由于距离站点较远,短期内站点开发活动不太可能会波及这片区域,其发展将保持稳定,产业类型也不会发生剧烈变化。根据此区域的企业类型,可将其定义为制造和零售业集聚区。这一区域与Ⅰ区域较为相似,而与Ⅱ、Ⅲ、Ⅳ区域的差别较为明显。

表 4-6 Ⅵ区域企业类型分布

企业类型	类型代码	企业数量/家	比重/%
制造业	C	9	45
建筑业	E	1	5
批发和零售业	F	9	45
金融业	J	1	5
总计	4类	20	100

除以上位于各个区域附近的企业之外，还有一部分企业分散在站点周边 1 500 m 范围内，这些企业约有 20 家，主要为传统制造业、建筑和房地产业等企业（表 4-7），其中有接近半数的企业为高铁开通之后新注册的企业。随着高铁站点的开通运营，站点周边的土地不断被开发，为新企业的入驻提供了必要的场所。站点开放对周边的发展产生了较为广泛的影响。

表 4-7 区域内其他企业类型

企业类型	类型代码	企业数量/家	比重/%
制造业	C	7	35
建筑业	E	6	30
批发和零售业	F	3	15
房地产业	K	3	15
租赁和商务服务业	L	1	5
总计	5类	20	100

观察站点周边企业的整体数量分布，根据图 4-2，其中虚线表示 1 500 m 半径范围内的企业数量分布情况，实线则表示站点核心区即 1 000 m 半径范围内的企业数量分布。可以发现，相对于 1 500 m 内的企业数量分布，站点核心区内的制造业企业数量极少，批发和零售业企业数量减半，其余行业类型的企业数量二者相当。站点核心区的第三产业企业占比相对较高，知识密集型企业（除批发和零售业之外的第三产业）的占比约为 47%，远高于 1 500 m 范围内 28% 的比重。站点核心区内的批发和零售业企业占比最高，其次为建筑业。由于站点周边正处于大规模开发建设过程中，部分建筑业企业作为开发商入驻，而另一些则为建筑装饰企业。超过半数的批发和零售业企业早于站点开通前就已经入驻，与站点开发的关联不大。而信息传输、软件和信息技术服务业，金融业，房地产业，租赁和商务服务业，科学研究和技术服务业，文化、体育和娱乐业企业则几乎全部为站点开通之后，随着部分地块土地开发活动的完成而新注册或入驻的企业，在时间上晚于站点开发，在空间上与站点距离较近。站点核心区内 75% 以上的企业为新入驻的企业。知识密集型企业则全部为新入驻企业。

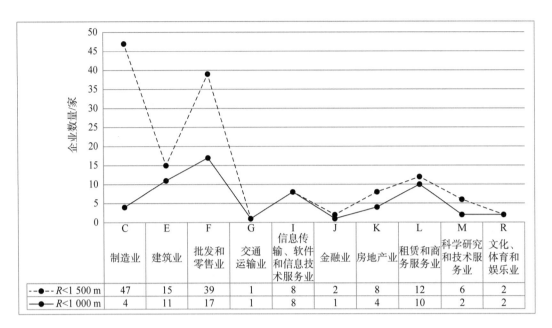

图 4-2　2019 年苏州北站周边企业的类型分布

站点核心区内一共有 60 家企业,其中 51 家分布在距离站点最近的三个区域(Ⅱ、Ⅲ、Ⅳ区域)周边。

为了更好地发现站点周边企业的空间集聚规律,根据企业空间分布的核密度图,结合站点周边主要交通道路、重要地标建筑的空间分布展开探究。根据图 4-3 可以发现,核的位置与重要地标建筑的分布位置基本一致。企业分布主要集聚在以下区域:北边以富民工业园区为核心;南边以东昌国际汽车城为中心;中间沿南天成路一线自东向西依次为天成大厦、高铁综合服务大厦、高融大厦、兆润领寓商务广场、宏驿仓储市场,以此为中心地标建筑附近。站点核心区的企业则主要分布在南广场附近,紧邻站点南侧的主干道南天成路沿线。核密度最高的地区也是商业大厦和商业广场最为密集的地区,同样也是新入驻企业数量最多的地区。新的商务大厦和商业广场的建成为企业入驻提供了优良而充足的办公空间,因此这些最早完成开发的地块成为企业密度最高的地带。

总的来说,苏州北站站点核心区企业数量较少,密度较低。在已部分完成开发建设的地块中,商务大厦和商业广场的建成为站点核心区的企业入驻提供了充足的办公空间,新入驻的企业在空间分布上也集中在紧邻站点的主干道两侧。站点核心区的企业除少部分分布在距离站点 1 400 m 左右的天成大厦以外,大部分分布在距离站点 200 m 到 600 m 的范围内。企业类型以知识密集型产业为主。

以站点为中心将站点地区划分为 100 m×100 m 的网格,每个网格的面积为 10 000 m²,站点周边 9 km² 范围共划分为 900 个网格。根据企业点位的分布,统计每个网格内的企业数目以及每个网格内的企业总注册资本数。根据每个网格内的企业总数和资本总额,计算该网格的企业密度和

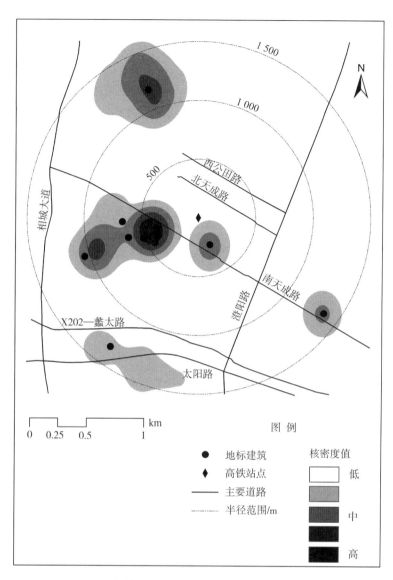

图 4-3 2019 年苏州北站周边主要道路、地标建筑空间分布图

资本密度。然后,按照自然分段法,分别根据网格企业密度和注册资本密度将网格分为高密度、中密度、低密度三类,最终得到 2019 年苏州北站核心区企业的数量密度分布与资本密度分布图(图 4-4、图 4-5),其中网格分类不考虑企业数目为 0 的网格。最终站点周边共 52 家企业被分配到 17 个网格当中。企业数量最多的网格均分布在南天成路,企业密度最高的两个网格分别是天成大厦和高融大厦所在的地块,中密度网格有 5 个,低密度网格有 10 个。

观察企业规模的分布(图 4-5)可以看出,资本密度最高的网格均分布在以高融大厦为中心的地块,而在高密度网格的附近也有中密度网格分布,天成大厦所在网格的资本密度即属于中等级别,而高铁综合服务大厦所

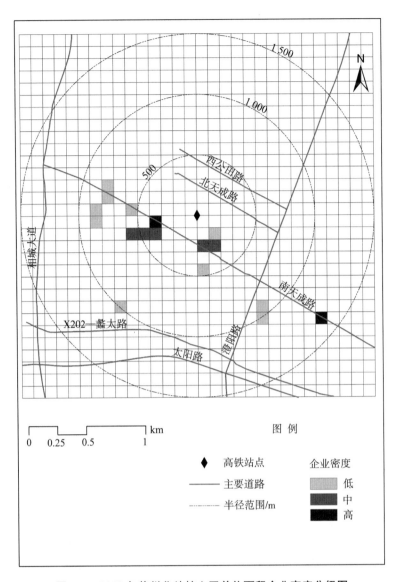

图 4-4　2019 年苏州北站核心区单位面积企业密度分级图

属网格的资本密度较低。从各网格的资本密度来看，高密度网格数目为 2 个，中密度网格数目为 4 个，低密度网格数目为 11 个。天成大厦的企业规模相对较小，虽然数量较多但资本较小。而在以高融大厦和兆润领寓商务广场为中心的地带，企业不仅数量密集，资本规模也较大，也就是说数量和质量均占据优势地位。而高铁综合服务大厦的企业数量和规模则都不占优。

图 4-6 为 2016 年苏州北站 1 500 m 半径范围内企业的核密度分布图，与 2019 年相比，核的数量与密度都有很大的不同。其中，Ⅰ区域与Ⅵ区域的企业数量多于 2019 年，Ⅶ、Ⅷ区域在 2019 年消失，Ⅲ区域内的企业数量明显少于 2019 年，Ⅴ区域在 2016 年尚未形成。除Ⅲ区域和Ⅳ区域之外，其他区域均为已有的传统产业集聚区，以制造业、批发和零售业为主，在这里不做过多分析，重点关注在高铁站点运营之后形成的新的企业集聚的中

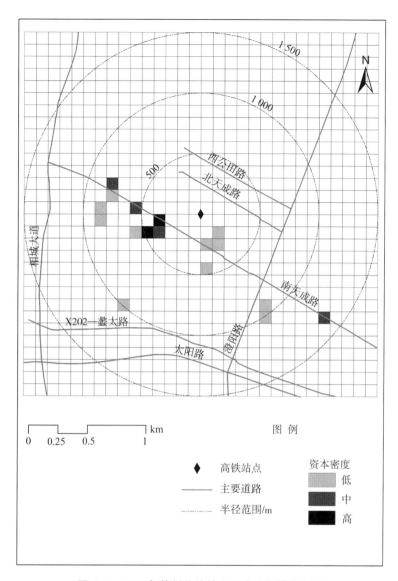

图 4-5　2019 年苏州北站核心区企业规模分布图

心,即Ⅲ区域与Ⅳ区域。可以发现,在 2016 年,苏州北站的核心区企业基本分布在站点周边 500 m 半径范围内,企业数量较少,类型多样(表 4-8)。主要的企业类型为信息技术(包括类别 I 和类别 M)与商务服务业企业(类别 L),一共有 12 家,占到总量的 2/3。其中,这 18 家企业主要集中分布在高铁综合服务大厦和高融大厦。相比于 2019 年,入驻的企业类型虽然较为多样,但企业数量较少。已有企业的拆迁和转移工作已经展开,最为显著的就是位于Ⅶ区域与Ⅷ区域内的企业,在 2019 年已经完全迁出,地块也处于新的开发建设活动中。总的来说,截至 2016 年,苏州北站周边仍处于开发的初期,入驻的企业较少,周边企业仍然以传统的制造业为主。新入驻的非制造业企业大部分分布在站点周边 500 m 半径的范围内,企业数量少,企业规模体量也较小,以知识密集型企业为主导,类型多样化。

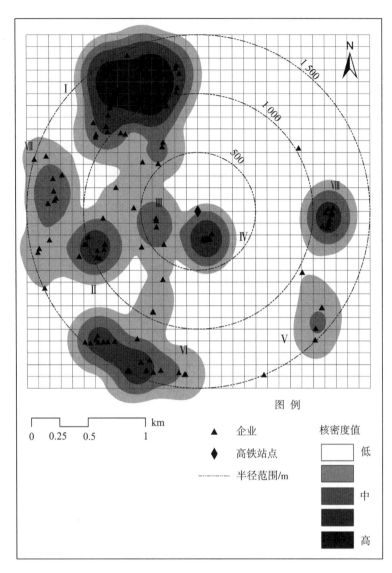

图 4-6　2016 年苏州北站周边企业核密度分布图

表 4-8　2016 年苏州北站核心区企业类型

企业类型	类型代码	企业数量/家	比重/%
建筑业	E	1	5.56
批发和零售业	F	3	16.66
信息传输、软件和信息技术服务业	I	4	22.22
金融业	J	1	5.56
房地产业	K	1	5.56
租赁和商务服务业	L	5	27.78
科学研究和技术服务业	M	3	16.66
总计	7 类	18	100.00

2014年苏州北站周边半径1 500 m范围以内的企业以制造业、批发和零售业为主,制造业企业所占比重最高。苏州市制造业从业人员占比超过60%,是地方经济极为重要的组成部分。在制造业中,家具制造和销售的占比最高,体现出与地方(蠡口镇)主导产业的一致性。2014年苏州北站周边半径1 000 m范围以内的企业有18家,500 m以内的企业有2家(图4-7),除一家为银行服务分支机构之外,其余企业全部为传统的制造业企业。站点的开发处于初始阶段,周边的企业多是位于工业园区内的传统制造业企业或工厂,尤其以家具制造、金属制品等类型为主,与站点开发规划所重点引入的产业类型没有关联。2012年企业数量和空间分布与2014年相比变化不大,因此不做详细阐述。

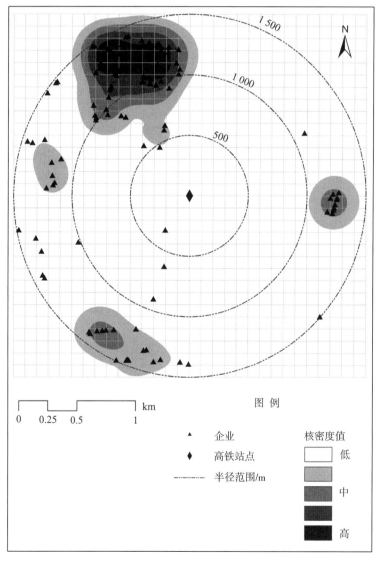

图4-7 2014年苏州北站周边企业核密度分布图

4.2.3 高铁开通前的企业空间分布格局

2010年苏州北站站点地区企业空间分布高度集聚,其中将近80%的企业分布在距离站点半径1 000 m到1 500 m的范围内。集聚所形成的两个核分别分布在站点以北和以东区域(图4-8),均是原有的工业园区。先看北部的核,此处企业数量较多,约占站点地区企业总数的75%;在企业类型上以制造业为主,其中家具制造企业和金属设备制造企业较多。位于站点东部的核包含10家企业,数量相对较少,但也极为集中;类型上以家具制造业为主。2010年苏州北站的企业无论是空间分布,还是数量、企

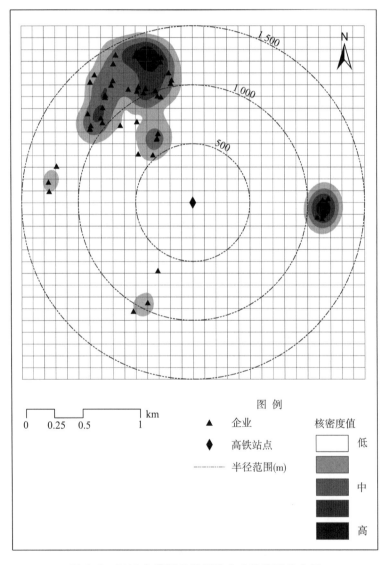

图4-8　2010年苏州北站周边企业核密度分布图

业类型都与 2014 年极为相似。企业大部分集中在两个核,集中分布在距离站点半径 1 000 m 到 1 500 m 范围内,数量上大致相当,类型上均以传统制造业为主。

4.2.4 企业总体空间演变过程

第一阶段是 2010 年至 2014 年。这一阶段以依托于工业园区的制造业企业为主。根据核密度图可以看出,2014 年苏州北站周边企业形成了四个集聚的核,分别分布在站点东、西、南、北四个不同的方向上。其中,南部为汽车园区,主要产业类型为汽车销售与相关服务,其余三个核均为制造业集聚中心。2010 年、2012 年的企业类型与空间分布与 2014 年十分接近,基本没有显著变化。这一点也可以通过图 4-9 中不同类型的企业数量变化反映出来。在 2010 年至 2014 年间,站点核心区的企业类型没有发生变化,各类型的企业数量也基本保持稳定。这一阶段的企业类型、数量与空间分布都保持了极强的稳定性,无明显变化,企业类型以制造业为主,空间分布主要依托于已有的工业园区。

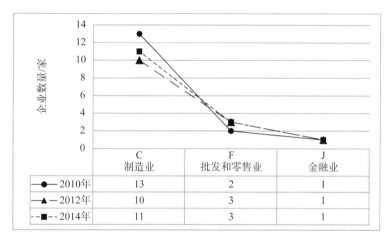

图 4-9　2010 年、2012 年与 2014 年苏州北站站点核心区企业类型与数量

第二阶段是 2014 年至 2019 年。这一阶段的突出特征是站点核心区企业数量的增长和类型的多样化(图 4-10)。第一,企业数量急剧增长,由 2014 年的 15 家增加到 2019 年的 61 家。第二,企业类型多样,由原来制造业占据绝对优势变化为以批发零售和知识密集型产业为主,另外还有建筑业、房地产业等多种类型的企业入驻。企业类型的变化体现出显著的高新技术化和去制造业化,随之发生的是旧核的消失和新核的形成。第三,企业规模,新入驻的企业大部分规模较小,50 人以下的企业占据绝对优势;除几个较大的地产与金融企业外,其他企业的平均注册资本在 800 万元左右。第四,企业的空间分布表现为新的高科技和商务服务业企业集聚中心的形成。三个新的企业集聚中心均沿站点南侧的南天成路分布,最早一批

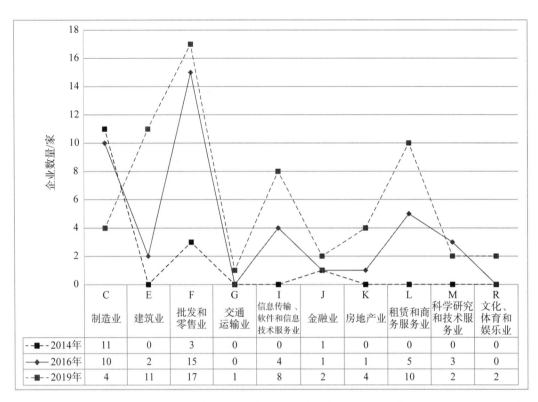

图 4-10　2014 年、2016 年和 2019 年苏州北站站点核心区企业类型与数量

落成的商务大厦等地标建筑也均分布在南天成路两侧。第五，企业来源多为本地新注册的企业，少数企业为较大一级的区域集团分公司，以民营企业为主。以 2019 年为例，约 80% 的企业为站点运营（2011 年）之后注册或迁入的企业，约 60% 的企业是 2014 年之后迁入或注册的。第六，新迁入的企业与当地原有的产业类型没有显著关联，与受高铁影响显著的行业类型的关联也较小，但企业类型基本符合城市产业发展规划与站点规划的要求。苏州市在 2014 年首次实现服务业增加值占比高于工业，在新增的服务业企业中，主要类型为信息传输、软件和信息技术服务业，科学研究和技术服务业文化业，租赁和商务服务业，教育和娱乐业等知识密集型企业。苏州北站周边的新增企业类型与整个苏州市的宏观产业发展趋势一致。

4.3　企业空间演变的动力：企业迁入迁出的原因分析

企业类型与空间分布的变化也是企业迁入迁出的结果，前面一部分已经对高铁站点地区的企业空间分布及演变过程进行了分析，在明确了站点地区企业类型与空间分布演变的过程之后，接下来要对企业空间演变过程中的影响因素进行深入分析，探讨企业空间演变的原因与动力，以及高铁服务与站点开发活动对企业空间演变的影响。要回答的主要问题有两个，分别为：高铁站点地区企业迁入迁出的原因；高铁是不是站点周边企业区位选择的重要因素，以及高铁服务与站点开发在企业迁入迁出过程中扮演着怎样的角色。在具体研究内容的安排上，本节将对整体企业区位选择的原因进行分析，然后分别探讨不同行业类别企业、不同规模企业以及地方主要的代表性企业在站点地区布局的原因。在数据获取上，通过建立企业区位选择要素指标体系，采用问卷调查和结构化访谈的方式获取数据。综合问卷和访谈结果，对不同类型企业在站点地区布局的原因进行分析，总结在企业布局过程中的不同主导力量及其相互作用的关系。

4.3.1 区位选择要素体系

在企业区位选择及迁移的已有研究中，学者基于不同的区位理论从不同的视角出发对企业区位选择进行解读。虽然不同理论都有自身的缺陷，但总体使得对企业区位选择的认识更加深入和全面。并且，综合已有研究也可以发现，不同类型的企业对不同要素的反应也不同。商务服务业企业由于需要更多面对面的交流，因此出行需求较大，对交通可达性更为敏感（Willigers et al.，2007），而制造业企业则更看重是否有足够的廉价土地资源以用于厂房建设（吕卫国等，2009），高新技术企业则更关注高素质劳动力及雇佣成本（Premus，1982）。企业区位选择是一个复杂的过程，受到多种因素的共同影响。总的来说，可以将影响企业区位决策的因素分为两类，即商务区位因子（business locational factors）和生活发展指数因子（quality-of-life factors）（Hekman，1982）。本章综合已有研究（魏后凯等，2001；Mejia-Dorantes et al.，2012；韩会然等，2018；Iseki et al.，2018；李佳洺等，2018；Hensher et al.，2019），结合古典区位论、新经济地理学理论、行为理论与制度区位理论（Beckmann，1999；金相郁，2004），从企业所有者的个人行为、市场因素、劳动力、交通、政府政策以及社会环境等方面建立企业区位选择要素体系，并对苏州北站站点地区的企业进行问卷调查及访谈，探讨企业在站点地区布局的关键原因。具体的企业区位选择影响因素如表4-9所示。

4.3.2 调研企业基本情况

根据表4-9中的区位选择要素，对苏州北站站点周边1 500 m范围内的企业进行区位选择要素的调查。截至2019年底，苏州北站高铁新城范围内共有注册企业2 100多家，其中注册地位于研究区内即站点周边1 500 m范围的企业约有800家，约90%的企业为初创型企业，尚未有产品进入市场，进入正常营业阶段的企业不足300家。在300家企业中，采用逐一上门发放问卷的方式进行区位选择要素的调查，最终获取到108家企业的反馈。在所获取的108家企业信息中，除9家企业是自苏州市以外的其他地区搬迁而来，其余均为本地企业。在所有本地企业中，有15家企

表 4-9　企业区位选择要素调查表

区位选择要素	具体内容	评价方法
行为	投资者的主观意愿	根据该要素在企业区位选择中的重要性程度打分： 很不重要=1分； 不重要=2分； 一般=3分； 重要=4分； 非常重要=5分
市场	靠近主要市场地	
	投资环境	
	融资难度	
交通	对外交通便捷性	
	市内交通便捷性	
	与市中心的交通便捷性	
	通勤时间成本	
	通勤费用	
劳动力	劳动力质量	
	劳动力数量	
原材料与能源	接近原材料产地	
	水电等能源消耗成本	
土地	租金水平	
	充足的办公场所/生产用地	
企业集群	集聚经济	
	企业间合作	
财税政策	租金优惠	
	资金扶持	
	税收优惠	
	政策稳定性	
环境	社会风气	
	周边自然环境	
	办公环境	

业是从工业园区搬迁而来,53家企业直接注册于高铁新城。在99家本地企业中,有72家之前本就位于相城区内,由苏州市其他区县搬迁而来的企业共27家。108家企业均是2012年之后入驻高铁新城,其中2016年到2019年三年入驻的企业数目占到85.19%。78.7%的企业成立于2015年以后。从企业的人员规模来看(表4-10),51.85%的企业其员工人数少于20人,20.37%的企业其员工数在20人到49人之间;50人到99人的企业占比为14.82%;100人以上的企业一共有14家,占比为12.96%。从企业的产值规模来看(表4-11),年产值在200万元以下的企业占到78.7%;年产值千万元以上的企业不足10%;年产值亿元以上企业有3家,占比为2.78%。

表 4-10　2019 年底企业员工数量分布

企业人员规模/人	企业数量/家	比重/%
20 以下	56	51.85
20—49	22	20.37
50—99	16	14.82
100—499	14	12.96

表 4-11　2019 年底企业产值规模分布

企业年产值/万元	企业数量/家	比重/%
200 以下	85	78.70
200—499	8	7.41
500—999	5	4.63
1 000—4 999	6	5.55
5 000—10 000	1	0.93
10 000 以上	3	2.78

从企业的空间分布来看，108 家企业基本覆盖了高铁站点地区的主要商务办公楼盘（图 4-11，表 4-12）。其中，港口发展大厦由苏州港集团开发建设，目前也主要是港口发展（集团）有限公司在此办公。高融大厦和紫光大厦都是以总部经济为主。其中紫光大厦为紫光集团所有，内部企业主要是紫光系企业。高融大厦内部企业主要是以企业总部、办公为主，也是目前周边入驻企业较多的商务大楼。高铁综合服务大厦和兆润领寓商务广场两座商务大楼内的企业均以孵化器企业为主，大型企业虽有但较少。江南大厦将近一半的楼层尚未有企业入驻。天成大厦虽建成时间较早，但入驻并开始正常营业的企业较少。其余大楼建成时间较晚，入驻企业也较少。总的来说，在最终获取信息的 108 家企业中，位于高铁综合服务大厦的企业数目最多，达到 26.85%；其次是高融大厦，比重为 20.37%；兆润领寓和江南大厦紧随其后，分别占到 13.89% 和 12.96%。

观察图 4-12 和图 4-13 企业所属行业分布可以发现，租赁和商务服务业的企业数量最多，且二级行业分类全部属于商务服务业。科学研究和技术服务业的企业数量共 25 家，位居第二位，二级行业分类主要是研究和试验发展，共 15 家，其次是专业技术服务业（6 家），最后是科技推广和应用服务业（4 家）。信息传输、软件和信息技术服务业企业共 17 家，占比为 15.74%。批发和零售业企业共 15 家，占比为 13.89%。其后依次是建筑业，房地产业，文化、体育和娱乐业，金融业，交通运输业，制造业，占比均不超过 10%。从更为细分的二级行业类别来看，所有企业可划分到 18 个二级行业类别。其中商务服务业企业最多，其次是软件和信息技术服务业、研究和试验发展、批发业，占比均在 10% 以上。其余二级行业类别企业数目都较少。

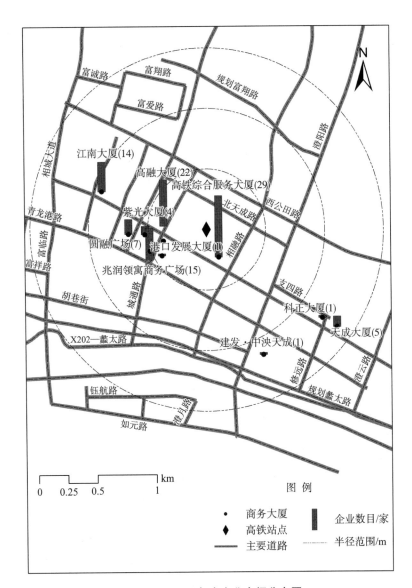

图 4-11 2019 年底企业空间分布图

表 4-12 2019 年底企业所在楼盘分布

企业所在楼盘	企业数量/家	比重/%
港口发展大厦	1	0.93
高融大厦	22	20.37
高铁综合服务大厦	29	26.85
建发·中泱天成	1	0.93
江南大厦	14	12.96
科正大厦	1	0.93
天成大厦	5	4.63

续表 4-12

企业所在楼盘	企业数量/家	比重/%
圆融广场	7	6.48
兆润领寓商务广场	15	13.89
紫光大厦	4	3.70
其他	9	8.33

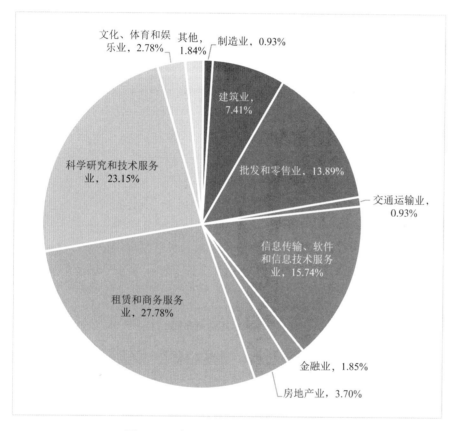

图 4-12　企业所属一级行业类型分布图

4.3.3　企业区位选择影响因素调查结果分析

在对所获取到的 108 家企业的问卷及访谈数据进行筛选，剔除质量较差的无效问卷，最终得到的有效问卷数量为 95 份，对应 95 家企业。针对这 95 家企业的区位选择要素进行分析。由于在所获取的企业和目前在站点周边布局的企业中，制造业企业较少，并且即便是在此布局的制造业企业，也不从事任何产品的生产活动，而是以研发、总部办公等非产品生产业务为主，在企业区位选择时基本不考虑原材料这一因素，因此最终的指标体系中也剔除了"接近原材料产地"这一选项。在对企业区位选择时所考

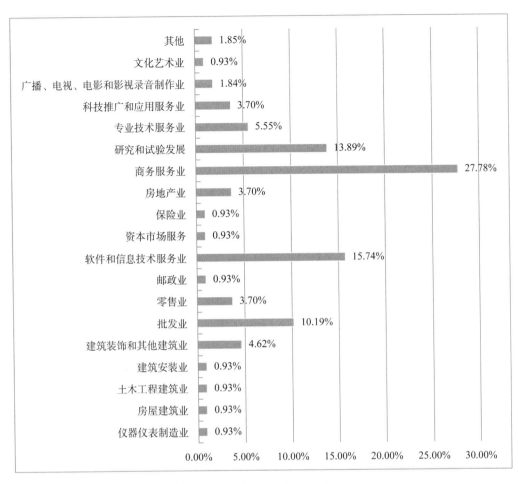

图 4-13 企业所属二级行业分布图

虑的因素进行问卷调查时,针对每一项区位要素,采用打分的方式进行评价,0 分表示企业在布局时未考虑此因素,1—5 分则分别表示该要素对企业区位选择的重要程度,分数越高表示该要素的重要性越强。最终,根据各企业对各要素的评分,筛选出企业在布局时优先考虑或重点考虑的区位要素。在对重要的区位要素进行筛选时,本章采用两种不同的算法以相互验证:第一种方法,将得分在 4 分以上的要素归为企业在布局时重点考虑的要素,将 3 分及以下的要素归类为未考虑因素;如果越多的企业考虑该要素,那么就认为该区位要素越重要,并以此筛选出重要的区位要素。第二种算法,根据企业评分计算各区位要素的平均得分,并根据得分高低进行排名,进而筛选出重要的区位要素。将在两种方法下所得到的重要性排名均位于前十名的要素确定为企业区位选择的主要影响因素。

1)总体企业区位选择影响因素分析

首先看所有企业在区位选择时所重点关注的要素(表 4-13)。综合 95 家企业来探讨其在高铁站点地区布局的原因可以发现,企业在此布局最为重要的原因是站点地区对外交通的便捷性,这一点可以归结为站点的高铁服务所带来的优势。其次是办公环境,也就是说高品质的办公场所也是吸引企业来此布局的重要原因。之后是社会风气和周边自然环境,说明企业对当地的社会和自然环境的认同感较强,因此愿意将企业搬迁至此。投资环境也是企业在此布局的重要原因,说明当地的整体投资环境较好,在当地投资较为安全,地方政府对企业提供的服务较为完善,通过投资实现预期收益的可能性较大。另外,站点地区具备充足的办公场所能够给企业办公提供多样化的选择,站点地区与市域内其他区县的交通便捷,企业员工通勤的成本较低,当地政府的政策稳定性和延续性较强都是吸引企业在此布局的重要原因。

总的来说,在所有企业区位选择影响因素当中,交通、环境、土地成本和可得性是最为重要的影响因素。市场和财税政策方面的部分要素影响力也较大。其他要素包括行为、劳动力、企业集群、能源等对企业区位决策的影响较小。

表 4-13　企业区位选择要素得分及排名

区位要素	具体因子	认为重要的企业数目/家	比重/%	排名	得分均值/分	得分排名
行为	投资者的主观意愿	64	67.37	11	3.53	15
市场	靠近主要市场地	34	35.79	23	1.79	23
	投资环境	79	83.16	3	4.13	5
	融资难度	53	55.79	18	2.87	22
交通	对外交通便捷性	86	90.53	1	4.45	1
	市内交通便捷性	73	76.84	7	4.03	7
	与市中心的交通便捷性	60	63.16	15	3.80	10
	通勤时间成本	63	66.32	12	3.77	12
	通勤费用	66	69.47	9	3.81	9
劳动力	劳动力数量	48	50.53	20	3.48	16
	劳动力质量	44	46.32	22	3.33	19
能源	水电等能源消耗成本	53	55.79	18	3.61	14
土地	充足的办公场所	74	77.89	6	4.04	6
	租金水平	63	66.32	12	3.79	11
企业集群	集聚经济	62	65.26	14	3.67	13
	企业间合作	66	69.47	9	3.47	17
财税政策	租金优惠	57	60.00	16	3.43	18
	资金扶持	47	49.47	21	3.11	21
	税收优惠	55	57.89	17	3.33	19
	政策稳定性	68	71.58	8	3.92	8

续表 4-13

区位要素	具体因子	认为重要的企业数目/家	比重/%	排名	得分均值/分	得分排名
环境	社会风气	76	80.00	5	4.19	3
	周边自然环境	78	82.11	4	4.17	4
	办公环境	80	84.21	2	4.27	2

2) 分行业企业区位选择影响因素分析

上文分析了周边企业区位选择的宏观情形,反映了企业在区位选择时的总体趋势。不同类型的企业对区位要素的反应有所不同,例如商务服务业和制造业以及高新技术企业各自关注的焦点就不尽相同。因此这一部分将针对不同类型的企业,分析其在布局时所考虑的主要因素,并对比不同类型企业之间的差异。在所获取的95家企业中,按照产业一级分类,共涉及房地产业、建筑业、交通运输业、金融业、科学研究和技术服务业、批发和零售业、文化、体育和娱乐业、信息传输、软件和信息技术服务业、制造业、租赁和商务服务业共10类行业,但房地产业、建筑业、交通运输业、金融业、文化、体育和娱乐业、制造业这6类企业样本数量过小,因此主要分析科学研究和技术服务业、批发和零售业、信息传输、软件和信息技术服务业、租赁和商务服务业这4类企业在布局时所考虑的主要因素。

首先来看租赁和商务服务业企业(表 4-14)。在这 95 家企业中,租赁和商务服务业企业共27家,占比超过28%,为企业数量最多的类型。从二级行业分类来看,这27家企业均属于商务服务业企业。商务服务业属于第三产业;现代服务业,包括企业组织管理服务、法律服务、广告服务、人力资源服务等,属于人力资本密集型产业。商务服务业企业在此布局的主要原因在于:这里的环境包括社会风气、自然环境和办公环境条件优越;交通包括外部交通、市域内部交通和与市中心的交通条件均十分便捷,员工上下班的通勤时间合理可接受;另外,投资环境较好,有足够的办公场所,政策稳定性较强。与企业总体的布局因素相比,区别在于商务服务业企业更关注与市中心的交通便捷性和通勤时间,而对通勤费用的关注则较低。而对于其他要素,二者相同,最为关注的都是对外交通和环境。

表 4-14　租赁和商务服务业企业区位选择要素得分及排名

区位要素	具体因子	认为重要的企业数目/家	比重/%	排名	得分均值/分	得分排名
行为	投资者的主观意愿	18	66.67	11	3.41	17
市场	靠近主要市场地	10	37.04	23	1.85	23
	投资环境	22	81.48	4	3.85	8
	融资难度	17	62.96	15	3.52	15

续表 4-14

区位要素	具体因子	认为重要的企业数目/家	比重/%	排名	得分均值/分	得分排名
交通	对外交通便捷性	25	92.59	1	4.56	1
	市内交通便捷性	21	77.78	6	4.07	4
	与市中心的交通便捷性	19	70.37	9	3.81	10
	通勤时间成本	19	70.37	9	3.85	8
	通勤费用	18	66.67	11	3.81	10
劳动力	劳动力数量	15	55.56	18	3.44	16
	劳动力质量	13	48.15	20	3.30	20
能源	水电等能源消耗成本	13	48.15	20	3.56	14
土地	充足的办公场所	20	74.07	7	4.04	6
	租金水平	18	66.67	11	3.81	10
企业集群	集聚经济	17	62.96	15	3.67	13
	企业间合作	18	66.67	11	3.33	18
财税政策	租金优惠	16	59.26	17	3.33	18
	资金扶持	13	48.15	20	2.85	22
	税收优惠	14	51.85	19	3.15	21
	政策稳定性	20	74.07	7	3.93	7
环境	社会风气	23	85.19	2	4.15	3
	周边自然环境	22	81.48	4	4.07	4
	办公环境	23	85.19	2	4.19	2

其次观察科学研究和技术服务业企业（表 4-15）。在本次所获取到的企业信息中，科学研究和技术服务业企业共 21 家，占比为 22.11%，数量仅次于商务服务业企业。科学研究和技术服务业也称科技服务业，可以细分为研究和试验发展、专业技术服务业、科技推广和应用服务业 3 个二级类以及 19 个三级类。科学研究和技术服务业属于高新技术产业的重要内容，属于知识密集型产业。根据表 4-15 可以发现，科学研究和技术服务业企业在站点地区布局的原因首先在于这里的办公条件优越、对外交通便捷；之后是投资环境较好、政策稳定性和延续性较强；具有充足的办公场所，以及集聚经济和规模经济减少企业信息获取的成本和信息不对称性，为企业发展带来好处，政府的补贴和优惠政策也是促进科学研究和技术服务业企业在此布局的重要原因。与企业总体相比，科学研究和技术服务业企业更关注集聚经济与企业之间的相互合作，政府的租金优惠；而对内部交通和通勤成本的关注较少。与商务服务业企业相比，二者的区别也主要在于集聚经济和租金优惠以及对内交通方面。

表 4-15 科学研究和技术服务业企业区位选择要素得分及排名

区位要素	具体因子	认为重要的企业数目/家	比重/%	排名	得分均值/分	得分排名
行为	投资者的主观意愿	16	76.19	13	3.95	14
市场	靠近主要市场地	9	42.86	23	2.86	23
	投资环境	19	90.48	3	4.43	4
	融资难度	16	76.19	13	4.10	9
交通	对外交通便捷性	18	85.71	7	4.52	1
	市内交通便捷性	17	80.95	10	4.05	11
	与市中心的交通便捷性	11	52.38	20	3.76	17
	通勤时间成本	12	57.14	19	3.67	20
	通勤费用	16	76.19	13	3.95	14
劳动力	劳动力数量	11	52.38	20	3.62	21
	劳动力质量	11	52.38	20	3.52	22
能源	水电等能源消耗成本	13	61.90	18	3.76	17
土地	充足的办公场所	18	85.71	7	4.19	8
	租金水平	17	80.95	10	4.00	13
企业集群	集聚经济	20	95.24	1	4.29	7
	企业间合作	17	80.95	10	4.05	11
财税政策	租金优惠	18	85.71	7	4.10	9
	资金扶持	14	66.67	17	3.71	19
	税收优惠	15	71.43	16	3.90	16
	政策稳定性	19	90.48	3	4.33	6
环境	社会风气	19	90.48	3	4.43	4
	周边自然环境	20	95.24	1	4.48	3
	办公环境	19	90.48	3	4.52	1

再次观察信息传输、软件和信息技术服务业企业(表 4-16)。在所有获取到有效信息的企业中,信息传输、软件和信息技术服务业企业共 14 家,占比将近 15%,数量上少于科学研究和技术服务业企业,为数量第三多的企业类型。信息传输、软件和信息技术服务业可细分为电信、广播电视和卫星传输服务,互联网和相关服务,软件和信息技术服务业 3 个二级类以及若干三级类。《2019 年软件和信息技术服务业统计公报》显示,全国软件和信息技术服务业规模以上企业 3.78 万家,累计完成软件业务收入 63 061 亿元,同比增长 14.2%,从业人数 643 万人,比上年增加 25 万人,同比增长 4.2%。在省域层面,江苏省软件和信息技术服务业产值增

速仅次于广东省,位居全国第二位。总体来说,信息传输、软件和信息技术服务业运行态势良好,收入和效益保持较快增长,吸纳就业人数稳步增加;产业向高质量方向发展步伐加快,结构持续调整优化,正在成为数字经济发展、智慧社会演进的重要驱动力量。信息传输、软件和信息技术服务业企业在站点周边布局的主要原因在于环境、土地成本和可得性、对外交通与通勤时间成本,投资环境和主观投资意愿。与企业总体、商务服务业企业相比,信息传输、软件和信息技术服务业企业在区位决策时更多考虑的是主观投资意愿和租金水平,对与市中心的交通便捷性和政策的关注较少。与科学研究和技术服务业企业相比,主要的区别在于信息传输、软件和信息技术服务业企业更关注主观投资意愿与租金水平,对政府政策、集聚经济的关注程度不及科学研究和技术服务业企业。

表 4-16 信息传输、软件和信息技术服务业企业区位选择要素得分及排名

区位要素	具体因子	认为重要的企业数目/家	比重/%	排名	得分均值/分	得分排名
行为	投资者的主观意愿	12	85.71	3	4.00	10
市场	靠近主要市场地	3	21.43	23	1.07	23
	投资环境	12	85.71	3	4.43	2
	融资难度	8	57.14	17	3.71	15
交通	对外交通便捷性	14	100.00	1	4.71	1
	市内交通便捷性	12	85.71	3	4.21	4
	与市中心的交通便捷性	10	71.43	12	3.93	11
	通勤时间成本	12	85.71	3	4.21	4
	通勤费用	10	71.43	12	3.93	11
劳动力	劳动力数量	7	50.00	20	3.43	18
	劳动力质量	6	42.86	22	3.14	22
能源	水电等能源消耗成本	9	64.29	14	3.86	14
土地	充足的办公场所	13	92.86	2	4.21	4
	租金水平	12	85.71	3	4.36	3
企业集群	集聚经济	9	64.29	14	3.57	17
	企业间合作	11	78.57	10	3.93	11
财税政策	租金优惠	9	64.29	14	3.29	19
	资金扶持	7	50.00	20	3.21	20
	税收优惠	8	57.14	17	3.21	20
	政策稳定性	8	57.14	17	3.71	15

续表 4-16

区位要素	具体因子	认为重要的企业数目/家	比重/%	排名	得分均值/分	得分排名
环境	社会风气	11	78.57	10	4.21	4
	周边自然环境	12	85.71	3	4.07	9
	办公环境	12	85.71	3	4.21	4

最后是批发和零售业企业（表 4-17）。在所有获取到有效信息的企业中，批发和零售业企业共 14 家，占比将近 15%，数量上少于科学研究和技

表 4-17　批发和零售业企业区位选择要素得分及排名

区位要素	具体因子	认为重要的企业数目/家	比重/%	排名	得分均值/分	得分排名
行为	投资者的主观意愿	10	71.43	7	3.86	7
市场	靠近主要市场地	5	35.71	22	1.79	23
	投资环境	12	85.71	2	4.14	5
	融资难度	7	50.00	14	3.07	18
交通	对外交通便捷性	13	92.86	1	4.36	1
	市内交通便捷性	12	85.71	2	4.29	2
	与市中心的交通便捷性	12	85.71	2	4.29	2
	通勤时间成本	11	78.57	5	3.86	7
	通勤费用	11	78.57	5	3.71	10
劳动力	劳动力数量	8	57.14	10	3.43	12
	劳动力质量	6	42.86	17	3.14	16
能源	水电等能源消耗成本	6	42.86	17	3.14	16
土地	充足的办公场所	8	57.14	10	3.50	11
	租金水平	6	42.86	17	3.36	13
企业集群	集聚经济	5	35.71	22	3.07	18
	企业间合作	7	50.00	14	2.50	22
财税政策	租金优惠	6	42.86	17	3.07	18
	资金扶持	6	42.86	17	3.07	18
	税收优惠	8	57.14	10	3.36	13
	政策稳定性	7	50.00	14	3.36	13
环境	社会风气	8	57.14	10	3.79	9
	周边自然环境	9	64.29	9	3.93	6
	办公环境	10	71.43	7	4.21	4

术服务业企业,与信息传输、软件和信息技术服务业企业同为数量第三多的企业类型。批发和零售业可分为批发业、零售业 2 个大类,18 个中类和若干小类,包含的业务内容较为广泛。

概括来说,批发业是指向其他批发或零售单位(含个体经营者)以及其他企事业单位、机关团体等批量销售生活用品、生产资料的活动,从事进出口贸易和贸易经纪与代理的活动,既包括拥有货物所有权,并以本单位(公司)的名义进行交易活动,也包括不拥有货物的所有权,收取佣金的商品代理、商品代售活动,还包括各类商品批发市场中固定摊位的批发活动,以及以销售为目的的收购活动。零售业是指百货商店、超级市场、专门零售商店、品牌专卖店、售货摊等主要面向最终消费者(如居民等)的销售活动,以互联网、邮政、电话、售货机等方式进行的销售活动,还包括在同一地点,后面加工生产、前面销售的店铺(如面包房)的销售活动;谷物、种子、饲料、牲畜、矿产品、生产用原料、化工原料、农用化工产品、机械设备(乘用车、计算机及通信设备除外)等生产资料的销售不作为零售活动。多数零售商对其销售的货物拥有所有权,但有些则是充当委托人的代理人,进行委托销售或以收取佣金的方式进行销售(国家统计局,2013)。

批发和零售业企业选择在站点布局的原因主要集中在环境、交通、行为三个方面:包括社会风气、周边自然环境、办公环境在内的环境因素;包括对外交通、对内交通、通勤成本在内的交通因素;以及投资者的主观意愿和投资环境。与企业总体的差别在于,批发和零售业企业更关注对内交通与通勤成本和投资者的主观投资意愿,相比之下对政策和办公场所的关注较少。与租赁和商务服务业企业相比,批发和零售业企业更关注通勤费用和投资者的主观投资意愿,而商务服务业企业则更关注办公场所和政策稳定性。与科学研究和技术服务业企业相比,批发和零售业企业更关注对内交通与通勤成本和投资者的主观投资意愿,而科学研究和技术服务业企业则更关注办公场所、集聚经济、租金优惠和政府政策的稳定性和延续性。与信息传输、软件和信息技术服务业企业相比,批发和零售业企业更关注对内交通与通勤费用,信息传输、软件和信息技术服务业企业则更关注是否有足够的办公场所以及办公场所的租金水平,二者的差别主要在交通和上地两个方面。

3) 不同规模企业区位选择影响因素分析

不同规模的企业在重新布局时所考虑的要素也不一样,规模越大的企业其搬迁的成本越高,移动性就较弱,另外,随着企业年龄的增长,其可移动性也在逐渐减弱(Brouwer et al.,2004)。上文分析了不同类型企业在站点地区布局的原因,接下来将针对不同规模的企业,对其在站点布局的影响因素进行分析,并对比不同规模企业在区位选择时关注要素的差异。由于部分企业注册较晚,尚未有具体的产值或收入统计,因此,采用员工数对企业进行规模等级的划分。按照国家统计局(2011)发布的关于大型、中型、小型、微型企业划分办法,根据行业类型的不同,企业规模的划分标准也不相同,但基本上对于软件和信息技术服务业、科技推广和应用服务业、商务服务业等本书所涉及的行业类型来说,10人以下为微型企业,10人到100人为小型企业,101人到300人为中型企业,并且微型以上企业需要同时满足一定的年产值标准。对于本书来说,参照相关企业数据库的数据,并结合本书所涉企业的员工数量,按照20人以下为微型企业、20人至50人为小型企业、50人以上为中型企业对企业进行规模等级划分。最终划分结果为,微型企业48家,小型企业18家,中型企业29家。采用与上文相同的方法分别筛选出不同类型企业在布局时所考虑的主要因素,详见表4-18。

根据表4-18可以发现,无论是对于微型企业还是小型或中型企业来说,其选择在站点地区布局的原因表现出较强的相似性。社会风气、周边自然环境、办公环境、投资环境、对外交通便捷性、市内交通便捷性、充足的办公场所对于不同规模的企业来说,均是其在站点地区布局所考虑的核心要素。区别在于,与小型、中型企业相比,微型企业更关注与市中心的交通便捷性;与中型企业相比,小型、微型企业更关注员工的通勤费用高低;与小型、微型企业相比,中型企业则更关注政策稳定性以及办公场所的租金水平。

表4-18 不同规模企业区位选择的核心要素

类别	微型企业	小型企业	中型企业
市场	投资环境	投资环境	投资环境
交通	对外交通便捷性	对外交通便捷性	对外交通便捷性
	市内交通便捷性	市内交通便捷性	市内交通便捷性
	与市中心的交通便捷性	—	—
	通勤费用	通勤费用	—
土地	充足的办公场所	充足的办公场所	充足的办公场所
	—	—	租金水平
财税政策	—	—	政策稳定性
环境	社会风气	社会风气	社会风气
	周边自然环境	周边自然环境	周边自然环境
	办公环境	办公环境	办公环境

4)地方代表性企业区位选择的影响因素

在对企业区位选择影响要素进行调研时,除了通过发放问卷的方式搜集资料之外,在当地政府管理机构的推荐和帮助下,重点访谈了能够代表当地产业发展的8家企业,对其在高铁站点地区布局的原因进行了深入交流。在这8家企业中(表4-19),既有总部经济,也有专门运营孵化器为小微企业提供服务的公司。在企业类型上,涵盖商务服务、科技研发、信息技术等行业,以知识密集型产业为主。企业基本在2014年以后正式入驻高铁新城并陆续开始营业。企业主要来自于江苏以外地区。半数企业属于国有企业或具有国有资产背景。

表4-19 8家代表性企业基本信息

企业编号	员工数/人	年产值/元	创建年份	进驻年份	来源地	位置	注册资本/万元	所属行业	子公司数目/家
01	50	暂无	2002	2019	工业园区	港口发展大厦	427 197	商务服务业	16
02	4	暂无	2017	2019	深圳	江南大厦	10	软件和信息技术服务业	0
03	100	74万	2019	2019	北京	江南大厦	5 000	科技推广和应用服务业	0
04	200	7亿	2013	2014	太平文创园	高铁综合服务大厦	2 200	软件和信息技术服务业	25
05	59	900万	2015	2016	高铁新城	高铁综合服务大厦	3 000	商务服务业	2
06	70	178亿	2012	2012	北京	紫光大厦	100 000	批发业	11
07	80	500万	2017	2019	高铁新城	紫光大厦	10 000	研究和试验发展	0
08	160	暂无	2016	2016	上海	兆润领寓商务广场	60 000	房地产业	0

单从问卷的结果来看(表4-20),这8家代表性企业在站点地区布局时重点关注的因素包括对外交通便捷性、投资环境、充足的办公场所、财税政策和办公环境。与企业总体相比,不同的是对于这一类代表性企业来说,税收优惠、政策稳定性和资金扶持也是其在布局时考虑的重要因素,也就是说对其而言,政策的重要性要远高于其他企业。

表4-20 核心企业区位选择要素得分及排名

区位选择要素	具体因子	得分均值/分	得分排名
行为	投资者的主观意愿	2.50	22
市场	靠近主要市场地	1.25	23
市场	投资环境	4.63	2
市场	融资难度	4.13	13
交通	对外交通便捷性	4.88	1
交通	市内交通便捷性	3.88	15
交通	与市中心的交通便捷性	3.38	20
交通	通勤时间成本	3.25	21
交通	通勤费用	3.50	18

续表 4-20

区位选择要素	具体因子	得分均值/分	得分排名
劳动力	劳动力数量	3.88	15
	劳动力质量	3.50	18
能源	水电等能源消耗成本	3.75	17
土地	充足的办公场所	4.63	2
	租金水平	4.25	12
企业集群	集聚经济	4.13	13
	企业间合作	4.38	11
财税政策	租金优惠	4.50	8
	资金扶持	4.63	2
	税收优惠	4.63	2
	政策稳定性	4.63	2
环境	社会风气	4.50	8
	周边自然环境	4.50	8
	办公环境	4.63	2

从访谈的结果来看，在对一家主要经营游戏研发、发行及运营的软件和信息技术服务业企业访谈时，对方表示，企业之所以在站点周边布局，主要原因是当地政府推出的一系列政策极具诱惑力，主要是租金优惠、税收和相关补贴，这也是企业布局时优先考虑的要素；至于是否具有高铁，是否要建设高铁新城，对于企业本身来说并没有什么影响，企业也不关注这些。由于该企业本身是纳税大户，每年可以为地方贡献可观的税收，因此很受地方政府的欢迎，不仅是相城区，而且有很多其他地区也很愿意引进此企业。该企业在选址时不关注具体区位，站点周边对企业来说都一样，没有什么区别，核心就是政策。高铁对企业的影响就是出行方便。

另外一家相邻的商务服务业企业则表示，企业之所以到站点周边布局，主要还是由政府决定的，因为企业本身是国有资产企业，受政府的直接管辖；如果企业不在高铁新城布局，那么仍然首先会选择政府推荐的区位，另外也会考虑房租较低的地方。可见，影响该企业布局的主要因素是政府决策和租金水平。在高铁站点周边布局，良好的对外交通，便捷的地铁服务，这些都对企业有好处。对于该企业来说，最大的不便在于员工通勤，大多数员工在市中心居住，通勤的成本较高，但这属于企业自身问题，可以自己内部解决。

一家专门运营孵化器的软件和信息技术服务业企业表示，在布局时会优先考虑交通便利的地方,并且关注当地政府的政策,主要是税收优惠政策、人才引进的相关政策,以便于吸引企业和人才的到来。在站点地区内部选址时,主要还是遵守政府的规划,每个区域每栋楼都有不同的适配产业类型。对于以信息产业为主的孵化器或众创空间而言,其发展经营需要一定的产业底蕴,因此作为经营者,在选址时也会优先选择布局在周边上下游企业的聚集区,集聚经济和规模经济也是重要的考虑因素,但高铁新城这种新区并不具备这些条件。

一家数码科技企业表示企业之所以来,是因为地方政府给予企业融资帮助,愿意提供资金支持。这在北京是不太可能发生的,因为北京类似的企业很多,政府对企业的发展也没有这么大的支持力度。当企业入驻之后,发展势头非常好,因此也带动了集团旗下的其他子公司来到高铁新城布局。而且这里的税收优惠政策也是北京所不能提供的。另外就是如果没有高铁新城,企业肯定不会来苏州,高铁是其选择在此布局的重要原因。即使企业不在现在的位置、现在的大楼,也会布局在高铁新城内部,布局在高铁站点附近。因为高铁极大地方便了企业的业务出行,在很大程度上降低了出行的时间成本。

综上所述可以发现,对于一些地方代表性的龙头企业来说,之所以选择在高铁站点周边布局,有以下原因:

第一,也是最重要的原因,就是政策。政策主要包括四个方面,其一是地方的产业发展政策。围绕高铁站点开展的高铁新城开发具备完整的产业发展规划,地方政府也严格按照规划执行,引进相关企业。不但区域整体有明确的产业发展方向,甚至每一栋大厦主要承载的企业类型也都有明确的规划。因此,才有大量商务服务业、科技服务业等知识密集型企业的进驻。其二是税收优惠政策。对于这些龙头企业来说,其对地方经济的带动效应十分显著,因此政府也乐意提供一些优惠措施确保企业在此长期发展。税收优惠就是其中重要的方面。这些代表性企业一般都是地方的纳税大户,税收优惠可以明显减轻企业的负担。其三是租金优惠政策。其四是人才政策。人才引进是当前高铁站点地区所面临的大问题,由于区域本身发展比较落后,当前配套设施又不健全,因此不容易招到高素质高层次的员工。地方政府的人才引进政策及人才补贴对这些大型企业来说就十分重要,可以帮助企业更容易地招收到高素质的人才,对企业的未来发展意义重大。

第二,高铁服务。对于商务服务、信息技术、科技类企业来说,面对面的交流对企业的业务开展十分重要,因此其商务出行频率也较高。高铁可以极大地压缩时空距离,节约通勤时间。例如乘坐高铁从苏州到北京的时间是5h,一般都可以实现当日往返,这在以前是很难想象的;乘坐高铁从苏州到上海的时间是0.5h,因此可以吸引上海的人才来苏州上班,以实现同城化。

第三,资金扶持。为了吸引企业入驻,并确保企业入驻以后的良好发展,地方政府也会采取积极措施为企业提供资金帮助。例如地方政府会成立企业发展基金来帮助小微企业发展。政府也会通过牵线搭桥的方式为企业融资提供必要的帮助：一方面帮助具有投资意向的企业寻找投资对象；另一方面帮助有融资需求的企业招到合适的投资方。甚至对于发展前景较好的企业，地方政府也会采用直接入股的形式，成为公司股东，进而换取企业的入驻，或为企业发展提供帮助等。

第四，企业联动效应。企业之间是相互关联的，例如总公司的迁入一旦取得良好的发展效果，会使得一大批分公司也纷纷迁入；一家企业的迁入，会使得与其业务往来较为密切的另外一家企业也搬迁至此。

第五，由于本地业务开展的需要而在当地注册了新的公司或将原企业迁入此地。

除上述因素以外，结合问卷结果，当地良好的投资环境、良好的自然—社会环境、充足的办公场所也是企业愿意入驻的原因。

4.3.4 企业空间演变的驱动力分析

由上文可知，苏州北站站点周边的企业类型体现出显著的高新技术化和去制造业化。企业空间分布则明显地体现为旧核的消失和新核的形成。原有的制造业企业集体搬迁，新的商务办公中心开始形成。企业的迁入迁出实现了产业类型转换和产业结构变化，逐步实现产业升级。企业类型变化、空间格局演变的动力可以从两个层面来分析：其一为企业迁出的动力；其二为企业迁入的动力(图4-14)。

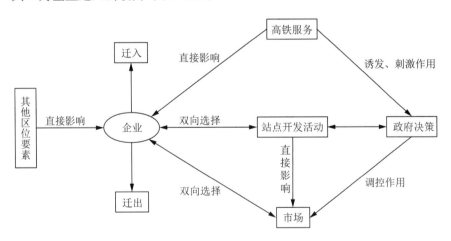

图 4-14 站点地区企业迁入迁出的驱动机制

首先是企业迁出。苏州北站站点周边原有的企业类型可以分为两类：一类是以家具制造、批发零售为主，另一类则是以富民工业园为主的制造业企业集群，都是以制造业为主。这两类企业在2019年6月已经全部迁出,相关的地块也正在进行拆迁整理,为下一步的出让做准备。企业迁出的最直接原因是地方产业政策的变化。原有的产业类型已经不符合当前的规划和未来发展,因此政府一步步对这类企业进行关停,并将其迁出。所以说企业迁出首要的也是最重要的原因在于政策的变化。而这种政策的实施是以政府的行政力量为基础,而非市场行为。除了搬迁,企业并没有太多选择的余地。理论上,随着站点开发的进行,周边地租上升,制造业由于需要大量的生产用地,逐渐无法负担或不愿意承担高昂的地租,因此在市场选择的作用下,也会自动退出而寻找合适的生产区位。但这个过程并未发生在苏州北站站点地区,政府的强制迁出直接代替了市场选择的作用。

其次是企业迁入。对于企业迁入来说,情况则比较复杂。企业迁入是一个双向选择的过程。地方政府会选择与规划产业类型相吻合的企业进行引进,而企业往往选择自身偏好的区位入驻,这个区位则并不一定是站点。因此与迁出相比,在入驻上,企业的自主权和选择范围相对较大。政策也决定了企业的迁入。但这里的政策不仅限于产业政策,而且包括针对不同企业的税收优惠政策、财政补贴政策、租金优惠政策、人才政策等。第一是产业政策,入驻的企业必然是符合规划、符合产业发展政策的企业,因此产业政策决定了企业是否具有准入资格,这是企业要达到的最基本的标准;第二是税收优惠政策;第三为租金优惠政策;第四为人才引进政策。这些都是地方政府为吸引企业入驻所采取的政策措施。

此外,还有市场的作用。政府可以通过决策宏观调控市场行为,进而对企业迁入产生影响。另外,在企业入驻之后,在经营上也要面对市场的考验。市场对企业起到最终的筛选作用。如果企业持续经营状况不佳,就会遭到市场的淘汰。最终生存下来的企业都是在市场竞争中取得成功的企业。

如果深入探究产业政策变化背后的原因可以发现,当地长期落后的经济发展局面,地方政府试图重塑产业结构、振兴地方经济的决心,使得产业转型与升级必然发生。高铁的到来则加速了这种转变。地方政府以高铁服务和站点开发为突破口,大力推行高铁新城建设,对经济发展和产业进行大刀阔斧的改革,大大加快了地方经济转型的速度。因此,高铁可以说是企业迁出迁入与地方经济转型的催化剂,对站点开发的政府决策的产生起到刺激诱发的作用。另外,高铁的时空压缩效应为时间距离敏感型企业的发展提供了极大便利,因此商务服务业、技术产业等知识密集型企业也在站点周边集聚,从这个角度来说,高铁直接影响了企业的迁入。

除政策与高铁服务、市场作用以外,企业的空间演变与产业升级还受到当地自然—社会环境、土地成本与可得性、投资者的行为以及市场投资环境的影响。但是不同类型、规模的企业在区位选择时所考虑的要素也是不一样的(表4-21)。

表 4-21 不同类型企业迁入的主导因素

区位选择要素	具体内容	区位选择要素的重要性排名(排名前10位的要素)						
		租赁和商务服务业	科学研究和技术服务业	信息传输、软件和信息技术服务业	批发和零售业	50人以下企业	50人以上企业	核心企业
行为	投资者的主观意愿			10	7			
市场	投资环境	9	4	2	5	5	3	2
交通	对外交通便捷性	1	1	1	1	1	1	1
	市内交通便捷性	4		4	2	7	6	
	与市中心的交通便捷性	10			2			
	通勤时间成本	8		4	7			
	通勤费用				10	8		
土地	充足的办公场所	6	8	4		6	8	2
	租金水平			3			9	
企业集群	集聚经济		7					
财税政策	租金优惠		9					8
	资金扶持							2
	税收优惠							2
	政策稳定性	7	6				7	2
环境	社会风气	3	4	4	9	3	3	8
	周边自然环境	4	3	9	6	3	5	8
	办公环境	2	1	4	4	2	2	2

5 高铁站点地区企业发展的动力分析

上一章对站点地区企业空间演变过程进行了分析,并对企业空间演变的动力进行了深入探讨,同时还探讨了高铁服务对企业空间分布的影响。高铁站点的建设为地方经济转型与产业结构升级提供了契机,成为促进地方经济发展的催化剂。高铁的时空压缩效应,与商务服务业、高新技术产业等知识密集型企业的时间敏感性相匹配,为这些企业的发展提供了便利。理论上,高铁服务为企业出行提供了极大的便利。随着站点一系列开发活动的开展,周边配套设施不断完善,企业也会从中受益。但临近高铁站点布局也会给企业带来负面影响,比如站点的人流量大、不稳定因素增多等,从而对企业员工的安全产生威胁。来往的高铁列车所带来的噪声污染等,可能会对企业的正常经营活动产生负面影响。处于开发建设初期的站点地区,配套设施不完善,也会给企业经营带来额外的困难。因此,接下来我们将探讨企业在面对站点地区一系列有利与不利影响时,其生存状况和未来发展的前景;高铁服务与站点开发对企业发展的影响,以及其在企业发展中所扮演的角色。

5.1 指标体系与数据来源

根据节点—场所理论,高铁站点具有交通节点和城市场所的双重属性。节点主要是指交通服务功能,场所则主要是指由站点产业开发活动所带来的其他服务功能,如商品零售、娱乐休闲等,主要侧重产业服务方面。本章根据节点、场所的内涵,从节点、场所两个方面探讨站点地区给企业带来的影响,正面效应主要是节点效应和场所功能开发给企业带来的积极影响,负面效应则主要包括配套设施不健全、站点的人口流动性强、站点开发所带来的生活与运营成本提高等方面。高铁服务与站点开发对企业影响的具体体现如表5-1所示。员工是企业的重要组成部分,企业的正常运转完全依赖于员工的工作,因此在所述可能的影响中,部分影响是对企业产生的直接影响,另外一部分则主要是对员工的通勤、日常工作的影响。

表 5-1 高铁服务与站点开发对企业发展的可能影响

高铁服务与站点开发对企业发展的可能影响			代码(简称)	评价标准
正面效应	节点效应	扩大市场范围	X_1(市场范围)	打分评价。分值范围：1—5分。具体含义：以市场范围为例，1分表示入驻之后市场范围严重缩小；2分表示入驻之后市场范围有一定减小；3分表示基本无影响；4分表示扩大了市场范围；5分表示显著扩大了企业的市场范围。其他同理
		扩大劳动力来源	X_2(劳动力来源)	
		吸引更多高素质人才	X_3(高素质人才)	
		上下班通勤效率提升	X_4(通勤效率)	
		便捷的高铁服务	X_5(高铁)	
		便捷的地铁服务	X_6(地铁)	
		便捷的公交服务	X_7(公交)	
	场所效应	提升企业形象	X_8(企业形象)	
		提供高品质的办公场所	X_9(办公场所)	
		提供优质的外部环境	X_{10}(自然环境)	
		提供丰富的文化娱乐休闲服务	X_{11}(娱乐休闲)	
		提供多样的餐饮服务	X_{12}(餐饮)	
		提供便捷的住宿服务	X_{13}(住宿)	
		提供便捷的医疗服务	X_{14}(医疗)	
		提供充足的商业零售服务	X_{15}(商业零售)	
负面效应		配套设施不完善，造成员工生活不便	X_{16}(配套设施)	
		职住分离，增加通勤成本	X_{17}(职住分离)	
		人口流动性大，安全性较低	X_{18}(人口流动)	
		房价过高，增加生活成本	X_{19}(物价)	
		土地/租金成本高	X_{20}(租金)	
		劳动力成本高	X_{21}(劳动力成本)	
		高速列车的噪声污染	X_{22}(噪声污染)	

针对表 5-1 中所述影响，对高铁站点周边的企业进行抽样问卷调查，以获取高铁对企业的实际影响。问卷的发放方式与前文相同，获取了 108 家企业的反馈信息，经过筛选得到有效问卷 97 份，有效率为 89.81%。这里的有效问卷数量比区位选择要素的有效问卷数量多出 2 份。总体的企业分布，包括产业类型、空间位置、企业规模等都与前文基本相同，因此此处不再详细展示。在评价方法上也与前文相同，根据企业对每项可能影响的打分情况，计算每种影响的平均得分，根据平均得分识别影响的强弱程度。另外统计了对每一项影响的评分在 3 分以上的企业占比，综合评价影响大小。

5.2 高铁服务与站点开发对企业发展的影响结果分析

5.2.1 对企业发展的总体影响

首先在所有97家企业当中，入驻之后企业规模增大的有50家；进行过较大规模裁员的企业有1家，但只是裁撤了不营利的部门，企业的总收益仍获得增加。在入驻高铁新城之后发展达到或超出预期的企业有70家，占比为72.16%；其余27家企业的发展则未达到预期，占比为27.84%（图5-1）。在发展未达到预期的企业中，仍有2/3的投资人认为企业未来的发展前景良好，并不感到担忧；有9家企业则表示对未来的发展十分担忧，感到并不乐观。在所有97家企业中，75家企业对未来的发展表示乐观，认为前景良好，占比为77.32%；认为发展前景一般的企业有14家；另有8家企业认为未来发展形势严峻，并不乐观（图5-2）。

综合97家企业的评分情况（表5-2）可以发现，高铁服务与站点开发对企业的影响在节点效应上体现得最为显著，其次是场所效应，而负面影响较小。从企业的角度来说，在站点地区布局，为企业带来的最大便利就是便捷的地铁服务，其次是高铁服务，为企业的商务出行提供了方便。相对于交通和通勤来说，高铁虽然对企业市场范围的扩张有一定的帮助，但作用较弱，在劳动力来源上也是如此。在场所效应方面，高铁站点地区的开发为企业提供了良好的办公环境，同时周边的自然环境也较好，对企业形象的提升也很有帮助。周边的相关服务功能如住宿、餐饮、娱乐休闲、商业零售等基本能够满足企业需求，但医疗服务则有待提升。在负面效应上，主要是高铁的噪声污染和周边总体配套设施的不完善所带来的负面影响，但只是对于小部分企业来说负面影响较为显著，对于60%以上的企业来说，几乎不存在负面影响。而且从平均得分上来看，除配套设施以外，负面效应下其他各要素的平均得分都低于3分，说明综合来看企业认为这些负面效应对企业的影响较小。总的来说，节点开发即高铁服务和配套交通网络的建设给企业所带来的正面效应最为强烈；站点开发即相关服务功能

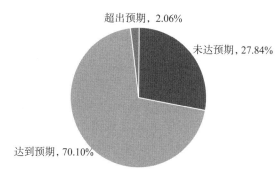

图5-1 企业发展现状调查结果

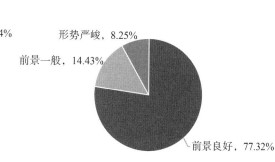

图5-2 企业发展前景调查结果

及配套设施的完善给企业带来的正面效应次之;总体负面效应较小。

表 5-2 站点开发对企业发展的影响

类别	具体影响	得分均值/分	均值排名	3分以上企业数目/家	3分以上企业占比/%	百分比排名
节点效应 (3.94分)	X_1(市场范围)	3.69	10	61	62.89	10
	X_2(劳动力来源)	3.58	11	60	61.86	11
	X_3(高素质人才)	3.77	8	65	67.01	8
	X_4(通勤效率)	3.91	6	75	77.32	6
	X_5(高铁)	4.32	2	88	90.72	2
	X_6(地铁)	4.41	1	92	94.85	1
	X_7(公交)	3.88	7	73	75.26	7
场所效应 (3.73分)	X_8(企业形象)	4.19	3	83	85.57	4
	X_9(办公场所)	4.18	4	87	89.69	3
	X_{10}(自然环境)	4.08	5	77	79.38	5
	X_{11}(娱乐休闲)	3.57	12	54	55.67	13
	X_{12}(餐饮)	3.54	13	56	57.73	12
	X_{13}(住宿)	3.71	9	63	64.95	9
	X_{14}(医疗)	3.14	15	40	41.24	16
	X_{15}(商业零售)	3.41	14	50	51.55	14
负面效应 (2.80分)	X_{16}(配套设施)	3.03	16	41	42.27	15
	X_{17}(职住分离)	2.94	17	37	38.14	18
	X_{18}(人口流动)	2.48	22	21	21.65	22
	X_{19}(物价)	2.62	21	24	24.74	21
	X_{20}(租金)	2.82	19	33	34.02	19
	X_{21}(劳动力成本)	2.82	19	32	32.99	20
	X_{22}(噪声污染)	2.85	18	39	40.21	17

除上述影响之外,针对企业目前所需要的服务类型进行了问卷调查,结果如图 5-3 所示。从图 5-3 可以看出,目前 40% 以上的企业需要政府公共服务、产品宣传与市场推广两个方面的帮助,说明当前首先要提升政府公共服务的业务覆盖范围,提升服务的便捷性,以方便企业与政府之间的沟通。另外,需要进一步引入广告服务类企业,以满足现有企业的需求;或者采取不同措施增进企业之间的相互交流与了解,为不同企业之间的合作提供便捷。30% 以上的企业认为周边的配套设施仍需要进一步完善。20% 左右的企业认为在融资服务、员工职业培训和科研智力支持方面企业

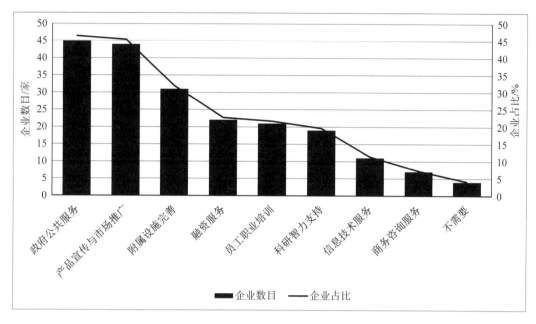

图 5-3 当前企业所需服务与数量分布图

需要帮助。部分企业反映政府在公共就业服务与职业培训上面所提供的服务过少,大多数职工技能培训需要求助于收费较高的专业咨询公司和职业培训机构,增加了企业和员工的负担。另外,在智力支持方面,虽然目前地方政府也出台了许多人才引进政策,但对于一些企业来说,高层次人才的招聘仍然较为困难,地方吸引力的缺失导致高端人才并不青睐在站点周边工作。

5.2.2 对不同行业类型企业发展的影响

在 97 家企业中,租赁和商务服务业企业有 27 家,科学研究和技术服务业企业有 22 家,信息传输、软件和信息技术服务业企业有 16 家,批发和零售业企业有 13 家,四类企业一共占总企业数目的 80% 以上。其他行业类型企业如制造业、建筑业、房地产业、金融业等,样本数量过少,因此主要展示高铁服务与站点开发对上述四类样本较多行业类型企业的影响结果。

第一,对租赁和商务服务业企业的影响(表 5-3)。从表 5-3 可以看出,节点效应要强于场所效应,而总的正面效应要强于负面效应。首先从节点效应内部来看,便捷的地铁服务、高铁服务和公交服务的平均分均值都在 4 分以上,对企业的正面影响最大。80% 以上的企业认为站点地区在交通方式和通勤效率上对企业有积极影响,70% 以上的企业认为站点在扩大市场范围、劳动力来源、高素质人才的吸引力上对企业有积极影响。其次是场所效应。表现较为显著的场所效应包括站点开发建设经过精心的城市规划与设计,为企业提供高品质的办公场所,拥有较好的外部自然环境,对企业形象的提升有显著的积极影响。不论是在场所效应还是在所有正面效应中,得分最低的均为医疗服务。最后是负面效应。负面效应的整体评分低于 3 分,各个具体要素的平均得分也低于 3 分,说明负面效应较弱,大多数租赁和商务服务业企业认为站点地区对企业基本不存在负面影响。

与企业总体相比,站点对租赁和商务服务业企业的影响与企业总体的趋势一致,均为节点效应强于场所效应,负面效应较小。区别主要在于租赁和商务服务业企业对公交服务的评分较高,而对住宿业的评分则较低。在企业响应上,75%的租赁和商务服务业企业发展到达预期,3.6%的企业超出预期,21.4%的企业发展未达到预期。在企业发展前景上,75%的企业表示发展前景较好,14.3%的企业认为未来企业发展形势较为严峻,剩余 10.7%的企业认为前景一般。在租赁和商务服务业企业中,发展达到或超出预期的企业占比、未来前景较好的企业占比与企业总体相比基本相同。

表 5-3　站点开发对不同行业类型企业发展的影响

类别	具体影响	租赁和商务服务业		科学研究和技术服务业		信息传输、软件和信息技术服务业		批发和零售业	
		得分均值/分	均值排名	得分均值/分	均值排名	得分均值/分	均值排名	得分均值/分	均值排名
节点效应	X_1(市场范围)	3.71	10	3.95	8	3.56	9	3.46	12
	X_2(劳动力来源)	3.75	9	3.64	13	3.38	14	3.69	9
	X_3(高素质人才)	3.79	8	4.00	7	3.63	8	3.77	8
	X_4(通勤效率)	3.89	7	3.95	8	4.00	5	3.92	7
	X_5(高铁)	4.32	2	4.45	2	4.44	2	4.31	2
	X_6(地铁)	4.36	1	4.59	1	4.56	1	4.46	1
	X_7(公交)	4.18	4	3.77	10	3.94	7	4.00	6
场所效应	X_8(企业形象)	4.18	4	4.27	3	4.25	4	4.08	5
	X_9(办公场所)	4.21	3	4.23	4	4.31	3	4.15	4
	X_{10}(自然环境)	3.96	6	4.14	5	4.00	5	4.23	3
	X_{11}(娱乐休闲)	3.68	11	3.77	10	3.38	14	3.15	16
	X_{12}(餐饮)	3.57	13	3.73	12	3.44	13	3.23	15
	X_{13}(住宿)	3.68	11	4.05	6	3.56	9	3.54	10
	X_{14}(医疗)	3.07	15	3.45	15	3.38	14	3.08	17
	X_{15}(商业零售)	3.46	14	3.50	14	3.50	11	3.38	13

续表 5-3

类别	具体影响	租赁和商务服务业		科学研究和技术服务业		信息传输、软件和信息技术服务业		批发和零售业	
		得分均值/分	均值排名	得分均值/分	均值排名	得分均值/分	均值排名	得分均值/分	均值排名
负面效应	X_{16}（配套设施）	2.79	16	3.45	15	2.88	18	3.38	13
	X_{17}（职住分离）	2.54	20	3.32	17	3.50	11	2.85	19
	X_{18}（人口流动）	2.36	22	2.64	21	2.31	22	2.62	21
	X_{19}（物价）	2.50	21	2.64	21	2.50	20	2.62	21
	X_{20}（租金）	2.68	18	2.77	19	2.50	20	3.54	10
	X_{21}（劳动力成本）	2.71	17	2.68	20	2.56	19	3.08	17
	X_{22}（噪声污染）	2.61	19	2.95	18	3.06	17	2.85	19

第二，对科学研究和技术服务业企业的影响（表 5-3）。在平均得分排名前 10 位的影响效应中，全部为正面效应。得分最高的为地铁服务，其次是高铁服务，之后是企业形象、办公场所和自然环境。与企业总体效应相比，影响效应得分和排名的分布趋势相同，但在科学研究和技术服务业企业中，住宿服务的得分和排名较高，公交服务的得分和排名较低，其他方面基本没有显著差异。与租赁和商务服务业企业相比，科学研究和技术服务业企业对扩大劳动力来源的评分较低，对住宿服务的评分较高。在企业发展的响应上，约 73% 的企业表示发展达到预期，27% 的企业表示发展未达到预期。同样 73% 的企业表示前景良好，27% 的企业表示前景一般。

第三，对信息传输、软件和信息技术服务业企业的影响。同样节点效应要强于场所效应，负面效应较小。在节点效应内部，地铁和高铁服务占据前两位，之后是通勤效率的提升；公交服务、高素质人才的吸引力、市场范围的扩大等对企业的影响相对较弱。在场所效应上，办公场所、企业形象的提升、外部自然环境排名前三，之后是住宿服务；商业零售、餐饮服务、娱乐休闲、医疗服务对企业的正面影响较弱。在负面效应上，职住分离所导致的通勤成本的增加对企业造成了一定的负面影响，其他方面基本没有产生明显的负面影响。在对信息传输、软件和信息技术服务业企业的影响上，与企业总体相比，主要差异在于职住分离对企业的影响。与租赁和商务服务业企业相比，主要的区别在于劳动力来源、住宿服务、职住分离三个方面。与科学研究和技术服务业企业相比，主要区别在于配套设施方面。信息传输、软件和信息技术服务业企业对配套设施的认可度较高，认为并没有给企业带来负面影响，但科学研究和技术服务业企业则认为配套设施不够完善，给企业员工的日常工作与生活带来了一定的不便。在企业发展的响应上，31% 的信息传输、软件和信息技术服务业企业表示未达到预期发展目标，这个比重不仅高于企业总体，也高于租赁和商务服务业、科学研究和技术服务业企业。但在企业未来发展前景上,81%的企业表示乐观,这个比重也要远高于其他类型的企业。

第四,对批发和零售业企业的影响。在站点地区对批发和零售业企业的影响上,节点效应大于场所效应,负面效应较小。在节点效应内部,评分最高的依然是地铁服务,高铁服务次之。在场所效应内部,外部自然环境、办公场所、企业形象排名前三。在负面效应上,租金成本较高、配套设施不完善给企业带来负面影响。与企业整体相比,主要差别在于租金成本所带来的负面效应。与租赁和商务服务业企业相比,差别则主要在租金成本和配套设施两个方面。与科学研究和技术服务业企业相比,在市场范围、娱乐休闲服务、餐饮服务、住宿服务的评分上差距较为明显,另外在职住分离和租金方面也有较大差别。与信息传输、软件和信息技术服务业企业相比,区别主要体现在劳动力来源、配套设施、职住分离、租金和劳动力成本几个方面。在企业发展上,有超过46%的批发和零售业企业认为未达到预期目标,这在所有类别的企业中占比最大。69%的企业认为发展前景良好,这在所有企业中也是最低的,说明批发和零售业企业的发展面临的问题最大,现状发展不佳,未来经营信心也不足。

5.2.3 对不同规模企业发展的影响

按照与前文相同的方法对企业进行规模等级划分。最终划分结果显示,微型企业有47家,小型企业有21家,中型企业有29家。站点开发对不同规模企业的影响如表5-4所示。

首先看站点开发对20人以下的微型企业的影响。节点效应大于场所效应,但差距不大且均大于负面效应,负面效应较小。从节点效应内部来看,正面效应较强的是便捷的地铁服务和高铁服务,而市场范围、劳动力来源方面的作用较弱。在场所效应方面,办公场所、企业形象、外部自然环境方面的影响较强,医疗服务功能则相对不足。在负面效应方面,配套设施不完善与职住分离问题对企业产生了一定的负面影响。与企业总体相比,在各个影响方面的得分和排名都十分接近,差别极小,最大的差别在市场范围和职住分离两个方面,但差距较小。在企业发展方面,66%的企业发展到达预期,低于企业整体水平。70%的企业对未来发展前景感到乐观,但也低于企业整体水平。

对于20到50人的小型企业来说,站点开发对其产业影响的节点效应也强于场所效应,但差距不大且均远大于负面效应,负面效应较小。从节点效应来看,地铁和高铁服务方面的正面效应最为显著,然后是通勤效率、市场范围、高素质人才的吸引力,劳动力来源则得分较低。在场所效应上,企业形象、办公场所和自然环境位居前三。所有负面效应的得分均低于3分,表明对于小型企业来说,站点开发对其基本不存在负面影响。站点开发对小型企业的影响与企业总体相比,不同之处主要表现在公交服务、职住分离、租金和劳动力成本方面,二者的得分差别较大。与微型企业相比,二者在公交服务和除噪声污染外的其他负面效应诸要素上的得分差距较大。

对于50人以上的中型企业而言,同样是节点效应大于场所效应大于负面效应。在节点效应内部,高铁服务和地铁服务的得分最高,高铁服务的得分要高于地铁服务。在场所效应方面,自然环境、企业形象和办公场所三项排名前三。在负面效应上,诸要素的得分都在3分以下,说明站点开发对于中型企业而言几乎没有带来显著的负面影响。与企业总体相比,二者不论是正面效应还是负面效应诸要素的得分与排名都相差极小。与微型企业相比,差别主要在市场范围、劳动力来源以及自然环境三个方面,另外,在配套设施、职住分离上的影响效应也不同。与小型企业相比,最大的区别在于公交服务方面,另外在自然环境、职住分离、租金和劳动力成本方面,中型企业的得分也要明显高于小型企业。

表5-4 站点开发对不同规模企业发展的影响

类别	具体影响	微型企业 得分均值/分	微型企业 得分排名	小型企业 得分均值/分	小型企业 得分排名	中型企业 得分均值/分	中型企业 得分排名
节点效应	X_1(市场范围)	3.47	12	3.81	7	3.97	7
	X_2(劳动力来源)	3.43	13	3.57	10	3.83	9
	X_3(高素质人才)	3.77	8	3.81	7	3.76	10
	X_4(通勤效率)	3.89	7	3.90	5	3.93	8
	X_5(高铁)	4.32	2	4.10	4	4.48	1
	X_6(地铁)	4.40	1	4.48	1	4.38	2
	X_7(公交)	3.96	6	3.43	13	4.07	6
场所效应	X_8(企业形象)	4.19	4	4.14	2	4.21	4
	X_9(办公场所)	4.23	3	4.14	2	4.10	5
	X_{10}(自然环境)	4.00	5	3.86	6	4.38	2
	X_{11}(娱乐休闲)	3.53	10	3.48	12	3.69	12
	X_{12}(餐饮)	3.49	11	3.52	11	3.62	13
	X_{13}(住宿)	3.66	9	3.76	9	3.76	10
	X_{14}(医疗)	2.98	18	3.24	15	3.34	15
	X_{15}(商业零售)	3.38	14	3.33	14	3.52	14
负面效应	X_{16}(配套设施)	3.15	16	2.95	16	2.90	17
	X_{17}(职住分离)	3.17	15	2.48	18	2.90	17
	X_{18}(人口流动)	2.68	22	2.24	22	2.34	22
	X_{19}(物价)	2.81	21	2.33	21	2.52	21
	X_{20}(租金)	3.00	17	2.43	20	2.83	19
	X_{21}(劳动力成本)	2.98	18	2.48	18	2.83	19
	X_{22}(噪声污染)	2.87	20	2.67	17	2.93	16

5.2.4 对地方代表性企业发展的影响

在探讨高铁服务与站点开发给企业带来的影响时,同样针对一些重要的代表性企业进行了问卷调查和访谈,各企业的基本信息见表5-5。首先来看问卷调查的结果(表5-6),对于这些核心企业来说,节点效应对企业的影响强度大于场所效应,远大于负面效应。对于多数企业来说,站点开发对企业并无明显的负面影响。在节点效应中,影响排名在前几位的依次是地铁服务、高铁服务、公交服务、高素质人才。在场所效应中,企业形象、办公场所、自然环境排名前三。负面效应诸要素的得分都低于3分,表明从企业的角度来说,高铁站点开发对于企业而言没有带来任何负面影响。在企业发展方面,80%企业表示达到或超出预期,90%的企业对未来前景表示看好。

表5-5　9家代表性企业基本信息

企业编号	员工数/人	年产值/元	创建年份	进驻年份	来源地	位置	注册资本/万元	所属行业	子公司数目/家
01	50	暂无	2002	2019	工业园区	港口发展大厦	427 197	商务服务业	16
02	4	暂无	2017	2019	深圳	江南大厦	10	软件和信息技术服务业	0
03	100	74万	2019	2019	北京	江南大厦	5 000	科技推广和应用服务业	0
04	200	7亿	2013	2014	太平文创园	高铁综合服务大厦	2200	软件和信息技术服务业	25
05	59	900万	2015	2016	高铁新城	高铁综合服务大厦	3 000	商务服务业	2
06	70	178亿	2012	2012	北京	紫光大厦	100 000	批发业	11
07	80	500万	2017	2019	高铁新城	紫光大厦	10 000	研究和试验发展	0
08	160	暂无	2016	2016	上海	兆润领寓商务广场	60 000	房地产业	0
09	21	暂无	2017	2017	高铁新城	兆润领寓商务广场	100	软件和信息技术服务业	0

表5-6　站点开发对核心企业发展的影响

类别	具体影响	得分均值/分	得分排名	3分以上企业数目/家	3分以上企业占比/%	百分比排名
节点效应(4.16分)	X_1(市场范围)	3.56	10	5	55.56	10
	X_2(劳动力来源)	3.89	8	8	88.89	2
	X_3(高素质人才)	4.22	4	8	88.89	2
	X_4(通勤效率)	3.89	8	7	77.78	7

续表 5-6

类别	具体影响	得分均值/分	得分排名	3分以上企业数目/家	3分以上企业占比/%	百分比排名
节点效应 (4.16分)	X_5(高铁)	4.56	2	8	88.89	2
	X_6(地铁)	4.67	1	9	100.00	1
	X_7(公交)	4.33	3	8	88.89	2
场所效应 (3.61分)	X_8(企业形象)	4.22	4	7	77.78	7
	X_9(办公场所)	4.11	6	7	77.78	7
	X_{10}(自然环境)	4.11	6	8	88.89	2
	X_{11}(娱乐休闲)	3.22	13	2	22.22	18
	X_{12}(餐饮)	3.33	12	3	33.33	14
	X_{13}(住宿)	3.56	10	4	44.44	11
	X_{14}(医疗)	3.11	15	3	33.33	14
	X_{15}(商业零售)	3.22	13	3	33.33	14
负面效应 (2.41分)	X_{16}(配套设施)	2.44	18	2	22.22	18
	X_{17}(职住分离)	2.89	16	4	44.44	11
	X_{18}(人口流动)	2.11	21	2	22.22	18
	X_{19}(物价)	1.89	22	1	11.11	22
	X_{20}(租金)	2.33	20	2	22.22	18
	X_{21}(劳动力成本)	2.44	18	3	33.33	14
	X_{22}(噪声污染)	2.78	17	4	44.44	11

对上述代表性企业进行问卷调查之后,针对高铁服务与站点开发活动给企业带来的有利或不利影响,与企业负责人进行了访谈。访谈结果显示,多数企业认为高铁服务和站点开发还没有对企业产生显著的负面影响。少数企业认为在高端人才的引进方面面临一定的问题,希望政府在相关政策的制定上与配套设施的完善等方面做出努力。企业发展所面临的问题多数与国家宏观经济环境、宏观产业政策有关,这是站点开发和地方政府所不能解决的问题。至于当地的政策,企业都十分满意。并且总的来说,在站点周边,生活成本低,劳动力成本也不高,企业的负担相对较轻,有利于企业的运营和未来发展。

5.3 高铁服务、站点开发与企业发展的关系

本章借助节点—场所理论,将站点对企业的影响分为节点效应和场所效应两个方面,并兼顾站点对企业可能造成的负面影响,通过对企业的问

卷调查与访谈,探讨高铁服务与站点开发对企业增长的作用机制(图5-4),结合理论分析与定量研究结果发现高铁服务和站点开发对企业增长的影响具体体现在以下四个方面:

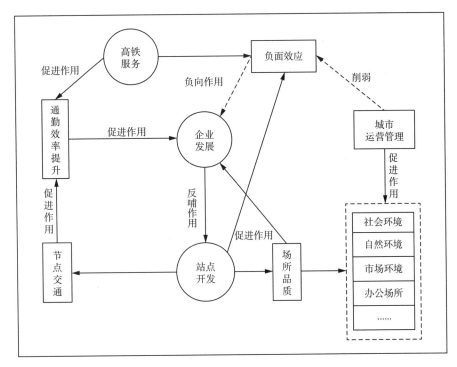

图 5-4　高铁服务与站点开发对企业增长的影响机制

5.3.1　节点效应提升企业生产效率

自高铁开通以后,站点的高铁服务不断完善,列车频次不断增多、目的地不断丰富,为旅客出行提供了更为丰富多样的出行选择。对于周边的企业来说,便捷的高铁服务为企业的业务出行提供了便利,极大地提高了业务出行的效率。此外,伴随高铁服务而进行的站点开发活动,使得站点的综合交通系统不断得到完善,为企业通勤提供了便捷的地铁、公交服务,企业员工的通勤效率也得到了提升。员工通勤与业务出行效率的提升、时间成本的节约都转化为企业产出的增加,最终企业的生产效率得到提升。便捷的对内对外交通,压缩了时空距离,使得临近企业的市场范围得到扩大,劳动力来源更为丰富,对高端人才的吸引力逐渐增强,最终企业的竞争力得到提升。

5.3.2　场所品质提升与功能完善为企业带来积极影响

站点开发经过精心的城市规划与设计,周边环境得到了严格保护,局部景观得到了营造等,为企业提供了高品质的办公空间,良好的外部环境,提升了企业形象与公信力,对企业的业务增长也具有积极作用。随着站点开发的不断进行,配套设施日渐完善,主要的服务功能不断得到增强,为企业员工与客户提供了必要的文化娱乐休闲、餐饮住宿、商业零售等服务,为企业员工的工作与生活提供了便捷。

5.3.3　高标准的建设与高效管理消除了对企业的负面影响

理论上,站点地区客流量大,人口流动性强,容易产生诸多问题,对企业的正常运营和员工安全造成威胁。但事实上,苏州北站地区通过交通接驳系统的精心设计建造,实现了客流的快速集散,避免了旅客滞留,并通过有效的监管,巨大的客流丝毫不会干扰企业的正常运营,不会打扰员工的正常工作与生活。另外,由于建筑设计与建造的高标准,即便距离站点、距离高铁线路较近的企业也基本不会受到列车运行噪声的影响,在最大程度上保证了企业生产的高效。

站点地区大规模的开发建设活动,大量资本的涌入,造成地方景观的巨大改变,站点周边由原有的乡村工业景观转变为城市商务区,经济快速发展,产业结构也发生根本改变。得益于当地管理者的有效管理,物价依然平稳、劳动力成本仍然维持在合理水平,加上各种租金优惠政策的出台,这些都为企业经营、员工的日常生活减轻了负担。

5.3.4　站点开发存在的问题

截至2023年,站点地区开发仍处于初期阶段,不可避免地会出现配套设施不完善的情况,而且就业和居住的分离给部分企业和员工都造成了不便。但这种负面影响较小,而且未来随着开发建设的不断推进,配套设施会日渐完善,这种负面影响会持续减弱,甚至消失。

6 高铁站点地区商业空间分布与演变机理

高铁以旅客运输为主,高铁站点地区是人流、资金流和信息流等要素流的汇聚地,为商业的发展创造了极为有利的条件。商业是高铁站点地区产业发展的重要组成部分。商业的发展可以从两个方面促进高铁站点地区的发展:首先,满足站点地区从业人员、居民的日常需要,为企业以及其他经营活动的顺利开展提供帮助。其次,高等级的商品服务可以在一定程度上扩大站点的辐射影响范围,为站点地区的人口集聚与吸引力的提升做出贡献。针对高铁站点地区商业的重要地位和已有研究对高铁站点地区商业服务功能开发缺乏关注的问题,在前面两章对苏州北站站点地区企业发展总体分析的基础上,本章重点探讨站点地区商业网点的空间分布、演变过程及扩展机理,一方面希望丰富城市地理学关于微观尺度交通节点地区商业空间的研究,另一方面也希望能够为高铁站点地区的商业发展提供参考。

6.1 分析框架

舒茨(Schütz,1998)描述了从高铁连接中获益的发展区域,并区分了三个圈层,即第一、第二和第三发展区,分别代表 10 min 可以到达的站点地区范围,通过辅助交通工具从站点出发 15 min 以内可以到达的区域范围,距离站点 15 min 以上的区域。

第一圈层位于站点核心,旅客不需要其他换乘交通,步行即可抵达。这一圈层与高铁网络最为邻近,在区域中具有较高的区位重要性。因此,在产业功能上,高端办公和居住功能集聚,土地和不动产价值也会获得增长。第二圈层距离高铁站点较近,因此高端功能也可能在此产生,但是资产价值和建筑密度会比第一圈层低,而利益相关者也会因此减少在这一区域投资的欲望。第三圈层与站点可达性较好,也会从中获益,但其发展与高铁的出现并没有直接的联系(Schütz,1998;Pol,2003)。

舒茨的圈层结构理论作为一种经典的站点空间结构模型,在站点地区的产业空间分布、土地利用规划、开发时序等方面得到了广泛应用。王丽(2015)以南京南站为例,通过问卷调查的方式,将乘客对站点地区产业设施的使用频率和需求对应到不同的圈层范围上,最终得到高铁站点地区产业空间分布的圈层结构(图 6-1)。商业活动主要集中在中间圈层。最内的第一圈层则主要是高铁站点、交通接驳设施,产业功能上以总部经济和商务办公为主。

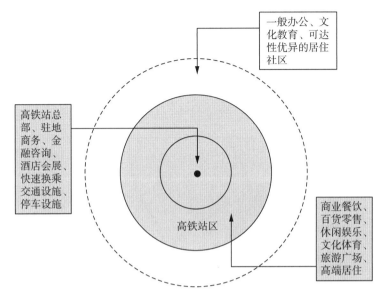

图 6-1　高铁站点地区产业空间圈层结构

本章也借助舒茨的圈层结构理论,在对高铁站点地区商业网点的空间分布进行分析时,主要探讨以下几个方面的问题:

第一,不同时间节点,站点地区商业网点的空间分布总体特征是什么?

第二,站点地区的商业空间分布是否呈现出圈层结构特征?如果是,那么不同圈层的主要商业类型及特点是什么?

第三,在研究期内站点地区商业活动的发展过程,商业中心地的等级体系及演变过程是怎样的?

第四,站点地区商业服务空间扩展的机理分析。

需要指出的是,高铁站点周边的商业设施,不仅仅服务于乘客,也服务于周边的从业人员和居民。商业是指专门从事商品流通活动的独立的经济部门,其主要职能是从事商品的收购、销售、调运和储存,分为对外贸易和国内商业,国内商业又分为批发商业和零售商业。本章的商业主要是指站点周边的商业网点,从国民经济行业分类来看,主要包括住宿餐饮业、零售业、居民服务、修理和其他服务业。另外,还包括与居民生活相关的银行网点、私营教育培训机构等。

研究范围依然选择站点地核心区范围,将每 500 m 半径作为一个圈层,共将站点地区划分为三个圈层,其中以站点为圆心,0—500 m 为第一圈层,500 m 到 1 000 m 为第二圈层,1 000 m 到 1 500 m 为第三圈层。研究时段则选择从高铁开通前的 2010 年到开通后的 2019 年。数据来源方面,商业网点数据主要以不同年份的高德地图的兴趣点数据为主,并结合实地考察做补充校正。在对商业网点的空间分布特征进行描述时,采用核密度分析方法。

6.2 站点地区商业总体空间演变特征

6.2.1 高铁开通前站点地区商业空间分布的总体特征

在高铁开通前的 2010 年,苏州北站周边的商业网点以小型超市、农贸市场、餐馆以及汽车零售为主,数量较少,空间分布较为稀疏(图 6-2),但

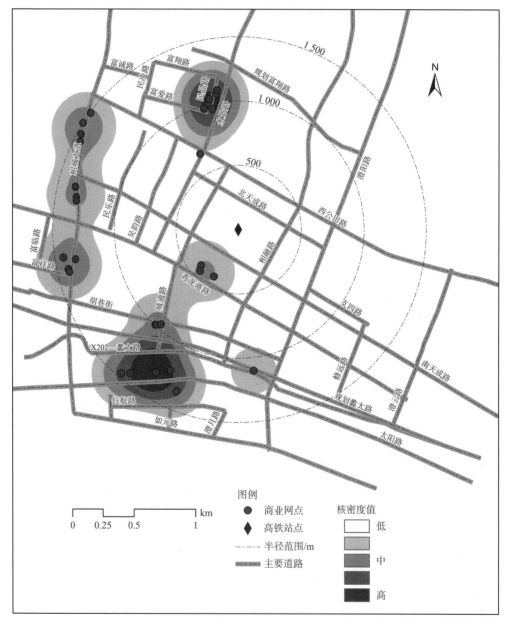

图 6-2 2010 年苏州北站站点地区商业网点空间分布

也形成了若干集聚的核:其一是沿相城大道两侧分布的商业网点,以餐饮业、汽车服务为主;其二是位于研究区北部的太阳路沿线的汽车城,主要以汽车零售、维修服务为主;其三是分布在研究区北部村庄内部的零售网点,主要为村庄居民与附近产业园工人提供日常用品、餐饮服务和农产品等;此外还有一个位于汽车城以北高铁站点以南的村庄内部的零售业集聚区,也主要服务于村庄内部居民,包括药店、农贸市场和两家小型便利店。总的来说,2010年站点周边的商业网点数量少,总体分布稀疏,沿主要交通线路和村庄分布。在类型上,以餐饮业、小型便利店为主,并有一个专业化汽车销售服务市场。此时站点尚未开通运营,商业网点的分布与主要交通线、居民点的空间关联显著,但与站点并没有显著的空间关联。在空间分布结构上,带状分布特征明显,并未体现出圈层结构的特征。在这一时间节点,该区域处于站点开发之前的初始状态,站点地区的开发活动尚未开始,依然保留着这一区域的原始风貌。

6.2.2 高铁开通后站点地区商业空间的演变

苏州北站于2011年6月开通运营。到2012年,站点运行尚不足一年,此时,站点周边的开发建设活动仅限于站房周边,尚未扩展到外围地区。商业网点的空间分布也与2010年十分相似,唯一不同的地方在于,2012年苏州北站站房周边形成了一个商业网点集中分布的片区(图6-3),主要是为乘客提供餐饮与租车服务的商店。从数量上看,2012年站点地区的商业网点数量明显增多,但主要类型、空间分布与2010年相比差别极小。总体来说,2012年站点周边的商业网点以餐饮业、小型商超、便利店和居民生活服务业为主,另外还有专业化的汽车销售服务市场。在数量上以及核的密度上都要明显高于2010年,专业化市场的商家数量也在增长。在空间分布上沿主要交通线路及村庄居民点、高铁站点分布,大部分的商业网点都分布在远离站点的外围地区,空间上与站点的关联不大。紧邻站点的最内圈层开始出现商业网点的分布。

到2014年,苏州高铁新城管理委员会已经成立两年,苏州北站周边的开发活动已经开始逐步展开并向外蔓延,已经扩展到500 m到1 000 m的第二圈层,但地块出让和开发活动并不是以圈层展开,而是优先在高铁线路以南紧邻站点的主干道两侧展开,呈带状分布(图6-4)。此时,周边地块仍处于建设阶段,各类建筑尚未建成,因此商业活动暂时未能扩展到此。与2012年相比,2014年商业网点的空间分布并没有显著变化。从数量上来看,2014年商业网点数目增多;从分布密度上来看,所形成的核的密度更高,尤其是站房周边的商业活动进一步增多;从类型上来看,2014年站点周边的商业网点以餐饮业、小型便利店、家具建材、汽车租赁、居民生活服务为主,外加一个专门化的汽车市场。总之,2014年站点地区商业网点的空间分布呈现出以下特征:沿主要交通线路及村庄居民点、高铁站点分布,

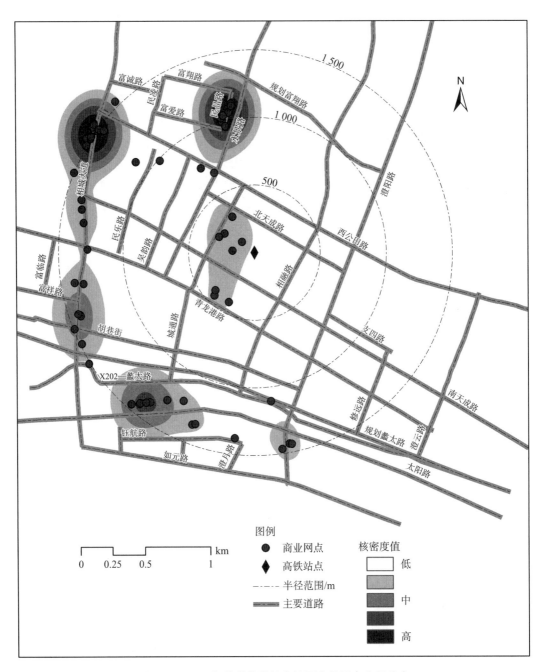

图 6-3　2012 年苏州北站站点地区商业网点空间分布

圈层分布特征不显著；大部分的商业网点都分布在远离站点的外围地区，空间上与站点的关联不大；紧邻站点的最内圈层商业活动密度显著提高。

到 2016 年，在站点周边第一批出让的地块中，部分地块的开发建设已经完成，出现了新的居住区和购物中心，另外也新增了一处专门化市场（图 6-5）。与前一时期相比，这一时期站点内部第一圈层的规划建设已经趋于完毕；开发活动继续向外围扩张，但依然沿紧邻站点的主干道两侧呈带状

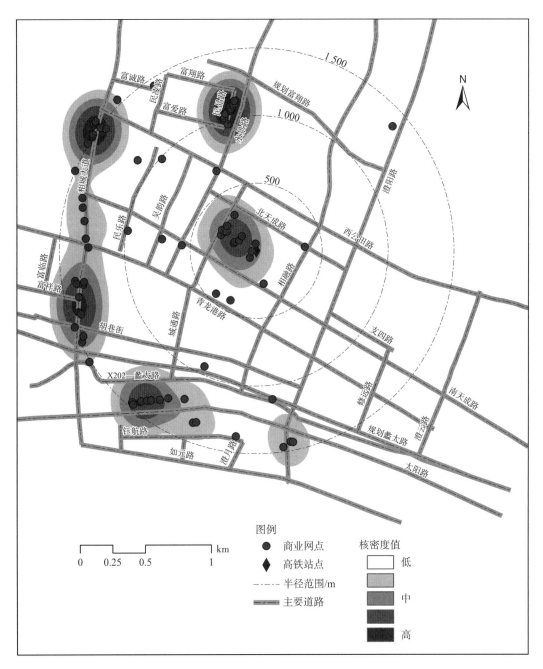

图 6-4　2014 年苏州北站站点地区商业网点空间分布

分布;商业网点的数量出现大幅增长,分布密度也远高于 2014 年。在空间分布上,与 2014 年相比主要的不同之处在于:首先,站点西侧出现了新的大型购物中心,建成了区别于前期阶段传统村庄的城镇居住区。商场内部的商家数量众多,涵盖大型超市、购物、餐饮、娱乐休闲各个方面。居住区外围底商也开始营业。其次,在站点西南 1 000 m 处形成了一个以木业家具为主的专业市场,商家数量较多。从核密度上来看,商场、木业家具市场的网点密度已经超过其他地区,成为商业网点密度最高的地带。从商业网点的类型来看,主要是餐饮、购物、居民服务、专门化的家具市场和汽车市场。总体来说,2016年商业网点的空间分布与之前有很大不同,呈现出主要是专门化市场、商业广场、小区底商和依附于工业园区分布的格局。另外,站房周边和主要交通线路沿线也有一定商业网点的分布,但数量和密度已经远低于其他地段。

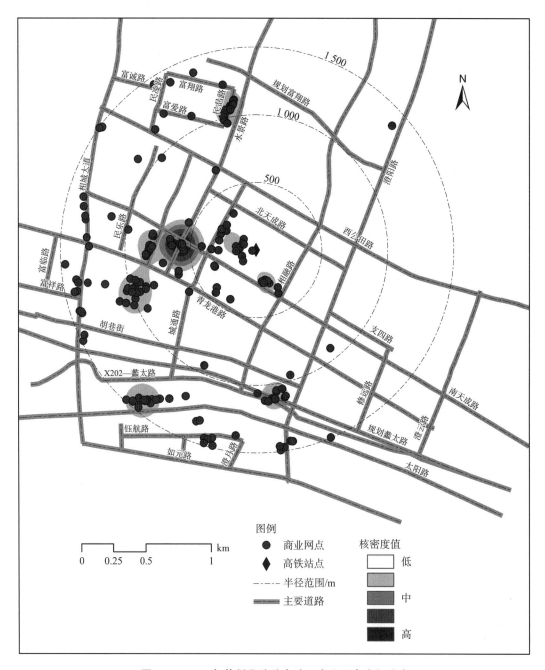

图 6-5　2016年苏州北站站点地区商业网点空间分布

2018年(图6-6),随着站点开发活动的进一步展开,土地整理和拆迁范围继续扩大,站点外围地区的商业网点进一步被拆除,只保留了部分专门化市场。随着建设活动的进行,新开发的居住区投入使用,小区底商开始营业。因此,到了2018年站点地区的商业网点主要以专门化市场、商业广场、小区底商、站内餐饮零售的形式存在。类型上主要是餐饮、购物、居民服务,以及专门化的家具市场和汽车销售市场。商业网点的数量基本稳定,但高度集中分布在少数几个核,零星分布的商业网点较少。与2016年

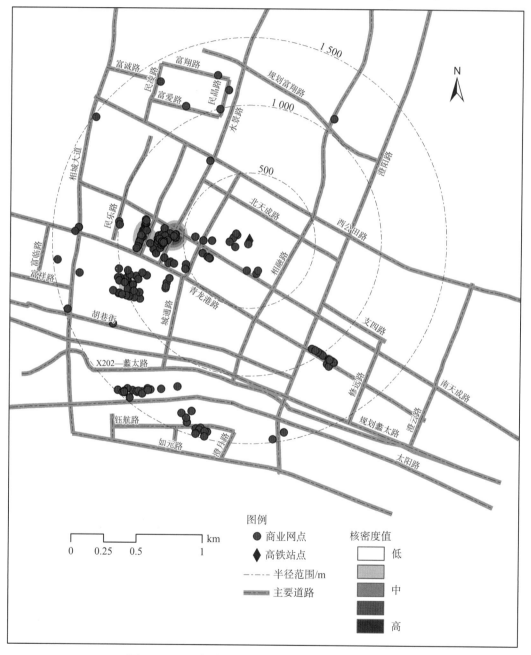

图6-6 2018年苏州北站站点地区商业网点空间分布

相比,2018年商业网点空间分布的变化主要在于北部工业园区和村庄商业网点的消失;道路沿线及零散分布的商业网点的消失;站点西南新建小区底商的运营而导致新核形成。总之,2018年商业网点的分布更集中于站点周边,但大部分商业网点的分布与站点之外的因素,比如居住区、专业化市场的分布高度相关。商业网点在空间形态上是呈片状分布在高铁新城南片区,圈层结构特征不明显。

6.3 站点地区主要商业类型的空间演变过程

6.3.1 零售业

零售业网点主要包括购物中心与零售商店以及为居民日常生活提供服务的便利店等商业网点。

这类商业网点主要为周边居民与工作人员提供购物服务,以零售业为主,包括小型超市、农贸市场和便利店等。从数量上看(图6-7),在2010年至2018年间,无论是站点周边1 500 m范围还是1 000 m范围内的零售业网点的数目均呈现出显著的增长趋势,其中2014年以后增速显著提升。

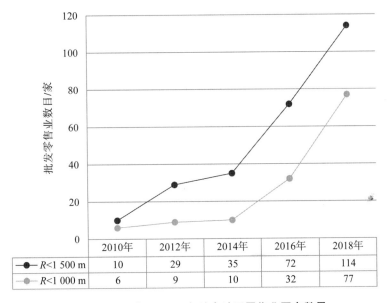

图6-7　2010年至2018年站点地区零售业网点数量

从空间分布上看(图6-8),最初少量的零售业网点分布在村庄等居民点周边,经过不断发展,空间分布范围逐渐扩大,经历了一个"少量集中—散点分布—集中"的过程,最终形成了以不同类型的专业化市场为主、其他零售便利店等为辅的分布状态。总体来说,零售业集中分布在距离站点500 m到1 000 m的范围内,500 m以内与1 000 m以外分布得都较少。

从具体的零售业服务内容来看,零售业网点的服务类型由最初的小型

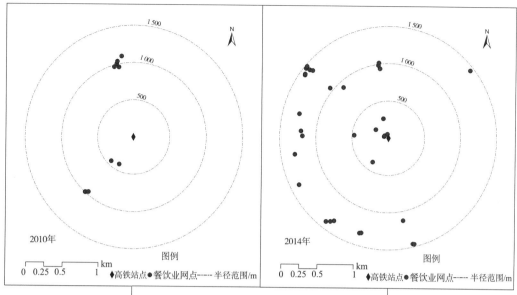

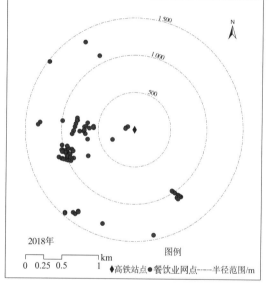

图 6-8　2010 年、2014 年和 2018 年站点地区零售业网点空间分布

超市、农贸市场等较为单一的服务类型逐渐向多样化发展,到 2018 年已形成以汽车零部件及整车销售为主的零售业中心(东昌国际汽车城)、集购物娱乐休闲于一体的商业广场(圆融广场)、家具专业市场(宏驿仓储市场)以及其他若干服务于周边居民的小型商业网点。零售业发展得更为立体,内容更为丰富,兼具专业化和综合型零售市场,高档购物中心与普通零售网点并存,以满足不同主体多样化的需求。

零售业发展过程分析:在苏州北站开通之后,站点周边的零售业经历了一个快速发展的过程,由单一服务于附近社区居民的小型便利店、超市、农贸市场等逐渐向专业化方向发展,最终形成了三个不同类型的零售业中心;除此之外,在周边新建住宅区的周边也形成了主要服务于社区居民的社区型零售业中心。

6.3.2 住宿餐饮业

1) 餐饮业

餐饮业网点包括以提供餐饮服务为主的酒店、餐馆等。首先从数量上来看(图6-9),2010年站点仍在建设中,周边餐饮网点较少,1 500 m和1 000 m范围内仅有一家提供餐饮服务的商店。站点开通以后餐饮业网点的数目出现增长,但在2014年之前,增长较为缓慢,2014年以后真正实现了相对快速地增长。从数量上来看,站点周边1 000 m范围内的餐饮业数量较多,1 000 m至1 500 m范围内的数量较少。从空间分布来看(图6-10),2010年只有一家分布在站点北边的工业园区附近;2014年数量增多,但基本上处于零星分布的状态;2018年则呈现出一定规律的集中分布,主要集中分布在圆融广场、高铁站点及天成大厦三处,其中又以圆融广场最为集中。餐饮业网点主要分布在站点西侧500 m到1 000 m的范围内,其他地段则较少。从餐饮业类型来看,由最初较为单一、低端的餐饮网点,逐渐发展丰富,具备不同菜系(中餐、西餐,不同地域美食)、不同消费方式(快餐与传统餐饮)等多种类型的餐饮门店,提供多样的餐饮服务,以满足消费者的多样化需求。

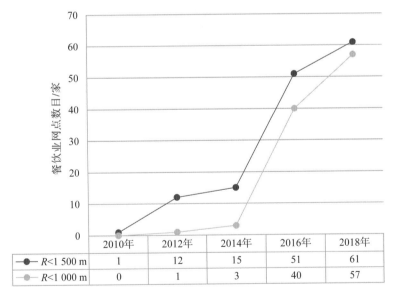

图 6-9 2010—2018年站点地区餐饮业网点数量

餐饮业发展的过程分析:从2010年到2018年,苏州北站周边的餐饮业经历了从无到有、逐渐丰富的发展过程,数量增多,类型多样,空间分布逐渐集中,呈现出显著的集中于商务大厦的空间分布特征,其主要的服务对象为周边居民以及在附近工作的从业人员。

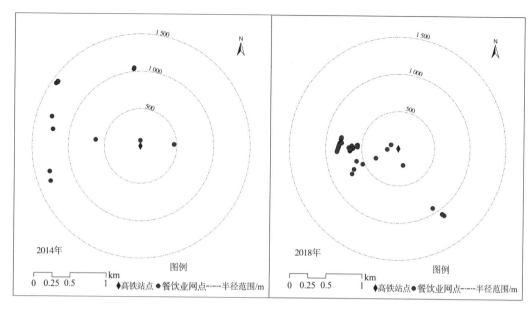

图 6-10 2014 年和 2018 年站点地区餐饮业网点空间分布

2) 住宿业

住宿业网点包括以提供住宿服务为主的酒店、宾馆等。2010 年站点周边 1 500 m 范围内没有提供住宿服务的商家。苏州北站周边的住宿业较少,截至 2018 年苏州北站 1 500 m 范围内只有 4 家提供住宿服务的宾馆、酒店,分别是位于站点南广场对面的高铁金科大酒店、文惠旅馆,位于站点以西、鑫苑鑫城居住区以北的家焕酒店,以及位于太阳花园东门的肯定商务宾馆。此外还有站点西侧尚未开始正式营业的木莲庄酒店。高铁金科大酒店为当前该区域规模最大、等级最高的酒店,总建筑面积为 56 846 m^2,总高度为 99.95 m,拥有 300 余间各类特色客房。其余酒店规模较小。即将营业的木莲庄酒店拥有将近 200 间客房,规模较大。苏州北站周边的住宿业基本能够满足市场容量,但普遍反映价格较高。

6.3.3 居民服务业

居民服务业网点主要包括居民服务业,机动车、电子产品和日用品修理业,保洁服务、宠物服务等其他服务业。苏州北站站点地区的居民服务业网点较少,主要提供的服务内容有美发、汽车维修服务。从数量上来看(图 6-11),在 2012 年之前,站点周边的居民服务业网点较少,2012 年之后逐渐增多。在 2016 年以后,站点 1 000 m 范围内的居民服务业网点开始多于 1 000 m 到 1 500 m。从空间分布上来看(图 6-12),2014 年居民服务业网点主要分布在远离站点的外围地区,如外围的村庄附近;在 2014 年之后,逐渐向内扩展。在 2018 年逐渐形成了两个中心:一个是站点南部边缘的机动车维修中心;另一个为站点西侧圆融广场附近的生活服务中心。总体来说,居民服务业是站点地区除零售业和餐饮业之外,服务网点最多的行业类型,但分布密度较低,覆盖范围仍十分有限。站点周边的居民服务业发展经历了一个从无到有、由少到多的过程,但所提供的服务类别仍然较为单一,能够提供的服务规模仍然十分有限。

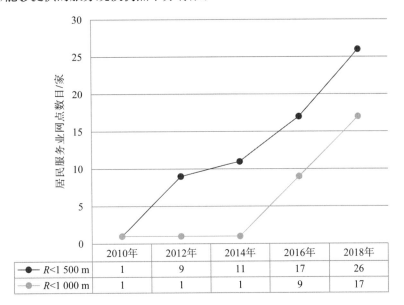

图 6-11　2010—2018 年站点地区居民服务业网点数量

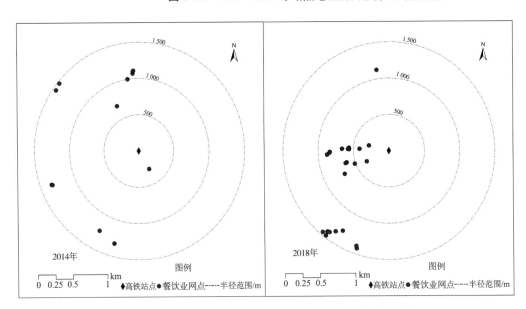

图 6-12　2014 年和 2018 年站点地区居民服务业网点空间分布

6.4　站点地区商业发展总体过程总结

结合 2010 年至 2019 年不同年份苏州北站站点地区总体的商业空间

分布格局、不同类型商业网点的空间分布与演变过程可以发现,站点地区的商业发展过程可以分为如下两个阶段:

第一个阶段为高铁开通前的2010年至高铁开通后的2014年,商业网点的空间分布突出表现为沿主要交通线路分布、依托于居民区和站点集中分布,拥有一个专业化市场。这一阶段站点地区商业网点的空间分布格局较为稳定,主要变化在于站点内部商业设施的建设,形成了以站房为中心的商业网点集聚。商业网点的数量稳步增长,密度增高,主要商业类型保持稳定,以小型零售、餐饮服务为主。

第二个阶段为2014年至2018年商业网点的数量和空间分布急剧变化的阶段。首先,数量变化。2014年站点周边商业网点总数不超过100家,但到2018年网点数量将近300家。其次,商业网点的经营内容更为丰富。商业网点的类型由之前的餐饮、小型便利店零售、汽车市场等不断发展丰富,娱乐休闲、房地产中介服务等类型网点增多。无论是餐饮还是购物,其规模和内容都更为丰富。再次,商业网点的形式出现了较大改变。前一阶段的主要形式是以依托于村庄和主要交通线路的小型便利店、餐馆为主,商品与服务品类较少,服务人群主要以村庄居民为主。这一阶段商业网点则主要以综合性大型购物中心的形式出现,并辅以小区外围底商,为居民和从业人员提供不同等级的商业零售服务。最后,空间分布的变化。这一时期苏州北站站点地区主要的商业零售空间分布表现为:在站点内部,拥有以餐饮和商品零售为主的特色商业街,集购物娱乐休闲综合超市为一体的大型购物中心——圆融广场,专业化的零售市场——汽车城;以及分布在居住区外围的零售业网点,主要是餐饮、便利店、生活服务等,以服务于居民的日常生活需求。无论是前一阶段还是后一阶段,商业网点的空间分布格局与站点的直接关联都不大,也都没有体现出圈层结构分布的特征。

6.5 站点地区商业发展过程及机理分析

通过对苏州北站站点地区高铁开通前后总体及不同类别商业网点的空间分布、数量变化的分析可以发现,空间上的集中分布,商业的发展和升级是站点地区商业的普遍特征。在商业网点的集聚类型上,最终形成了四类具有各自特点的商业集聚中心,分别为站点内部商业中心、社区商业中心、专业化市场、综合性购物中心。而不同类型的商业中心形成与发展的动力可能有所差别,因此接下来将分别针对上述四种不同类型的商业中心,探讨其形成与发展的动力。

6.5.1 专业化市场的形成与发展

研究区内的专业化市场有两个:一个是位于太阳路沿线的汽车市场,属于相城国际汽车城的一部分,其建成时间早于高铁开通时间,建成之后受高铁开发活动的影响较小,总体跟高铁站点关联不大。第一,汽车城的形成得益于其地理位置——位于远离市中心的郊区,紧邻区域快速路和城市快速路,虽然远离市中心但交通便捷。第二,具有足够的未开发利用土地。汽车销售服务本身对场地面积的要求就较高,而这里经济发展较为缓慢,可利用的土地较多,能够为汽车城的建设提供足够的空间。第三,整个苏州市区的竞争对手较少。相城国际汽车城是苏州市范围内最大的汽车销售服务市场,也是华东地区规模最大、品牌最多、配套最全、档次最高的汽车专业市场,而在此之前苏州市也没有同等规模的汽车销售服务提供者,因此这里成了苏州市乃至周边地区汽车销售服务的高级中心地。第四,政府和市场的双向选择,以及自身经营。地方政府为了经济发展,对汽车城的建设给予帮助,包括在土地整理出让以及品牌引入等各方面提供帮助或扶持措施。另外,面对较为宽松的市场竞争环境,汽车城自身经营状况良好,也能够较为容易地生存并发展下去。

另外一个专业市场是位于站点西南 1 000 m 处的木业家具市场,其以仓储和零售为主。原则上,这是一个擅自改变土地用途、违规建设的典型,但即便如此,能够建设并在一定时期内运营良好说明其至少符合了市场规律。第一,该市场的形成得益于与当地主导产业——家具制造销售的关联。大量的家具制造销售商对货物仓储具有很大的市场需求。第二,市场自身的交通区位条件。这里距离蠡口国际家具市场不足 5 km,而且两者位于同一条省道两侧,货物运输十分便捷。第三,市场选择与政府决策。一方面,单纯从市场的角度来看,木业家具市场符合家具制造及销售商的需求,因此能够生产发展,吸引众多商家的入驻。另一方面,由于高铁新城的建设,地方产业政策转变,加之其本身属于违规建设,因此,在未来的地方产业发展中,此市场是关停拆迁的对象。2019 年拆迁整理工作完成后,市场也终将关闭。最终,政府决策战胜市场选择。

6.5.2 社区商业中心的形成

伴随着站点开发活动的进行,原有的村庄商业网点随拆迁和土地整理而消失,但新的居住小区的建设、居民的入住也使得新的社区商业中心逐渐形成。新的社区商业中心的形成与发展有以下原因:首先,从开发商的视角来看,在居民区建设的同时开发一定体量的附属商业设施,一方面可以为开发商带来更高的收益,因为单位面积商铺的价格远在住宅之上;另一方面也为居民提供一定且必要的商业服务设施,可以方便居民生活,提高小区的吸引力。其次,从居民的角度来看,居民的日常生活需求需要在极小的半径范围内得到解决,小区外围的商铺正好满足了居民的这种需求,即为居民提供基本的餐饮、生活服务等。最后,从周边从业人员的角度来看,部分小区的商业门店不仅服务于居民,而且服务于周边的从业人员,为从业人员的日常生活提供便捷。另外,周边产业的升级、新企业的入驻不仅带来了从业人员数量的增加,而且也带来了消费能力的提升。随着居民的不断入住,消费市场也在扩展,因此也促进了商业中心的发展。

社区商业中心依托居住区而存在,因此其空间位置首先与居住区建设的位置有关,而居住区的位置则是由地方发展规划所确定;其经营类型则由开发商的规划和主要服务对象决定,而且主要由市场需求决定;其形成的时间则主要由土地拆迁整理出让的时间、开发商的建设进度以及居民的入住数量决定。截至2018年,所形成的社区商业中心基本位于较早拆迁出让的地块,开发商在拿到土地之后立即开展了建设,并且在完工之后,居民的入住达到一定的比例,才使得商业的经营活动能够持续。

6.5.3 综合性购物中心的形成

作为站点地区唯一的大型综合购物中心,圆融广场致力于打造全天候一站式购物中心,以更好地满足居民需求。圆融广场相比于社区商业中心来说,产品和服务更为丰富,商家以品牌商家为主,属于更为高端的商业业态。购物中心的形成原因主要有以下几点:第一,政府决策。购物中心的开发首先是符合政府规划的,这是政府决策层面。第二,市场选择。作为整个高铁新城地区唯一的购物中心,其所面临的市场竞争力较小,周边居民和从业人员的不断增多,决定了市场需求已经达到了一定的规模,需要一个购物中心来满足这一需求。第三,周边产业发展带来的消费结构改变和高消费群体的增加。周边商务服务业等知识密集型企业数量的增加,带来了大量具有高消费能力的消费群体,因此也提升了购物中心的市场容量。这一类群体对于文化休闲娱乐等服务的需求增加,也为购物中心其他商业类型的发展提供了有利条件。第四,购物中心在空间位置的选择上十分慎重,对区位条件的要求更高,要具备便捷的交通条件,以方便消费者的到来。圆融广场紧邻主干道,并且附近的公共交通也十分发达。第五,购物中心的形成时间也取决于土地拆迁整理出让的时间、开发商的建设进度以及居民的入住数量。圆融广场所在地块是高铁站点周边最早出让的一批地块之一,当从业人员和居民达到一定数量、市场达到一定规模时才开始营业。第六,开发商自身的经营。为了吸引商家的入驻,培育购物中心使之生存下去并获得良好发展,开发商出台了各种优惠的措施,例如为入驻商家提供租金优惠或减免,或提供多样化的支付方式。

6.5.4 站点内部商业中心的形成

苏州北站年平均发送旅客量在600万人次左右。高铁服务的开通带来了大量的乘客,针对乘客在旅途中的需求,站点在修建的同时开辟了专门的区域来服务乘客,即建设了以餐饮服务和特色商品经营为主的商业街。因此,站点内部商业中心的形成,主要是由大量乘客所带来的市场需求决定的,而高铁则带来了乘客。所以站点内部商业中心的形成,其最根本的原因在于高铁的开通。

6.5.5 高铁服务与站点开发对商业发展的影响

高铁服务对商业网点空间格局及商业发展的最直接影响体现在站点内部商业中心的形成上,而对其他商业中心的影响较小,且多为间接影响。站点开发对商业空间格局的影响体现在:首先,随着站点开发活动的进行,土地整理与拆迁活动的展开,原有商业网点及商业中心消失;其次,站点开发建设活动带来了新的居住区、购物广场,因此也促使了新的商业网点、新的商业集聚中心的形成。站点开发对商业发展的影响则体现在:首先,新的产业活动的引入带来了就业与消费人口的增长,引起了整体消费结构的改善和消费能力的提升,导致高档商品消费需求的增加;其次,住宅的开发也带来了居民数量的增多,为商业发展提供了有利条件;最后,站点开发活动的推进意味着配套设施的完善,包括交通、教育等,这些设施的完善对商业网点的可达性提升产生了积极影响,也提升了地方吸引力,促进了人口向该地区集聚,进而促进了商业发展。最终餐饮、零售、居民服务等商业门店的数量都取得了显著增长。

6.5.6 商业中心的等级体系

从中心地理论的视角来看,不同类型的商业中心其服务范围具有显著差别。根据商业中心的服务范围和商品类型划分商业中心地等级体系(图6-13),那么专业化市场由于其服务的范围是整个苏州市乃至周边地区在站点地区所有商业中心中具有最大的服务范围,而且区域内提供同类商品和服务的其他商业中心在规模和品类上都较小,因此被划分为第一等级。苏州北站周边的专业化市场有两个,其中一个是位于站点以南的汽车城,另外一个为木业市场,位于站点西南约1 000 m处。由于专业化市场的服务范围为区域性的,而且空间上距离高铁站点较近,因此高铁服务和站点开发会为其带来一定的正面效应,但总体来说影响较小。购物中心的服务范围是整个高铁新城地区,其服务范围小于专业化市场,但又大于其他商业中心,区域内能够提供类似商品和服务的其他购物中心较多,因此被划分为第二等级。这一等级受站点开发活动的影响最大,因为整个地区的发展水平与消费能力决定了商业中心的产生与发展,而站点开发正是为提升整个地区的发展水平而采取的行动,因此其对购物中心的影响较大。截至研究期末,站点周边的二级中心地只有一个,另外还有相似等级和规模的中心地尚在建设中。社区商业中心主要服务于本社区及周边居民,商品和服务的可替代性较大,因此在服务范围上小于购物中心而被划分为第三等级。社区商业集聚中心受高铁服务的影响较小,但受站点开发的影响较大,因为站点开发活动带来了人口的集聚。站内商业中心的服务范围仅限于站房及站前广场等旅客聚集的地方,因此被划分为第四等级。此等级的商业中心受高铁服务的影响最大,但受站点开发活动的影响较小。截至研究期末,苏州北站周边已经形成的连片集聚的社区商业中心有两个(图6-13),而站点以北的环秀湖花园居住区虽然规模超大,但商业设施较少,并未形成商业中心地。

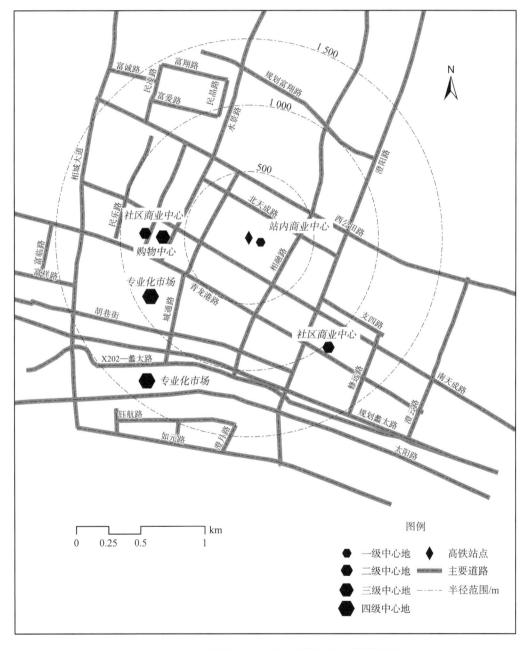

图6-13 2018年苏州北站站点地区商业中心地等级体系

7　高铁站点地区房地产业发展过程与机理

房地产业作为国民经济的支柱产业,贯穿站点地区开发的整个过程,在站点地区的发展中起到重要作用。在站点开发的初期,站点地区的土地整理、挂牌出让都属于房地产业的范畴。房地产业的一系列开发活动为居民居住、商业经营、企业办公提供了必要的场所空间。可以说房地产业及其相关的建设活动是站点地区物质空间的生产者,为其他社会经济活动的开展提供了承载平台。在站点地区居住、产业等景观转变的过程中,房地产业也扮演着关键角色,直接推动了景观的转变,并塑造了当前以及未来的景观风貌。目前在我国高铁站点地区的开发过程中,一些地方政府试图通过土地财政的方式增加政府财政收入,因此房地产成为首要的发展对象,过度的房地产化趋势不但会给地方长期的经济发展带来危机,而且也会伤害民生与社会稳定。因此鉴于房地产业对地方经济发展的重要作用,以及在站点地区产业发展中的重要地位,我国高铁站点地区房地产开发所面临的问题,本章从土地市场交易入手,结合不同类型房地产价格的形成与变化过程,重点探讨在新城(新区)建设背景下,苏州北站站点地区房地产业的发展过程及驱动机制;探讨高铁服务、站点开发与房地产业之间的相互作用。

7.1　房地产和房地产业

房地产业是以房地产为经营对象的产业,是国民经济发展中的重要行业类型,主要包括房地产开发经营、物业管理、房地产中介、租赁经营等。房地产业在国民经济中属于第三产业,与建筑业关联密切。狭义的房地产业不包括建筑业,但广义的房地产业应当包括建筑业(韩天明,2016),例如部分企业或单位自建内部供房,开发主体为所属单位,而并非专门的房地产企业,但委托建筑施工单位建造。这一类显然也应当属于房地产业的范畴。

房地产业作为国民经济的支柱产业之一,具有以下特点:首先,房地产业属于资本密集型产业。开展房地产项目需要一次性大量投资,从地块选定开始,土地费用、建筑施工费用等诸多费用就使得房地产业对企业的资本实力具有较高要求;而且房地产行业的资金周期较长,资金周转率低,也提高了对企业资本实力的要求。其次,房地产业的政策性较强。房地产业的发展容易受到政策的影响。住房价格波动对居民生活产生影响,当价格过高或市场过热引发不良反应时,政府就会从土地供给、金融信贷等领域出台相关政策对房地产市场进行调控,以保障房地产行业的健康发展。最后,房地产业的关联产业众多,因此对国民经济的贡献较高。房地产业的发展能够带动建筑、建材、冶金等 50 多个物质生产部门 20 多个大类近 2 000 种产品的发展(陈颖,2012)。房地产与国民经济的众多行业都有着密切的联系,因此产业关联性很强。2013 年,我国房地产投资对国民经济的贡献率超过 6%,而且房价每增长 1%,经济增长质量就提高 3.985%;人均房地产投资每增长 1%,经济增长质量就提高 1.709%(鲁君四,2017)。房地产业已成为国民经济增长的重要经济增长点。另外,房地产业还具有区位性、价格确定的多因素性及波动性,以及由价格波动性而带来的产品具有投资与消费的双重属性等特征(吴淑莲,2006)。

7.2 高铁对房地产影响效应的多样性特征

1)可达性与房地产业价格

高铁建设对房地产价格的影响是体现在其对区域可达性提升的基础上的。可达性与不动产价格之间的关系最早可以追溯到农业区位论,认为"市场可达性决定了具有相似生产力却具有不同区位特征的农用地的价值"。在其后的研究中,阿隆索提出了竞租曲线模型,指出人们愿意为特定土地付出的租金水平由地块的区位决定,租金会随着地块与中央商务区(Central Business District,CBD)距离的增长而逐渐下降。穆特(Muth,1969)发展了上述理论,并认为不动产事实上是一种被不同对象所消费的服务。在之后对不动产价格的研究中,距离中央商务区的可达性及交通成本就成为解释不同地块价格差异的决定因素。此时,关注的焦点在于可达性,不动产自身特点及邻里特征作为固定的前提假设而存在,并未被给予足够关注。直至特征价格模型(Hedonic Price Model,HPM)的提出并用其来解构和解释不动产价格的形成(Rosen,1974;Chen et al.,2015)。在特征价格模型的框架下,随着对不动产特征的解析的增多与研究的深入,不动产价格决定的因素一步步被揭示,并认识到除可达性外,不动产自身特征、周边配套设施等邻里特征也是决定不动产价格的重要因素(朱一中等,2015;周学军等,2018)。

2)轨道交通对房地产价格影响的多样性特征

鲍斯等(Bowes et al.,2001)对美国亚特兰大大都市区快速交通(Metropolitan Atlanta Rapid Transit Authority,MARTA)沿线站点周边不动产价格的研究发现,与火车站点的邻近性对不动产价格有直接的影响,这种影响效应随周边居民收入、与城市中心的距离、站点停车设施的差别而不同。但是站点也会通过周边犯罪率与零售活动间接作用于不动产价格。塞维罗等(Cervero et al.,2002)通过对美国加利福尼亚州湾区南部一个经济快速发展的县区内的轻轨站点周边商业地产的研究发现,站点对商业地产的积极影响比居住地产更大,但是兰迪斯等(Landis et al.,

1995)的研究则发现其对商业地产具有负面影响。

3) 对不同类型的房地产具有不同的影响效应

高铁站点本身由于所提供服务的内容和等级的不同,对居住和商业地产价格的影响不同,站点对居住地产的影响范围更大,但是对于商业地产来说只限于对非常临近的区域,1/4 mile(约 402 m)范围内的商业地产价格比居住地产高 12.2%(Debrezion et al.,2011)。站点地区与外部相比,居住地产价格相差 4.2%,商业地产价格相差 16.4%。另外通勤铁路站点相比于轻型/重型铁路或地铁站点来说,对不动产价格的积极影响更大。

4) 轨道交通对不同城市、不同区域房地产价格影响的差异性

对于迈阿密这样一个发展极度分散化的城市来说,轨道交通对居住地产的价格影响极小,对区域可达性提升的作用也十分有限(Gatzlaff et al.,1993)。而费城地区则表现出不同的情况,福伊特(Voith,1991)对林登沃尔德(Lindenwold)沿线站点周边的居住地产价格的研究发现,总体价格增长了 7%左右;铁路服务的可达性创造了 6.4%的价值增长。赫斯等(Hess et al.,2007)对纽约布法罗轻轨站点周边的居住地产价格进行研究,发现对于站点周边 0.5 mile(约 805 m)的居住地产来说,每靠近站点 1 ft(约 0.3 m)住房平均价格就上涨 2.31 美元(直线距离)和 0.99 美元(路网距离)。安德森等(Andersson et al.,2010)通过采用特征价格模型,以我国台湾台南地区为案例,探讨了高铁可达性与房地产价格之间的关系,结果显示对于房地产价格来说,高铁可达性至多是一个轻微的影响因素,并未发现高铁可达性对土地价值具有显著持续性的影响,但不显著并不代表其影响不存在。而在列车频次较低的相对不发达的城市,尤其是中小城市,高铁服务的出现并不一定能促进商业土地市场的发展,因此站点周边千篇一律的商业和商务新城的开发建设并不一定会取得成功,相反,更可能会产生空城(Wang et al.,2018)。另外,轨道交通对城市内部不同区域的房地产价格也具有不同的影响效应,对于郊区房地产价格的促进作用要明显高于市中心地区(潘海啸等,2008)。

5) 高铁影响效应的发挥与外部条件如城市基底、政策等密切相关

捷运系统对城市影响潜力的充分发挥要满足以下条件:第一,该地区有足够的可利用土地;第二,该区域对开发活动具有足够的吸引力;第三,周边具有其他新的开发活动或者发展机会;第四,具有积极的经济、社会和自然环境条件;第五,与地方土地利用和政府政策相协调(Knight et al.,1977)。站点和列车频次对提升商业用地市场和服务业经济发展均具有重要作用。另外基于高铁的开发活动应当充分考虑地方条件并与相关政策相协调。高铁服务的出现可能会进一步增长一个城市在铁路网中的地位,并因此增强其商业经济。相反,在列车频次较低的相对不发达的城市—区域,也可能会对经济发展产生不利影响(Wang et al.,2018)。

6) 高铁对房地产业的影响效应在不同空间尺度上的差异性

作为 200 km 到 800 km 之间最具竞争力的交通方式,高铁效应的影响不仅仅限于紧邻站点的周边地区。巴尼斯特等(Banister et al.,2010)总结

了铁路发展的广泛经济效应,包括在宏观经济尺度对产出和生产效率的影响;在中观尺度对集聚经济和劳动力市场的影响;在微观尺度上对土地和不动产市场的影响。高铁效应与空间尺度密切相关,不同尺度之间的效应也存在较强的交互作用。这也反映了高铁对房地产价格的影响效应在不同空间尺度上也会有所不同,在紧邻站点周边地区其对不动产价格的影响效应最为显著,但在更广阔的城市尺度上可能对房价的作用不再显著,而是表现出对整个房地产市场及其关联产业的宏观作用。

总的来说,已有研究探讨了各种轨道交通包括通勤铁路、地铁、轻轨、传统铁路以及高铁对不同类型不动产价格的影响,关注的核心仍然是可达性的提升以及站点的邻近性对价格的影响。不同研究对象的区域背景差异,不动产价格本身构成要素的多样性,也导致研究结果的多样化,但形成了一个基本共识,即"高铁带来的可达性提升,以及因此而造成的交通成本的节约,会在房地产价格上得到体现"。在不同类型的不动产中,居住地产的研究最多,对商业地产的研究相对较少;绝大多数研究都关注对不动产价格的影响,而对土地利用变化的探讨则较少,价格只是房地产的一个方面。房地产业是国民经济的重要组成部分,不仅关系人民的安居,而且由于其与其他产业的强关联性,房地产业的波动对就业也会产生重要影响。尤其是在新城/新区开发的初期阶段,房地产业为新城集聚人气,为其他行业的发展提供载体,因此对新城/新区的开发建设至关重要。

鉴于房地产业在国民经济发展中的重要地位,以及房地产在新城/新区建设过程中的重要作用,本章以苏州北站为例,探讨基于高铁站点的新城建设背景,在站点开发过程中站点地区房地产业的发展过程;并通过对发展过程的认识,识别房地产业发展的动力,深入探索高铁服务、站点开发与房地产业之间的相互作用关系。

7.3 研究对象、研究方法、数据来源

7.3.1 研究思路与研究对象

本章对苏州北站站点地区房地产业的发展进行研究,主要关注高铁开通前后,不同类型房地产的空间分布及演变过程;土地使用类型与房地产结构的变化;在上述过程中的主要推动力量。因此,首先,对高铁开通前后土地利用类型的变化过程进行分析;其次,根据特征价格模型,探索居住和商业地产的价格形成机制;最后,基于土地利用变化过程,分析特征价格模型结果,深入探讨土地利用类型变化及价格形成的原因,探索苏州北站站点地区房地产业发展的驱动机制。本章的研究范围与前文相同,均是以高铁站点为中心,1 500 m 半径的区域。

2011 年 6 月苏州北站随京沪高铁全线贯通开始运营。2012 年苏州市规划局出台苏州高铁新城概念规划,规划年限为 2012 年至 2020 年,随后

在 2015 年对规划进行了局部调整。从图 7-1 可以看出，2019 年苏州北站站点周边的居住区与商务大厦基本呈线状分布在站点的南侧，这条线就是站点南侧紧邻站点的南天成路。沿南天成路两侧也是苏州北站高铁新城到 2019 年为止重点开发建设的区域。2019 年高铁新城范围内所有已建成的商务大厦都位于南天成路两侧，已建成或在建的居住区也基本沿南天成路分布。因此，沿南天成路一带的两侧区域是本章研究的重点。研究区内主要的居住区和商务大厦的基本信息见表 7-1 和表 7-2。

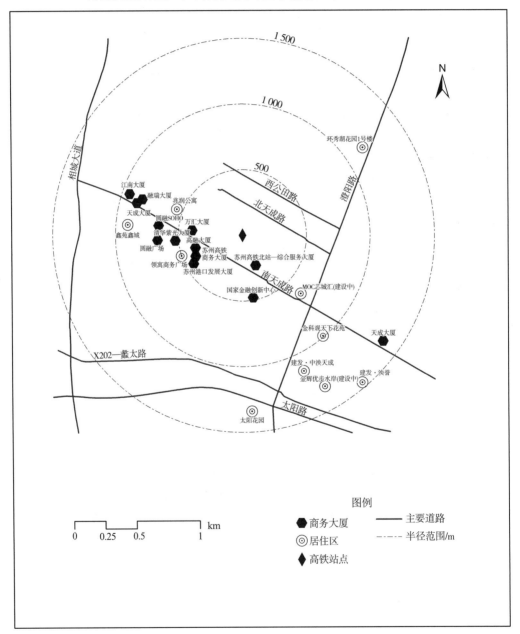

图 7-1　2019 年苏州北站站点地区居住区与商务大厦空间分布

注：SOHO 即 Small Office Home Office，表示公寓式办公楼。

表 7-1　2019 年研究区内主要居住区基本信息

居住区名称	建筑年份	容积率	绿化率	规划户数	占地面积/m²	建筑面积/m²
MOC芯城汇（建设中）	2020	3.8	0.370	454	350 000	1 340 000
建发·泱誉	2019	2.5	0.371	1 393	72 106	180 000
领寓商务广场	2015	5.0	0.100	367	缺失	缺失
环秀湖花园	2019	3.2	0.700	5 000	280 000	900 000
建发·中泱天成	2017	2.7	0.370	1 459	65 618	174 005
金辉优步水岸（建设中）	2019	2.8	0.370	994	57 036	157 022
金科观天下花苑	2019	3.1	0.370	1 548	60 769	191 395
太阳花园	2008	1.3	0.300	877	666 666	860 000
鑫苑鑫城	2015	2.5	0.380	1 344	51 200	128 000

表 7-2　2019 年研究区内部分商务大厦基本信息

商务大厦名称	建设单位	建筑面积/m²	月租金水平/元
清华紫光大厦	苏州紫光高辰科技有限公司	58 914.43	82
高融大厦	苏州高融投资发展有限公司	56 000.00	60
万汇大厦	苏州市竣景房地产开发有限公司	76 317.00	80
高铁商务大厦	苏州高融投资发展有限公司	56 083.95	55
港口发展大厦	苏州港集团有限公司	94 000.00	17 000（售价）
国家金融创新中心	苏州国际发展集团有限公司	55 217.00	缺失
圆融SOHO	苏州圆融发展集团有限公司	缺失	55
天成大厦	苏州华东天成勘察设计有限公司	15 510.00	缺失

由于苏州北站高铁新城建设处于起步阶段，因此出台了相关优惠政策吸引企业或创业团队入驻，部分办公场所免租金。对于商业地产中的办公地产来说，属于象征性的收费，并没有真正形成市场。因此我们在对苏州北站商业地产的价格研究中重点关注除办公之外与零售商业相关的地产价格。这一类商业地产主要包括以下几类：社区底商，主要服务于居民及周边从业人员，以餐饮、小型零售商业为主；大型超市、商场和购物中心，在研究区内这一类商业地产主要分布在圆融广场内，以圆融购物中心为主；其他零散分布的餐饮业、农贸市场；酒店。

7.3.2 研究方法与数据来源

特征价格模型认为商品的价值是由其效用特征决定的。商品的每一个特征都对其价格有影响,但这些特征所产生的价值却无法单独拆分,因此最终该商品的价格应当是所有特征价格的总和(Rosen,1974;Dunse et al.,1998;贾生华等,2004)。在特征价格模型中,不动产的价格构成通常分为三个部分(Mok et al.,1995;Andersson et al.,2010):(1)区位特征(locational traits),也称之为可达性特征,包括到经济中心或福利设施的距离等,最初是用与中央商务区(CBD)的距离来表征;(2)结构特征(structural traits),即不动产自身特征,包括建筑物的年龄、建筑面积等;(3)邻里特征(neighborhood traits),比如周边的环境品质、居民收入、犯罪率、失业率等。因此,不动产的市场价格可以表达为

$$P = F(L, S, N) \tag{7-1}$$

特征价格模型并未给出模型的具体表达形式,在具体研究中,一般使用回归模型进行模拟,回归模型的具体形式则需要根据具体的研究案例,再结合数据特点,选取合适的拟合模型。一般常用的特征价格研究的回归模型有线性回归、对数线性回归以及半对数线性回归等(温海珍等,2012;陈庚等,2015;毛德华等,2018)。

本章的土地利用数据主要来自相关规划材料、政府网站;房地产价格及自身属性数据主要来自贝壳找房、房天下等地产代理平台;相关的距离、邻里设施属性数据来自地图测量;部分无法通过公开数据源获取的数据通过实地的调研与访谈获取。

7.4 站点地区土地市场概况

2011年站点开通运营,2012年高铁新城管理委员会正式成立,着手制定了高铁新城的一列相关规划,通过土地征收、拆迁、整治等措施,实现了土地性质及相应用途的改变。根据苏州市国土局、相城区国土局等国土、规划部门的相关公示资料,整理得到自2012年以来苏州北站站点周边1500 m范围内的地块用途及相关信息。

通过挂牌出让的地块主要用途为商业服务、批发零售、金融等商业用地,城镇住宅用地。首先看住宅用地(表7-3),截至2019年底,进入房地产市场的纯住宅用地面积为413 538 m²,预计新增住宅建筑面积为1 004 312 m²,通过住宅用地出让,共获得约81.98亿元的土地出让金。楼面单价也经历了大幅度的增长,从2014年的3 000元左右上涨到2015年的8 000元左右,2016年、2017年则超过15 000元。民营企业成为住宅开发的主力,贡献了50%以上的土地出让金额。

表 7-3 住宅用地挂牌出让信息（截至 2019 年）

地块编号	建设用地面积 /m²	规划建筑面积 /m²	规划用途	容积率	绿化率 /%	起报单价 /(元·m⁻²)	起始价 /万元	成交价 /万元	楼面地价 /(元·m⁻²)	溢价率 /%	地图位置	竞得方企业性质
苏地 2014-G-32	60 769	151 923	城镇住宅	>1.0 ≤2.5	≥37	7 500	45 577	46 000	3 028	0.93	金科观天下花苑	民营
苏地 2014-G-33	65 618	144 360	城镇住宅	>1.0 ≤2.2	≥37	6 750	44 292	45 000	3 117	1.60	建发·中洪天成	国有控股(90%)
苏地 2015-WG-42	93 338	252 013	城镇住宅	>1.0	≥37	4 287	40 014	70 014	2 778	74.97	中海珑湾锦园	民营
苏地 2015-WG-43	57 036	114 073	城镇住宅	>1.0 <2.0	≥37	6 600	37 644	93 644	8 209	148.76	金辉优步水岸（建设中）	民营
苏地 2016-WG-36	72 106	180 265	城镇住宅	>1.0 <2.5	≥37	22 000	158 633	322 633	17 898	103.38	建发·泱誉	国有控股(90%)
苏地 2017-WG-81	64 671	161 678	城镇住宅	>1.0 ≤2.5	≥37	37 500	242 516	242 516	15 000	0.00	鑫苑鑫城西侧	民营

注：住宅用地的出让年限为 70 年。

再来看商住混合用地(表 7-4)。商住混合用地以住宅为主,以配套的商业设施建设为辅。2012—2019 年共推出 5 块商住混合用地,土地总面积达 727 584 m²,总的建筑面积为 2 251 176 m²。除去 2019 年流拍地块之外,总的成交土地面积为 713 708 m²,总的建筑面积为 2 195 672 m²,通过商住混合用地出让共取得约 121.93 亿元的土地出让金。商住混合用地的楼面地价也经历了大幅上涨,从 2012 年的约 2 000 元上涨到 2016 年的约 8 000 元,但总体而言增长速度和增长幅度都小于纯住宅用地。民营企业同样是商住混合用地的主要开发者,贡献了将近 99% 的土地出让金额。

最后是商业用地(表 7-5),主要包括商务服务业、批发零售、住宿餐饮等用地类型。土地出让年限为 40 年。此类用地的出让面积一共为 156 120 m²,规划建筑面积为 602 316 m²,商业用地出让成交总额为 8.711 亿元。商业用地的建筑容积率一般较大,楼层较高,因此楼面地价较住宅低,一般楼面地价不超过 3 000 元。在商业地产的开发中,国有企业作为主要开发力量,贡献了将近 80% 的土地出让金额。

总体来说,自 2012 年明确建设高铁新城以来,截至 2019 年,通过土地挂牌出让的建设用地地块共计 26 块,土地规模总计达到 1 446 811 m²,总规划建筑面积达到 4 229 880 m²。其中住宅以及商住混合用地规模共计 1 141 122 m²,规划建筑面积为 3 255 488 m²,占比分别为 78.87%、76.96%。通过土地出让一共获得 212.622 2 亿元出让金。其中,民营企业贡献了其中的 167.564 8 亿元,占比达到 76.38%。

另外,自 2012 年以来,通过土地划拨的方式共计推出建设用地面积达到 2.16 km²,主要用于站点及周边道路交通及附属配套设施建设用地、政府机构办公用地、中小学幼儿园等教育设施建设用地。这些划拨的用地,统一交付高铁新城管理委员会进行开发建设。

通过土地市场交易情况可以发现,苏州北站站点周边的基础设施建设主要由政府负责,主要由国家资本投入建设。商业办公用地也主要由国有企业进行开发建设。住宅用地开发则主要由民营企业参与。真正流入房地产交易市场的土地,其开发主体为民营企业。

7.5 站点地区居住地产价格影响因素分析

7.5.1 变量选取与数据来源

根据特征价格模型的框架可以发现,不动产价格由三个方面组成,分别为区位特征、结构特征和邻里特征。由于本章研究的是站点周边 1 500 m 范围内的不动产,在微观尺度上,不同的不动产商品的邻里特征如周边居民收入、犯罪率、失业率等差别较小,因此,本章根据研究区域的现实特点,对诸如居民收入、人口密度、犯罪率等统计上较为宏观的数据不做考虑,重点选取与周边医疗、教育、娱乐休闲设施的距离来表征邻里属性。第一,

表 7-4 商住混合用地挂牌出让信息（截至 2019 年）

地块编号	建设用地面积 /m²	规划建筑面积 /m²	规划用途	容积率	绿化率 /%	起报单价 /(元·m⁻²)	起始价 /万元	成交价 /万元	楼面地价 /(元·m⁻²)	溢价率 /%	地图位置	竞得方企业性质
苏地 2012-G-59-3	28 164	140 820	商住混合	≤5.0	≥10	4 500	12 673	13 519	960	0.00	圆融广场	国有控股(100%)
苏地 2012-G-60	51 246	128 115	商住混合	>1.0 ≤2.5	≥37	5 250	26 904	27 000	2 107	0.36	鑫苑鑫城	民营
苏地 2013-G-67	283 537	589 129	商住混合	≤1.3	≥37	4 073	115 485	116 000	1 969	0.45	环秀湖花园	民营
苏地 2016-WG-62	350 761	1 337 608	商住混合	≤1.3	≥30	1 690	59 278	1 062 786	7 945	79.29	MOC 芯城汇（建设中）	民营
苏地 2019-WG-35	13 876	55 504	商住混合	≥3.0 ≤4.0	≥30	39 200	54 394	55 782	10 050	2.55	二号线大湾站南侧	未成交

注：商业用地的出让年限为 40 年，住宅用地的出让年限为 70 年。

表 7-5 商业用地挂牌出让信息

地块编号	建设用地面积/m²	规划建筑面积/m²	规划用途	容积率	绿化率/%	起报单价/(元·m⁻²)	起始价/万元	成交价/万元	楼面地价/(元·m⁻²)	溢价率/%	地图位置	竞得方企业性质
苏地 2012-G-54	7 180	43 080	商业服务	≤6.0	≥10	6 000	4 308	4 308	1 000	0.00	清华紫光大厦	国有控股(60%)
苏地 2012-G-55	10 277	51 385	商业服务	≤5.0	≥10	5 250	5 395	5 395	1 050	0.00	领寓商务广场	国有控股(100%)
苏地 2012-G-56	10 596	63 576	商业服务	≤6.0	≥10	6 000	6 358	6 358	1 000	0.00	港口发展大厦	国有企业(100%)
苏地 2012-G-57	10 521	63 126	商业服务	≤6.0	≥10	5 700	5 997	5 997	950	0.00	天成时代商务广场	国有控股(90%)
苏地 2012-G-58	6 632	39 792	商业服务	≤6.0	≥10	6 000	3 979	3 979	1 000	0.00	文旅万和广场	国有控股(100%)
苏地 2012-G-59-1	3 335	5 003	批发零售	≤1.5	≥10	4 500	1 501	1 501	3 000	0.00	圆融广场	国有控股(100%)
苏地 2012-G-59-2	3 256	4 884	批发零售	≤1.5	≥10	4 500	1 465	1 465	3 000	0.00	万汇大厦	民营
苏地 2012-G-61	10 911	60 011	商业服务	≤5.5	≥15	5 775	6 301	6 301	1 050	1.09	江南大厦	国有控股(95%)
苏地 2013-G-68	6 839	30 776	商业服务	≤4.5	≥15	4 050	2 770	2 800	910	38.16	华朋大厦	民营
苏地 2013-G-69	6 613	29 759	商业服务	≤4.5	≥15	4 050	2 678	3 700	1 243	0.00	规划展示馆西侧	民营
苏地 2015-WG-8	9 840	44 280	商业服务	≤4.5	≥15	4 050	3 985	3 985	900	0.00	二号线西,港发大厦东	国有控股(100%)
苏地 2015-WG-9	19 728	9 864	商业服务	≤0.5	≥15	3 400	6 708	6 708	6 800	0.00	碧桂园新翼广场	民营
苏地 2015-WG-10	7 713	42 422	商业服务	≤5.5	≥15	4 800	3 702	3 702	873	0.00	金科观天下花苑东侧	国有控股(100%)
苏地 2016-WG-37	27 359	68 398	商业服务	>1.0 ≤2.5	≥25	4 500	12 312	12 712	1 859	3.25	江南大厦西侧	国有控股(100%)
苏地 2019-WG-13	15 320	45 960	商业服务	≤3.0	≥25	8 400	12 869	18 199	3 960	41.42		国有控股(100%)

注：商业用地的出让年限为 40 年。

不动产价格变量。对于居住地产,主要选择同一时期的销售单价;对于商业地产,则主要考虑同一时期的单位面积租金。第二,区位特征变量。不动产的区位特征,也称之为可达性特征,是指不动产到市中心或附近交通设施的便捷程度,通常使用路网距离或直线距离表征。公共交通设施主要包括高铁、地铁与公共汽车。另外,不同交通方式之间也存在竞争关系,对房地产价格也会产生影响,例如与高速公路的距离。第三,在结构特征即不动产自身特点方面,充分考虑建筑物面积、年龄和装修等级,并考虑所在居住区的特征,如容积率、绿化率等。另外,土地价格作为房价的一部分,对房地产价格也会产生影响。第四,邻里特征变量方面,选取与周边学校、医院、公园等公共福利设施的距离来表征。在充分参考已有研究的基础上(Andersson et al., 2010;聂冲等,2010;Geng et al., 2015;Chen et al., 2015;汪佳莉等,2016),最终选取的分别表征区位特征、结构特征与邻里特征的具体变量详见表 7-6。最终获取的居住地产为分布在 10 个居住区内的 103 个样本。

表 7-6 变量描述统计特征(住宅)

类别	变量名称(代码)	变量描述统计(样本个数为 103 个)			
		最大值	最小值	均值	标准差
价格	房屋价格(P)/(元·m^{-2})	39 683.0	18 046.0	23 062.80	3 035.78
可达性	与高铁站点的距离(X_1)/m	1 720.0	600.0	1 345.83	412.88
	与最近地铁站的距离(X_2)/m	1 400.0	490.0	785.68	252.90
	与最近公交站的距离(X_3)/m	671.0	132.0	407.25	140.34
	与最近高速路口的距离(X_4)/m	2 700.0	331.0	1 708.34	793.54
	与最近购物中心的距离(X_5)/m	2 200.0	50.0	1 307.90	769.38
房屋属性	房屋面积(X_6)/m^2	225.0	78.0	101.13	22.23
	装修等级(X_7)	3.0	1.0	1.39	0.73
	所在楼层(X_8)	28.0	1.0	12.53	7.74
	建筑年龄(X_9)	3.0	0.0	1.39	0.94
	容积率(X_{10})	5.0	1.3	2.41	1.04
	绿化率(X_{11})	0.7	0.1	0.44	0.18
	楼面地价(X_{12})	17 898.0	960.0	2 940.94	2 598.86
邻里特征	临街路面宽度(X_{13})/m	28.0	9.0	20.42	5.12
	与最近公园的距离(X_{14})/m	3 700.0	1 100.0	2 385.44	939.38
	与最近医院的距离(X_{15})/m	5 100.0	2 400.0	3 805.34	961.10
	与最近学校的距离(X_{16})/m	2 900.0	200.0	1 323.83	1 063.40

续表 7-6

类别	变量名称（代码）	变量描述统计（样本个数为103个）			
		最大值	最小值	均值	标准差
邻里特征	与最近政府机关的距离(X_{17})/m	1 800.0	222.0	831.44	645.73
	1 km内公交站数目(X_{18})/个	7.0	3.0	5.07	1.50
	1 km内地铁站数目(X_{19})/个	2.0	0.0	1.39	0.70
	公交线路数目(X_{20})/条	14.0	2.0	3.78	1.63

注：装修等级分为三级，其中精装修＝3；简装修＝2，毛坯房＝1；为便于数据计算与处理，建筑年龄以2021年为基准，以保证所有建筑年龄均为正数，建筑年龄即为2021减去实际建成年份的数据。

7.5.2 住宅价格的影响因素

以居住地产价格为例，采用特征价格模型，根据表7-6中的指标数据，对苏州北站站点周边的房地产价格决定因素进行分析。本章尝试了一般线性、对数线性等多种回归模型，不同的回归模型结果均显示，在所选变量之间存在较为严重的多重共线性，对结果产生不良影响。表7-7即为其中一个模型——一般线性回归模型的结果。通常情况下容差大于0.1，方差膨胀因子（Variance Inflation Factor，VIF）值小于10，即可视为变量之间不存在严重的多重共线性，可建立回归模型进行分析。在使用线性回归模型进行试验的过程中发现，自变量之间存在较为显著的多重共线性问题，因此导致模型结果的可靠性受到质疑。要获取更为科学有效的结果，就需要消除自变量之间的多重共线性，通常可以通过变量剔除、主成分分析或者岭回归等方法消除共线性。

表 7-7 线性回归模型结果

模型	非标准化系数(B)		标准化系数	t 检验值	显著性水平(Sig.)	B 的95.0%置信区间		共线性统计量	
	系数值	标准误差	试用版			下限	上限	容差	VIF
（常量）	35 534.697	3 552.363	—	10.003	0.000	28 478.365	42 591.030	—	—
X_1	−2.967	1.129	−0.403	−2.627	0.010	−5.210	−0.724	0.167	6.000
X_3	−12.510	3.286	−0.578	−3.807	0.000	−19.038	−5.983	0.170	5.869
X_6	−4.251	9.452	−0.031	−0.450	0.654	−23.026	14.525	0.821	1.218
X_7	582.360	308.939	0.140	1.885	0.063	−31.309	1 196.029	0.711	1.406
X_8	−0.911	27.127	−0.002	−0.034	0.973	−54.795	52.973	0.823	1.216
X_9	−1 979.557	465.369	−0.614	−4.254	0.000	−2 903.955	−1 055.158	0.189	5.301
X_{10}	−2 425.653	756.561	−0.827	−3.206	0.002	−3 928.469	−922.837	0.059	16.929
X_{12}	0.375	0.173	0.321	2.174	0.032	0.032	0.718	0.180	5.550
X_{13}	267.428	163.135	0.451	1.639	0.105	−56.620	591.477	0.052	19.290
X_{14}	−1.152	0.654	−0.356	−1.760	0.082	−2.452	0.148	0.096	10.431
X_{20}	272.183	263.650	0.146	1.032	0.305	−251.524	795.891	0.196	5.113

本章尝试了不同方法试图消除多重共线性的影响，结果发现使用主成分分析方法对自变量进行转换，可以在最大限度保留变量原始信息的基础上，消除多重共线性的负面效应。主成分分析法是一种降维、简化数据的统计学方法，通过探索变量之间的相关关系，利用少数抽象的主成分来代替原本相关性较强的原始变量，达到简化数据的目的，而各主成分之间也不存在共线性。

通过主成分分析结果可以发现，最终一共提取了 5 个主成分，累计反映了原始变量约 86.93% 的信息（表 7-8、表 7-9）。根据主成分得分系数矩阵，可以得出各主成分的回归方程：

$$F_1 = 0.0362X_1 - 0.1236X_2 - 0.0719X_3 + 0.1437X_4 + 0.0285X_5 + 0.0219X_6 + 0.0411X_7 - 0.0070X_8 + 0.0573X_9 - 0.0608X_{10} + 0.0972X_{11} - 0.0094X_{12} - 0.1507X_{13} + 0.1442X_{14} + 0.0084X_{15} + 0.0840X_{16} + 0.0993X_{17} - 0.1055X_{18} + 0.1184X_{19} + 0.0545X_{20} \tag{7-2}$$

$$F_2 = 0.09580X_1 - 0.03012X_2 - 0.16760X_3 + 0.12040X_4 - 0.11900X_5 + 0.07770X_6 - 0.07360X_7 + 0.05470X_8 + 0.24030X_9 + 0.01490X_{10} - 0.00850X_{11} + 0.09330X_{12} - 0.11330X_{13} + 0.04707X_{14} + 0.24710X_{15} - 0.14130X_{16} - 0.07860X_{17} + 0.03550X_{18} + 0.02960X_{19} + 0.26060X_{20} \tag{7-3}$$

$$F_3 = 0.3775X_1 + 0.0326X_2 + 0.1935X_3 + 0.0789X_4 + 0.0896X_5 + 0.1597X_6 - 0.3463X_7 + 0.1639X_8 + 0.0720X_9 - 0.1618X_{10} + 0.1139X_{11} + 0.0092X_{12} + 0.1023X_{13} - 0.0302X_{14} + 0.2104X_{15} - 0.0962X_{16} - 0.0383X_{17} - 0.0209X_{18} - 0.1369X_{19} + 0.0535X_{20} \tag{7-4}$$

$$F_4 = -0.0318X_1 - 0.1758X_2 + 0.2220X_3 + 0.0123X_4 - 0.0252X_5 + 0.0936X_6 - 0.0316X_7 - 0.0423X_8 - 0.0318X_9 + 0.1072X_{10} - 0.0616X_{11} - 0.6101X_{12} + 0.4870X_{13} + 0.0013X_{14} + 0.0494X_{15} + 0.1066X_{16} - 0.0433X_{17} + 0.0027X_{18} + 0.1335X_{19} - 0.2250X_{20} \tag{7-5}$$

$$F_5 = -0.0623X_1 + 0.0144X_2 + 0.1531X_3 - 0.0445X_4 - 0.0189X_5 - 0.6316X_6 - 0.0186X_7 + 0.6317X_8 - 0.0053X_9 - 0.0328X_{10} + 0.0201X_{11} + 0.0488X_{12} - 0.0085X_{13} - 0.0284X_{14} - 0.0087X_{15} - 0.0352X_{16} - 0.0077X_{17} - 0.0745X_{18} + 0.0075X_{19} + 0.0716X_{20} \tag{7-6}$$

注意：这里的 X_1 至 X_{20} 均为变量归一化之后的值。

表 7-8 主成分分析结果汇总之解释的总方差

成分	初始特征值			提取平方和载入			旋转平方和载入		
	合计	方差的百分比/%	累积百分比/%	合计	方差的百分比/%	累积百分比/%	合计	方差的百分比/%	累积百分比/%
1	8.449	42.246	42.246	8.449	42.246	42.246	7.538	37.689	37.689
2	4.811	24.057	66.302	4.811	24.057	66.302	4.638	23.190	60.879
3	1.797	8.986	75.288	1.797	8.986	75.288	2.392	11.960	72.839
4	1.286	6.428	81.717	1.286	6.428	81.717	1.579	7.896	80.735
5	1.042	5.212	86.929	1.042	5.212	86.929	1.239	6.194	86.929
6	0.806	4.029	90.958	—	—	—	—	—	—
7	0.685	3.426	94.384	—	—	—	—	—	—
8	0.421	2.107	96.491	—	—	—	—	—	—
9	0.398	1.992	98.483	—	—	—	—	—	—
10	0.241	1.203	99.686	—	—	—	—	—	—
11	0.063	0.314	100.000	—	—	—	—	—	—

表 7-9 主成分分析结果汇总之成分得分系数矩阵

类别	成分				
	1	2	3	4	5
X_1	0.036	0.096	0.378	−0.032	−0.062
X_2	−0.124	−0.030	0.033	−0.176	0.014
X_3	−0.072	−0.168	0.194	0.222	0.153
X_4	0.144	0.120	0.079	0.012	−0.045
X_5	0.029	−0.119	0.090	−0.025	−0.019
X_6	0.022	0.078	0.160	0.094	−0.632
X_7	0.041	−0.074	−0.346	−0.032	−0.019
X_8	−0.007	0.055	0.164	−0.042	0.632
X_9	0.057	0.240	0.072	−0.032	−0.005
X_{10}	−0.061	0.015	−0.162	0.107	−0.033
X_{11}	0.097	−0.009	0.114	−0.062	0.020
X_{12}	−0.009	0.093	0.009	−0.610	0.049
X_{13}	−0.151	−0.113	0.102	0.487	−0.009
X_{14}	0.144	0.047	−0.030	0.001	−0.028
X_{15}	0.008	0.247	0.210	0.049	−0.009
X_{16}	0.084	−0.141	−0.096	0.107	−0.035
X_{17}	0.099	−0.079	−0.038	−0.043	−0.008
X_{18}	−0.106	0.036	−0.021	0.003	−0.075
X_{19}	0.118	0.030	−0.137	0.134	0.008
X_{20}	0.055	0.261	0.054	−0.225	0.072

结合提取得到的主成分,采用线性回归模型,对居住地产价格与各主成分进行回归分析,结果如表7-10至表7-12所示。根据表7-10可知,调整决定系数(R^2)为0.592,表示五个主成分可以解释因变量59.2%的变化。通过观察表7-11方差分析结果表可知,F统计量对应的显著性水平($Sig.$)值小于0.05,接近于0,说明模型的结果是可靠的,回归方程有效。根据表7-12回归模型中各自变量的显著性检验结果可知,主成分5和常数项未能通过显著性检验,其余四个主成分则均在95%的置信水平上通过显著性检验。因此,结合表7-12中的回归系数与上述主成分回归方程,可得出居住地产价格P与各项属性变量之间的回归方程,最终各自变量对应的回归系数见表7-13。

表7-10 线性回归结果之模型汇总

模型	决定系数(R^2)	调整决定系数(R^2)	标准估计的误差	德宾—沃森(Durbin-Watson)检验
1	0.612	0.592	0.638 668 8	2.128

表7-11 线性回归结果之方差分析

模型		平方和	df自由度	均方	F检验
1	回归	62.434	5	12.487	30.613
	残差	39.566	97	0.408	—
	总计	102.000	102	—	—

表7-12 线性回归结果之系数

模型	非标准化系数(B)		标准化系数	t	$Sig.$	B的95.0%置信区间		共线性统计量	
	系数值	标准误差	试用版			下限	上限	容差	VIF
(常量)	−3.883E−011	0.063	—	0.000	1.000	−0.125	0.125	—	—
F_1	−0.481	0.063	−0.481	−7.598	0.000	−0.606	−0.355	1.000	1.000
F_2	−0.426	0.063	−0.426	−6.743	0.000	−0.552	−0.301	1.000	1.000
F_3	−0.202	0.063	−0.202	−3.190	0.002	−0.327	−0.076	1.000	1.000
F_4	−0.394	0.063	−0.394	−6.230	0.000	−0.519	−0.268	1.000	1.000
F_5	−0.059	0.063	−0.059	−0.932	0.353	−0.184	0.067	1.000	1.000

表7-13 自变量回归系数结果表

因变量		自变量	回归系数	绝对值排名
房屋价格(P)	可达性	与高铁站点的距离(X_1)	−0.121 890	6
		与最近地铁站的距离(X_2)	0.134 924	4
		与最近公交站的距离(X_3)	−0.020 510	17
		与最近高速路口的距离(X_4)	−0.141 120	3
		与最近购物中心的距离(X_5)	0.028 926	16

续表 7-13

因变量		自变量	回归系数	绝对值排名
房屋价格（P）	房屋属性	房屋面积（X_6）	−0.112 840	7
		装修等级（X_7）	0.093 894	9
		所在楼层（X_8）	−0.036 360	15
		建筑年龄（X_9）	−0.132 020	5
		容积率（X_{10}）	0.013 299	18
		绿化率（X_{11}）	−0.041 830	13
		楼面地价（X_{12}）	0.203 245	1
	邻里特征	临街路面宽度（X_{13}）	−0.091 810	10
		与最近公园的距离（X_{14}）	−0.083 740	11
		与最近医院的距离（X_{15}）	−0.171 320	2
		与最近学校的距离（X_{16}）	−0.002 750	20
		与最近政府机关的距离（X_{17}）	0.010 557	19
		1 km 内公交站数目（X_{18}）	0.038 654	14
		1 km 内地铁站数目（X_{19}）	−0.094 490	8
		公交线路数目（X_{20}）	−0.059 500	12

由表 7-13 可以看出，不同要素属性对居住地产价格的影响具有显著差异，即使是同一类要素对居住地产价格的影响也不同。

在可达性诸要素中，与高铁站点的距离（X_1）、与最近高速路口的距离（X_4）、与最近公交站的距离（X_3）对居住地产价格具有负面影响，即距离越远房价越低；而与最近地铁站的距离（X_2）、与最近购物中心的距离（X_5）则具有正面影响。与高速路口的距离每增加一个单位，居住地产的价格就会下降 0.14 个单位。与高铁站点的距离每增加一个单位，居住地产的价格就会下降约 0.12 个单位。与地铁站的距离每增加一个单位，居住地产价格则会上涨 0.13 个单位。总的来说，在可达性要素的影响效应中，高速公路＞地铁站＞高铁站。公交站和购物中心对房地产价格的影响相对较小，几乎可以忽略。

在房屋属性诸要素中，房屋面积（X_6）、所在楼层（X_8）、建筑年龄（X_9）、绿化率（X_{11}）对居住地产价格具有负向影响，而装修等级（X_7）、容积率（X_{10}）、楼面地价（X_{12}）则具有正面影响。楼面地价每增加一个单位，房价会相应提升 0.2 个单位。建筑年龄每增加一个单位，房价会相应降低 0.13 个单位。装修等级每提升一个单位，房价则会提升 0.09 个单位。所在楼层、容积率和绿化率对房地产价格的影响相对较小。

在邻里特征属性中，临街路面宽度（X_{13}）、与最近公园的距离（X_{14}）、与最近医院的距离（X_{15}）、与最近学校的距离（X_{16}）、1 km 内地铁站数目

(X_{19})、公交线路数目(X_{20})对居住地产价格具有负面影响；而与最近政府机关的距离(X_{17})、1 km 内公交站数目(X_{18})则对居住地产价格具有正面影响。与医院距离每增加一个单位，房地产价格则会下降 0.17 个单位。住宅的临街路面宽度、1 km 内地铁站数目每增加一个单位则会导致房屋价格下降 0.09 个单位。其他邻里特征要素如学校、政府机构、公交站、公交线路数目对房价的影响相对较小。

总的来说，根据各特征要素的回归系数，对居住地产价格影响最大的是楼面地价(土地出让价格与规划建筑面积的比值)，其次是医院，然后是高速公路。之后依次为与最近地铁站的距离(X_2)、建筑年龄(X_9)、与高铁站点的距离(X_1)、房屋面积(X_6)、1 km 内地铁站数目(X_{19})、装修等级(X_7)、临街路面宽度(X_{13})、与最近公园的距离(X_{14})、公交线路数目(X_{20})。其他特征要素的影响作用均较弱。

7.6 站点地区商业地产租金影响因素分析

7.6.1 样本总体特征描述

除住宅以外，房地产市场还包括商铺、服务于工业制造业生产的工业用房和服务于企业商务办公的写字楼市场等类型。苏州北站自实施高铁新城开发以来，已有的制造业企业已经全部迁出，因此周边暂不涉及工业用房。另外，由于当地的政策优惠等原因，已有的写字楼市场呈现出比较复杂的局面：首先，部分企业租用的写字楼在目前及将来一定时期内是免租金的；其次，部分由国有企业开发的写字楼只售不租，而且出售对象也有一定限制。因此，由于以上种种原因，除住宅以外，本章暂不考虑写字楼市场，只研究房地产市场中商铺租金价格的形成机制。

苏州北站除站点之外的周边地区，主要的商铺有两类：一类是位于购物广场与商业中心区的商铺；另一类为居住区外围底商。通过实地调研共获取了 45 家商铺的租金及相关价格属性数据，涵盖了不同类型、不同居住区的商铺。在样本获取时也充分考虑了居住区商铺总量，以及商场不同楼层的商铺。最终，在获取到的样本中，圆融购物中心商铺有 10 家，鑫苑鑫城小区商铺有 12 家，环秀湖花园小区商铺有 4 家，建发·中洑天成小区外围底商有 9 家，金辉优步水岸小区商铺有 3 家，以及金科观天下花苑小区底商有 6 家，其他零散分布的商铺有 1 家。

根据商铺具体经营的业务内容，参照国家行业分类标准，划分了商铺所属的行业类别，分别见图 7-2 和图 7-3。首先看一级行业分类结果，商铺主要经营业务类型属于住宿和餐饮业、批发和零售业和房地产业。二级分类则主要是餐饮业、零售业和房地产业。其中，餐饮业主要是服务于居民和周边从业人员的餐馆，以经营正餐服务为主；零售业主要是指服务于居民日常生活的便利店，以经营水果、蔬菜、烟酒、饮料以及食品等为主；房

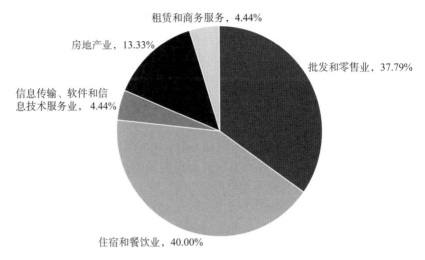

图 7-2 商铺经营业务所属行业类别（一级类）

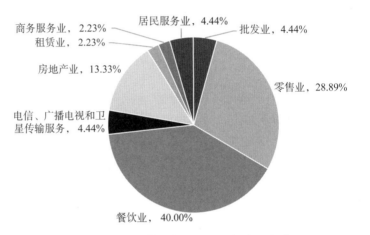

图 7-3 商铺经营业务所属行业类别（二级类）

地产业则主要是房地产中介服务，由于周边存在较大规模的住宅和商业用房，参与周边建设的工人及企业工作人员较多，无论是新房、二手房买卖还是房屋出租等服务需求较大，因此出于对市场的考虑，有较多房地产中介在此设置分店。

在所抽取的商铺样本中，圆融购物中心的平均日租金价格为 3.47 元/m^2，不同楼层不同位置的租金价格差距较大。鑫苑鑫城小区的平均日租金价格为 5.75 元/m^2，通常每间商铺的年租金在 10 万元到 15 万元不等，面积在 100 m^2 左右，商铺越小平均租金越高。建发·中洓天成小区商铺的平均日租金价格为 6.25 元/m^2，通常每间商铺的年租金在 15 万元，大小为 60 m^2 左右。金辉优步水岸小区商铺的平均日租金为 7.13 元/m^2，由于小区刚刚建成，许多门面尚未出租，因此商铺较少，样本数量也较少。金科观天下花苑小区商铺的平均日租金价格为 6 元/m^2，一般每间商铺的年租金在 10 万元左右，面积约为 50 m^2。该小区为本区域较早建成的小区，商铺出租较早,在价格上基本上与周边其他小区持平。环秀湖花园小区的商铺日租金平均为 2.8 元/m^2,这里的商铺主要分为两个部分:一部分位于小区的北部二期开发地块的小区物业大楼内;另一部分位于一期南部小区北门附近。由于周边配套设施相对不完善,商铺租金价格水平也较低。另外小区商铺距离地面有三层楼的高度,商铺以下楼层均为车库,导致居民平时直接经车库外出,很少路过或光临小区内部的商铺,因此小区内部商铺显得十分冷清。

7.6.2 商铺租金价格影响因素分析

根据特征价格模型,采用与上文相同的方法,分别选取与高铁站点的距离(X_1)、与最近地铁站的距离(X_2)、与最近公交站的距离(X_3)、与最近高速路口的距离(X_4)、与最近环线入口的距离(黄埭)(X_5)、与最近购物中心的距离(X_6)来表征商铺的区位属性,即可达性。在房屋自身属性方面,选取的具体表征指标为商铺类型(X_7)、所在楼层(X_8)、建筑年龄(X_9)、容积率(X_{10})、装修等级(X_{11})、楼面地价(X_{12})。其中,商铺类型分为两类,购物中心商铺的赋值为 1,小区底商类型商铺的赋值为 0;建筑年龄不同于上文的居住地产,采用 2019 年为基期年份,减去建筑实际交工年份即为建筑年龄。使用临街路面宽度(X_{13})、周边相邻居住区规模(X_{14})、最近居住区规模(X_{15})、与最近居住区的距离(X_{16})、与最近道路交叉口的距离(X_{17})、与最近政府机关的距离(X_{18})、1 km 内公交站数目(X_{19})、1 km 内地铁站数目(X_{20})、公交线路数目(X_{21})来表征商铺的邻里属性。其中,如果商铺位于商场内部,则选择商场坐落的主要道路作为商铺的临街道路。各种距离均采用点到点的直线距离表示。其余各指标的具体含义与上文相同。各变量的基本统计描述特征见表 7-14。由于房屋租金数目一般按

表 7-14 变量描述统计特征

类别	变量名称 (代码)	基本描述统计特征(样本个数为 45 个)			
		最大值	最小值	均值	标准差
租金价格	日租金(P)/(元·m^{-2})	21.92	1.79	5.14	3.33
可达性	与高铁站点的距离(X_1)/m	1 726.00	342.00	926.04	274.23
	与最近地铁站的距离(X_2)/m	1 180.00	411.00	858.84	194.89
	与最近公交站的距离(X_3)/m	938.00	45.00	452.11	314.09
	与最近高速路口的距离(X_4)/m	4 860.00	3 025.00	4 062.80	756.74
	与最近环线入口的距离(黄埭)(X_5)/m	2 799.00	736.00	1 225.67	501.73
	与最近购物中心的距离(X_6)/m	2 263.00	10.00	860.31	787.43

续表 7-14

类别	变量名称（代码）	基本描述统计特征（样本个数为 45 个）			
		最大值	最小值	均值	标准差
房屋自身属性	商铺类型(X_7)	1.00	0.00	0.22	0.42
	所在楼层(X_8)	4.00	1.00	1.62	1.01
	建筑年龄(X_9)	4.00	1.00	3.16	0.74
	容积率(X_{10})	5.00	1.30	2.91	1.25
	装修等级(X_{11})	0.00	0.00	0.00	0.00
	楼面地价(X_{12})	8 209.00	1 969.00	3 044.62	1 471.40
邻里属性	临街路面宽度(X_{13})/m	20.00	5.00	14.71	4.25
	周边相邻居住区规模(X_{14})	5 000.00	367.00	3 278.96	1 025.71
	最近居住区规模(X_{15})	5 000.00	367.00	1 553.24	1 129.61
	与最近居住区的距离(X_{16})/m	258.00	31.00	134.22	45.95
	与最近道路交叉口的距离(X_{17})/m	670.00	32.00	161.82	128.83
	与最近政府机关的距离(X_{18})/m	2 139.00	67.00	845.73	658.89
	1 km 内公交站数目(X_{19})/个	8.00	3.00	5.78	1.13
	1 km 内地铁站数目(X_{20})/个	2.00	0.00	1.38	0.83
	公交线路数目(X_{21})/条	14.00	3.00	7.40	5.45

照一年为一个周期,但是考虑到不同商铺面积大小的差异,租金必然不同,因此基于可比原则,搜集了各商铺的年租金与商铺面积数据,并计算了商铺每平方米的日租金作为因变量租金价格。

根据特征价格模型,建立商铺租金价格与各属性因子之间的回归模型。由于高铁苏州北站与地铁苏州北站的位置基本重合,周边商铺距离高铁站的距离与最近地铁站的距离基本相同,分布趋势基本一致,并且在回归分析过程中发现这两个变量之间有较为显著的相关性,因此只采用其中一个变量来表征高铁和地铁对商铺租金价格的影响效应。另外,在实地调研中发现,商铺在出租时基本上均未装修,商家租用后会根据自身经营业务需求进行装修,因此装修等级均为未装修毛坯房,所有样本均相同,则装修等级(X_{11})为常量,在回归时将其剔除。考虑到变量与变量之间的交互作用可能对价格产生影响,因此构建了新的变量 X_{22},表征距离最近的公交站点的公交线路数目与距离的比值对价格的影响效应。

经过不断尝试,最终选取对数线性回归模型作为特征价格模型的具体形式,来探讨各变量对商铺租金价格的影响。最终模型的回归汇总结果及回归系数结果分别见表 7-15 和表 7-16。

在回归过程中自动识别并剔除了具有较强共线性的变量——容积率(X_{10})和楼面地价(X_{12})。因此最终参与回归模型的变量共计 18 个,样本总量为 45 个。首先看表 7-15 模型汇总结果,F 检验值为 0.013 1,小于 95% 的置信水平临界值 0.05,说明该回归模型总体在 95% 的置信水平下显著,回归模型结果是有效可靠的。调整决定系数(R^2)等于 0.394 7,说明自变量解释了因变量将近 40% 的信息。

表 7-15 回归模型汇总结果表

类别	平均偏差平方和	自由度	均方差	
				观测值=45
				F 检验值(18,26)=2.59
模型	314.02	18	17.45	5%单边 F 检验对应的 P 值=0.013 1
残差	174.85	26	6.73	决定系数=0.642 3
汇总	488.87	44	11.11	调整/校正决定系数=0.394 7
				均方根误差=2.593 3

接下来观察自变量回归结果表(表 7-16)。在最终参与回归模型的 18 个变量中,有半数的变量通过了不同置信水平下的显著性检验,表现出对商铺租金价格较为显著的影响效应。可达性各因子通过回归模型显著性检验的变量只有与地(高)铁站的距离(X_2)和与最近环线入口的距离(黄埭)(X_5),但两个变量却呈现出相反的作用。与地(高)铁站的距离越远商铺租金价格越低,而与环线入口的距离越近商铺租金价格则越低。从标准化系数(Beta)的值来看,与最近环线入口的距离(黄埭)(X_5)的系数绝对值更大,因此对商铺租金的影响力强于与地(高)铁站的距离(X_2)。与最近环线入口的距离(黄埭)(X_5)的自然对数值每增加一个单位,那么商铺租金会上涨 111.21 个单位,与地(高)铁站的距离(X_2)的自然对数每增加一个单位,则商铺租金会相应下降 7.79 个单位。其他可达性因子则未能通过显著性检验。

在房屋自身属性特征因子中,商铺类型(X_7)和建筑年龄(X_9)对租金价格具有显著的作用。商铺类型(X_7)对租金价格的影响要强于建筑年龄(X_9)。总体上小区外围底商的租金价格水平比购物中心商铺要高。苏州北站周边的商铺呈现出建成越早当前租金越高的趋势。以圆融购物中心为例,2019 年圆融购物中心处于运营初期,运营方为了招商,培育购物中心人气,实行了不同的租金策略。部分商铺的租金与业绩挂钩,按照业绩的百分比扣除租金;另外为了吸引部分大品牌商家的入驻,甚至采取了一定时期的租金减免政策;除此之外还有其他租金优惠政策,因此总体上商铺的租金价格不高,甚至低于周边小区外围的商铺租金。建筑年龄(X_9)也能反映周边发展的成熟度,建成越早的商铺其周边人气相对越高,租金水平也自然相对较高。除商铺类型(X_7)和建筑年龄(X_9)之外,其他房屋自身属性因子对价格的作用不显著。

在邻里属性中,临街路面宽度(X_{13})、周边相邻居住区规模(X_{14})、最近居住区规模(X_{15})、与最近居住区的距离(X_{16})、与最近政府机关的距离(X_{18})、1 km内公交站数目(X_{19})六个因子对商铺的租金价格具有显著影响,其他因子的作用则不显著。在上述作用显著的六个因子当中,临街路面宽度(X_{13})、最近居住区规模(X_{15})对商铺租金价格具有负面影响,其他四个因子则表现出正面积极影响。其中影响最大的是最近居住区规模(X_{15})(负面影响),其次是周边相邻居住区规模(X_{14})(积极影响)。交互因子即最近公交线路数目与最近公交站点距离的比值,对商铺租金价格的作用不显著。

表 7-16 自变量回归结果表

因子类别	变量名称	非标准化系数(B)	标准误差	t检验值	显著性水平 $P>t$检验值	标准化系数(Beta)	回归系数绝对值排名
可达性	与地(高)铁站的距离(X_2)	−99.10	39.72	−2.50	0.019**	−7.79	6
	与最近公交站的距离(X_3)	25.29	15.77	1.60	0.121	6.50	—
	与最近高速路口的距离(X_4)	135.39	87.34	1.55	0.133	7.87	—
	与最近环线入口的距离(黄埭)(X_5)	107.91	34.29	3.15	0.004***	11.21	4
	与最近购物中心的距离(X_6)	1.13	1.85	0.61	0.545	0.55	—
房屋自身属性	商铺类型(X_7)	−108.03	41.95	−2.58	0.016**	−13.63	3
	所在楼层(X_8)	−1.24	1.28	−0.98	0.338	−0.38	—
	建筑年龄(X_9)	46.90	15.38	3.05	0.005***	10.37	5
邻里属性	临街路面宽度(X_{13})	−16.87	6.09	−2.77	0.010***	−1.89	8
	周边相邻居住区规模(X_{14})	190.72	69.49	2.74	0.011**	24.84	2
	最近居住区规模(X_{15})	−225.43	77.35	−2.91	0.007***	−34.92	1
	与最近居住区的距离(X_{16})	11.38	3.67	3.10	0.005***	1.35	—
	与最近道路交叉口的距离(X_{17})	3.34	3.21	1.04	0.308	0.60	—
	与最近政府机关的距离(X_{18})	16.40	6.96	2.36	0.026**	5.06	7
	1 km内公交站数目(X_{19})	2.63	1.51	1.74	0.094*	0.89	9
	1 km内地铁站数目(X_{20})	−0.16	2.82	−0.06	0.955	−0.04	—
	公交线路数目(X_{21})	1.29	2.04	0.63	0.532	2.12	—

续表 7-16

因子类别	变量名称	非标准化系数（B）	标准误差	t 检验值	显著性水平 $P>t$ 检验值	标准化系数（Beta）	回归系数绝对值排名
交互作用	$X_{22}(X_{21}/X_3)$	719.07	431.74	1.67	0.108	1.95	—
	截距	−1 564.60	850.61	−1.84	0.077		

注：因变量为单位面积租金价格（P）。由于多重共线性而剔除的变量：容积率（X_{10}）；楼面地价（X_{12}）。* 表示在 90% 的置信水平下显著；** 表示在 95% 的置信水平下显著；*** 表示在 99% 的置信水平下显著。

综合各属性因子来看，对商铺租金影响最大的是邻里属性，其次是房屋自身属性，最后是可达性。其中，属于邻里属性的最近居住区规模（X_{15}）、周边相邻居住区规模（X_{14}）对租金价格的影响在所有因子中分别位居第 1 位和第 2 位。商铺类型（X_7）、与最近环线入口的距离（黄埭）（X_5）、建筑年龄（X_9）、与地（高）铁站的距离（X_2）、与最近政府机关的距离（X_{18}）分列第 3 位至第 7 位。临街路面宽度（X_{13}）、1 km 内公交站数目（X_{19}）对租金价格的影响较小，分别位居第 8 位和第 9 位。

7.7 机制分析

7.7.1 住宅价格形成机制分析

楼面地价对居住地产价格的影响最为明显。居住地产开发最主要的成本之一就是购买土地的成本。楼面地价是土地成本的直接反映，也是房价的重要构成部分。从 2012 年至 2019 年，苏州北站站点地区楼面地价经历了快速大幅度的上涨，因此也导致房屋建设成本的急剧提升，最终体现为房地产价格的上升。以鑫苑鑫城小区为例，其在 2012 年获得土地的楼面地价为 2 107 元/m²，首次开盘均价为 8 200 元/m²，四期开盘价格为 9 300 元/m²。但到 2017 年紧邻鑫苑鑫城小区西侧的居住用地地块则拍出了将近 16 000 元/m² 的楼面地价。到 2019 年周边的二手房住房单价普遍上涨到 18 000 元/m² 以上，而新推出楼盘的价格也在 25 000 元/m² 以上。可见地价与房价之间有着直接关联，地价越高则房价也会相应提升。土地价格的提升，房价的上涨，除了受到宏观环境的影响之外，也是对地方区域经济发展的认可。房地产市场的活跃，也体现了地方吸引力在逐步增强。

与地铁站、购物中心的距离越近住房价格越低。由于最近几年高铁新城片区最新出让的居住用地地块都距离地铁站较远，土地出让价格较高，加之房屋自身其他属性上的差异，因此房价普遍较高。而距离地铁站点较近的部分地块，出让时间较早，溢价率低，开发成本相对较低，虽然当前阶段的房价也经历了大幅上涨,但相对新推出的楼盘来讲价格仍然相对略低。因此就造成了距离地铁越近房价越低的现象。这一区域的购物中心目前只有圆融广场一个,位于区域的中心地带,接近站点,周边紧邻的住宅开发都较早,价格也相对较低;而较远的住宅开发较晚,成本较高,建设标准如装修等级等也不同,整体价格较高,因此也导致了距离购物中心越近房价却相对较低。

理论上,第一,住宅价格是由房屋的可达性、房屋自身属性、邻里属性共同决定的。可达性越高、房屋基本属性组合配置越高、邻里属性越优越房价自然就越高。但除此之外,住宅价格的形成还受到其他因素的影响,首先就是区域宏观市场背景。苏州北站周边的房地产价格上涨趋势与整个苏州市住宅市场价格的变化趋势是相同的,而且也是同步的。相城区属于整个苏州市发展较差、经济水平较低的地区,因此房价水平与其他地区相比,虽然经历了大幅上涨,但依然低于其他地区,尤其是工业园区。因此,也导致许多工业园区的从业人员选择在苏州北站附近买房,成为苏州北站附近的居民。区域宏观市场背景决定了苏州北站地区居住地产价格的上限和下限,上限不可能高于工业园区,下限则不会低于更为落后的地区。

第二,市场供求关系决定了房地产价格的形成。在苏州北站开发的初期,2014年首批出让的住宅用地平均地价为 7 100 元/m^2 左右,楼面地价为 3 050 元/m^2 左右,相应的首批出售的商品房住宅价格在 8 000 元/m^2 左右。但到了2017年出让的居住用地平均地价为 33 500 元/m^2,折合楼面地价为 13 300 元/m^2 左右,因此其商品房住宅的出售价格也水涨船高,达到 22 000 元/m^2 左右。即便是楼面地价也已经远超初期的住宅售价。土地成本是住宅价格重要的组成部分,土地的价格也是房地产市场的直观反映,但是由于土地是通过市场招拍挂的形式进行出售,因此土地的最终价格是由市场决定的。这个市场就是房地产市场,房价决定地价,房价则由供需关系决定,因此说最终决定房地产价格的是市场供求关系。

第三,住宅开发时序也对居住地产价格具有重要影响。住宅开发时序对价格的影响并不是直接作用,而是通过以下两种途径间接影响住宅价格:其一就是随着时间的推移,宏观市场背景会发生改变,从2012年至2019年,住宅市场总体呈现出显著的价格上涨趋势,相城区不例外,苏州北站站点地区也不例外。住宅价格的总体上涨趋势,加上时间的推移,住宅价格自然越来越高。其二便是随时间推移,站点周边的开发完善程度不断提升,地价不断上涨,房地产市场热度也不断提高,通过提升已有住宅的可达性和邻里属性使得住宅价格增高。对于新建住宅来说,房屋自身属性如建设标准、装修等级等也在不断提升,因此价格也会不断上涨。

第四,高铁服务及站点开发在住宅价格形成过程中的作用。对于住宅地产来说,住宅价格表现出距离高铁站点越近价格越高的现象。具体来说,高铁服务和站点开发对房价的影响体现在以下方面:首先,高铁服务的开通,极大增强了站点地区的区域可达性,使得距离上海、南京等中心城市的时空间距离大大缩短,吸引了一批来自不同地区的高端人才来到站点地区工作,这其中有相当一部分人会成为这里的居民,这一人群具有较高的素质,具有相对充足的购买能力,成为当地房地产市场中优质的客户。其次,站点周边的开发从根本上改变了区域的整体面貌,使环境品质得到提升,城市面貌焕然一新,基础设施不断完善,无论是从可达性还是邻里属性方面,都使得住宅的品质得到了提升,最终提升了住宅的价值。最后,站点开发不仅吸引了周边城市的高端人才,而且吸引了苏州本地其他地区的从业人员前来买房、工作或定居。站点开发也创造了大量的就业机会,吸引人口集中,这对当地人气聚集、房地产市场热度的进一步提升具有重要影响,因此也进一步促进了居住地产的价格提升。

7.7.2 商铺价格形成机制分析

商铺与住宅相比,价格影响因素与形成机制有明显的差异。从特征价格因子内部回归系数的分布就可以看出,对住宅价格作用较强的因子如楼面地价(X_{12})、与最近医院的距离(X_{15})、与最近高速路口的距离(X_4)、与最近地铁站的距离(X_2)、建筑年龄(X_9)等对商铺价格的影响或不显著或作用相反。

与高(地)铁站点的距离越近,商铺租金价格越高。首先,距离高(地)铁站点越近,交通可达性越好;其次,高(地)铁站是人流高度集中的地方,能够为商铺带来更多潜在的消费者。商铺经营的目的在于营利,有足够的消费群体和便利的可达性,其商业价值自然就会较高,因此租金也就较高。对于商铺来说,建筑年龄越高,代表建成的时间越久,那么周边的配套设施和开发完善程度就会相对较好,居住区的入住率也会越高,市场容量就会扩大,商铺的营利能力就会提升,因此租金也会较高。另外,除了特征价格因素以外,一些外部条件诸如市场机制、当地的政策、开发阶段等对商铺租金价格的形成也具有重要影响。

第一,市场机制。市场机制对商铺价格的影响主要通过供需关系、商铺的基本营利能力来确定商铺的租金价格。一般情况下,一个小区的商铺租金价格会在市场的作用下保持一个合理的区间,除了个别占据绝佳地段的商铺,其他商铺的租金水平不会出现太大的差别。市场是决定商铺租金价格水平的基础性力量。

第二,地方政策。政策对商铺租金的影响主要体现在购物中心一类商铺上。管理者和开发商为了聚集人气,采取特殊的政策对入驻商家进行补贴,或者不收取固定租金而以业绩的形式扣除租金,或是根据商家的经营状况收取租金。这样即使在经营状况不佳时,商家的租金负担也不会太重。另外对于知名品牌商家甚至实行一定时期的免租金政策。因此,政策对商铺租金价格也具有重要影响,使得价格不完全由市场机制决定。

第三,地方社会经济发展水平与居民消费能力也会对商铺租金产生影响。商铺的主要服务对象是周边居民和从业人员。因此周边就业机会的多少、工资水平以及居民的消费能力从根本上决定了商铺的营利能力。另外,从业人员的密度和居住人口的多少也对商铺的经营状况有直接的影响。如果当地周边的就业机会较多、工资水平较高、居民的消费能力较强,而且又聚集了较多的从业人员和居民,那么对于附近商铺来说,就具备了足够的人气、足够的消费潜力,同时也具备了足够的消费实力,自然也就会具有较好的经营状况,租金水平自然也就更高。因此说,商铺周边地方小区域的社会经济条件和居民消费能力对商铺租金价格的高低是有直接影响的。

第四,地方开发阶段。商铺和一般购物中心的服务范围有限,主要服务于周边的居民和工作人员。在苏州北站站点开发的初期,当人口集聚还较少时,周边的商铺租金会较低。商铺的所有者、商业广场的运营者以及站点管理者会共同制定政策以吸引人口集聚,促进商业发展。各种租金优惠的政策措施也基本上都出现在这个阶段。而当地方开发逐渐成熟,市场区域稳定,人口集聚也趋于稳定,这一阶段基本上租金价格水平主要由市场机制决定。相比于站点地区开发的初期,租金水平也会较高。

第五,高铁服务与站点开发在商铺租金价格形成过程中的作用。首先,高铁服务为站点地区带来了一批具备较高消费能力的客户群体,这对于商业零售业的繁荣具有一定的促进作用。其次,高铁服务直接导致了一系列站点开发活动的到来,这些站点开发活动将周边由一个较为落后的以手工作坊形式为主的制造业集聚区转变为一个以文化产业、智慧产业、商务办公产业为主的新技术产业集聚区,直接提升了整个地区的发展水平,并直接带来了基础设施的提升,对整个区域的发展也是一次巨大的提升,那么对于商铺来讲,也极大地提升了其营利的潜力,因此高铁服务和站点开发也提升了商铺的租金价格水平。

7.7.3 写字楼市场与工业用房市场形成机制

写字楼市场的开发主体主要是国有资产企业。写字楼所面临的服务对象以企业为主。这些楼盘开发建设完成之后,部分出售、部分免租金或以较低的租金供企业使用。2019年苏州北站已经建成的写字楼约12个,在建的6个。在已经建成的写字楼中,7个楼盘有企业入驻,另外5个楼盘尚未有企业进驻。在这7个有企业入驻的楼盘中,尚有20%到50%的房屋是空置的。其中紫光大厦属于紫光集团所建,内部办公的企业基本上都是紫光系企业,另外就是高铁新城管理委员会在此办公。高铁综合服务大厦和兆润领寓商务广场主要以孵化器企业为主。高融大厦以总部企业为主,而且写字楼只卖不租。江南大厦以孵化器企业和中小企业为主,接近50%的房屋是空置的。港口发展大厦主要由苏州港集团建设,主要服务于自身企业办公。天成大厦是这一区域内建成较早的大厦,入驻企业较多,空置率最低。因此,最终进入写字楼交易市场的楼盘较少,而且针对不同企业的租金优惠政策也导致整个写字楼市场比较混乱。

对于工业用房市场来说,随着站点地区的开发,已有的工业制造业企业已经全部迁出,厂房等也基本拆除,并且整个站点地区不再引入制造业企业,因此工业厂房市场基本也随着制造业企业的外迁而消失。

综合来看,政策在写字楼和工业用房市场变化中起到了关键作用。对于工业用房市场来说,面临的情况较为简单,单纯是由政策决定了市场走向。而且根据当地的产业发展规划来看,在今后也不会出现工业用地市场复苏的情况。但对于写字楼市场来说,情况就较为复杂。目前的政策只是暂时的,只是服务于当前的开发阶段。随着站点开发的不断深入,周边建设的不断完善,优惠政策也会随之发生变化,最终还会交给市场机制决定。只是在当前阶段,主要的决定力量是政策。

8 基于多元主体视角的高铁站点地区产业发展评价

站点地区开发涉及不同的利益相关者。高铁站点地区的大规模开发建设,大量资本的涌入,不但彻底改变了周边的发展面貌,而且也严重挤压了居民的日常生活空间(杨东峰等,2014),甚至使居民失去了原有的生活场所。站点开发带来产业经济活动的同时,也吸引了大批从业人员的到来,其日常工作与生活也需要受到关注。乘客固然是高铁服务的主要对象,但站点周边的从业人员和居民也是周边产业服务的主要消费者,是站点地区产业发展的参与主体,因此其需求理应受到重视。

当前在多数站点地区,其开发活动表现出"强政府＋弱市场"的主导特征(郭宁宁等,2018),多关注能够对地方经济发展具有显著促进作用的、与高铁服务相关的商务服务业、信息技术等产业(翟国方等,2016;许闻博等,2016),而对服务于站点地区居民和从业人员的基本生活需求的其他产业及设施的关注不足。当前关于站点地区产业发展的学术研究也多关注乘客需求,关注高铁服务与产业(企业)发展(李文静等,2016;张辉,2018;Beckerich et al.,2019),并且多倡导站点地区节点功能开发与场所功能开发之间的平衡(郑德高等,2007),但对不同场所功能之间的平衡缺乏关注,比如缺乏对站点地区非主导产业如居民服务、医疗教育等与居民生活密切相关的场所服务功能的关注。因此,本章将从不同利益相关者的视角出发,对站点地区的产业开发进行总体评价,以探讨在站点开发过程中,不同利益相关者的需求是否得到切实关注,站点地区的产业发展能否实现主导产业与非主导产业之间的平衡。

8.1 研究设计

8.1.1 利益相关者类型划分

本章对苏州北站站点地区开发所涉及的利益相关者按照社会经济属性进行分类,将所有的利益相关者分为政府性利益主体和社会性利益主体两类,其中政府性利益主体包括站点管理者、城市规划管理者、高铁运营商,社会性利益主体包括从业人员、居民和乘客。

第一,政府主体。该主体主要包括站点管理者、城市规划管理者、高铁运营商等,具体指高铁新城管理委员会、地方政府以及铁路公司。对于地方政府和管理委员会来说,其主要关注站点地区的产业经济发展,以实现长期经济增长包括就业、税收增长为目标,掌管着站点地区主导产业的选择、企业的引进等。铁路企业则主要关注是否有足够的客流量,站点的对外交通与对内接驳,主要是站点的节点功能。

第二,从业人员。该类人员包括在站点周边的企业工作人员和个体从业者,其主要关注上下班通勤服务和商务通勤服务等节点功能,以及与日常生活和工作相关的居民服务业等场所功能建设。从业人员是站点生产价值的主要创造者。

第三,居民。居民身份的利益主体主要关注的是站点周边的公共交通节点功能。在场所功能方面,主要关注商业服务和配套设施,例如衣食住、教育、医疗服务功能等。

第四,乘客。作为乘客身份的利益主体主要关注高铁服务以及站点交通接驳等节点功能,但在出行过程中也会派生出其他对场所功能的需求,比如餐饮服务、住宿服务、零售商品服务等。大部分乘客不会在站点周边长时间停留,而是离开站点前往最终的目的地,因此对站点周边的关注度,尤其是对站点地区场所服务功能的需求并没有从业人员和居民强烈,而且需求的种类也不及从业人员和居民。从业人员、居民和乘客是站点地区社会经济活动的主要参与者,是站点地区各服务功能与设施的主要使用者,因此也称之为社会性主体(侯雪,2014)。

8.1.2 研究思路

根据利益相关者理论和节点—场所理论,首先,分析不同类型的利益主体对站点地区节点—场所功能的满意度;其次,通过对不同类型主体满意度的分析,明确站点地区产业发展与设施建设存在的问题;最后,根据发现的问题,提出站点地区产业发展的建议与对策。

8.1.3 研究方法

满意度指数早期主要被运用在评估消费者对企业服务的评价上,以帮助企业改善产品和服务,提高客户的忠诚度。研究人员普遍认为顾客满意度由产品(或服务)的质量决定(Anderson et al.,1993;Chou et al.,2011),产品质量、消费者预期、不满、忠诚度以及企业形象等因素都会对消费者满意度产生影响。后续研究在探讨消费者满意度与上述多要素之间的关系,以及如何建立满意度评价体系的基础上,产生了不同的消费者满意度指数(Customer Satisfaction Index,CSI)模型,第一个全国性的满意度指数评价模型——瑞士消费者满意度晴雨表(Swedish Customer Satisfaction Barometer,SCSB)(Fornell,1992)就是在此背景下产生的。在瑞士消费者满意度晴雨表(SCSB)的启发下,产生了美国消费者满意度指数(American Customer Satisfaction Index,ACSI)(Fornell et al.,1996),另外还相继产生了挪威消费者满意度晴雨表(Johnson et al.,2001)以及欧洲消费者满意度指数(O'Loughlin et al.,2004)。虽然这些指数模型各有特色,但核心内容基本一致。随着相关研究的增多,逐渐发现消费者满意度是产品(服务)的重要性与其绩效之间的函数,并产生了重要性—绩效分析(Importance-Performance Analysis,IPA)模型,该模型方法为企业提供了一个独特的视角,能够更好地帮助企业去发现哪些服务需要多加关注,而哪些服务项目则消费了企业过多的资源等(Chou et al.,2011),对企业下一步的发展战略极富启发性。典型的重要性—绩效分析矩阵如图8-1所示,以二维空间进行表示,其中横轴为各指标的绩效,纵轴为各指标的重要性程度,将二维空间划分为四个象限,这四个象限将采用不同的发展策略。

本章借鉴重要性—绩效分析的思路,将乘客对站点节点、场所功能的满意度作为服务绩效,将使用并了解该服务的乘客比重作为其重要性,建立站点地区节点—场所功能的重要性—满意度评价模型(图8-2),也称之为四分图模型(王涛,2015;郭剑英等,2018)。图8-2中的第一象限(Quadrant Ⅰ,QⅠ,下同)为优势区,在此发展区域的指标具有高满意度和高重要性,也是站点地区的优势功能,下一步的发展策略只需要继续保持即可。第二象限(QⅡ)为高重要性和低满意度区域。在下一步发展上,该区域内的指标需要高度重视,并投入资源和采取相关措施进行改进,推动该区域的指标向QⅠ转移。这一区域内的指标是主要分析的对象,是目前站点开发主要的问题所在。第三象限(QⅢ)的指标满意度和重要性均较低,可继续维持现状。第四象限(QⅣ)为低重要性和高满意度区。此类指标属于锦上添花,为推动资源的合理配置,在下一步的发展上,可维持或者减少对此区域的指标投入。由于第一象限为站点的优势所在,故称之为优势区;第二象限主要是问题所在,为今后重点发展完善提升的指标,故称之

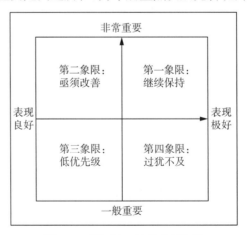

图8-1 重要性—绩效分析矩阵

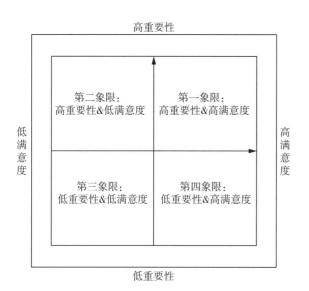

图 8-2 重要性—满意度矩阵

为修补区;第三象限的指标则存在较多的不确定性,有可能跃迁至第二或第四象限,因此称之为机会区;第四象限为维持区。在今后的发展顺序上,显然是第二象限修补区的发展次序最高;其次是优势区的维护和机会区的发展;最后则是维持区。

8.2 利益主体对产业类型的重要性—满意度评价结果分析

场所功能主要是指站点地区的各类产业服务功能。在确定站点具体的场所服务功能时,我们参考国民经济对产业类型的划分标准,依据国民经济行业类型及站点地区产业经济活动类型,确定站点地区所具备的场所功能的具体类型。在对不同利益主体可能需要的站点节点服务与场所服务功能进行确定时,首先通过访谈的形式对不同利益主体的需求进行全面了解,以确定其所有可能需要的场所功能。在确定不同利益主体所关注的主要场所功能类型之后,针对不同的利益主体制作专门的调查问卷,并进行数据的搜集。在对站点各项场所功能进行评价时,采用打分的方式进行评价,其中1—5分分别代表非常不满意、不满意、一般、满意、非常满意,即评分越高,满意度越高;没用使用过或不了解则打 0 分。

8.2.1 乘客主体

对于乘客而言,在整个高铁出行过程中,最为关注的、使用最为频繁的一般均为节点服务功能,包括高铁服务以及地铁、公交、出租车、租车等交通换乘服务。在场所功能中,则较多地接触站点内外的餐饮、零售、住宿服务,娱乐休闲服务也有部分乘客表示有需要,但较少。在 2017 年对乘客的问卷调查中,主要调查了站点地区的上述节点场所服务功能共12项,其中节点服务6项,场所服务6项。另外,为了较为全面地了解乘客对站点地区产业服务功能的需求,也顺便调查了乘客对站点周边配套设施的需求情况。最终,2017年7月31日至8月3日,在苏州北站发放问卷210份,回收有效问卷200份,占比为95.24%。在有效问卷所涉及的200名乘客中(表8-1),男性乘客占比较高,为55%;乘客的年龄分布以26—35岁为最多,其次为18—25岁,占比分别为38%、33.5%,50岁以上和18岁以下的乘客占比较小;乘客学历集中在大学本科,占比超过50%,其余包括研究生学历、专科、中小学及以下共计占比为47.5%;在乘客来源地中,40%是来自苏州本地的乘客,其余60%的乘客都来自苏州以外地区。

表8-1 乘客基本信息表(2017年)

变量	变量内容	数量/人	百分比/%
性别	男	110	55.0
	女	90	45.0
年龄	18岁以下	10	5.0
	18—25岁	67	33.5
	26—35岁	76	38.0
	36—50岁	40	20.0
	50岁以上	7	3.5
学历	小学及以下	2	1.0
	初中	19	9.5
	高中	24	12.0
	大学专科	39	19.5
	大学本科	105	52.5
	研究生	11	5.5
来源地	苏州本地	80	40.0
	外地	120	60.0

在2017年乘客满意度方面,计算每一项服务功能指标的平均得分,并对得分进行排名,结果见表8-2。通过表8-2可以发现,所有节点服务功能的得分均高于场所服务功能。通过对比乘客对各服务功能的满意度与满意度均值可以发现,所有场所服务及租车服务的满意度得分在平均值以下,属于较不满意的类别。其余节点服务功能的满意度得分在平均值以上,属于较满意的类别。在各项场所服务功能内部,站内商品零售和站内餐饮服务功能的得分最低,站外各项服务功能的得分稍高。另外,在对周边配套设施与服务的调查中发现(图8-3),28%的乘客认为周边配套设施

不完善;29%的乘客认为有必要增强餐饮服务开发;19%的乘客认为需要增加商业购物设施;14.5%的乘客认为需要增加住宿服务设施。可见,对于乘客来说,站内外餐饮零售以及住宿服务是其在出行过程中需求较多的服务功能,因此在今后的站点开发过程中,应当重视商品零售及餐饮住宿业服务功能的完善。

表8-2 乘客满意度(2017年)

功能类别	指标内容	代码	满意度/分	排名
节点服务功能	高铁客运服务	N_1	3.41	5
	综合交通换乘	N_2	3.50	4
	公交服务	N_3	3.56	3
	地铁服务	N_4	3.84	1
	出租车服务	N_5	3.74	2
	租车服务	N_6	2.86	6
场所服务功能	站内商品零售	P_1	2.69	11
	站外商品零售	P_2	2.78	8
	站内餐饮服务	P_3	2.56	12
	站外餐饮服务	P_4	2.72	10
	住宿服务	P_5	2.77	9
	休闲娱乐服务	P_6	2.79	7
满意度均值			3.10	

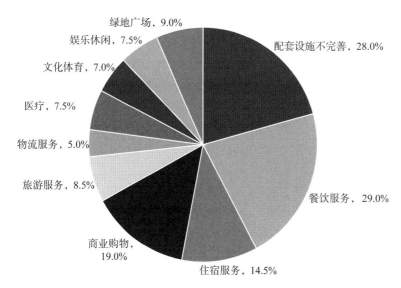

图8-3 乘客主体对站点主要场所功能与设施的需求分布(2017年)

2019年1月进行了第二次针对乘客的调研。此次调研内容根据2017年的调研结果有所调整,在2017年调研内容的基础上,增加了部分场所服务功能。最终节点服务功能保持不变,仍为6项;场所服务功能则扩充到11项。2019年在苏州北站一共发放问卷300份,回收有效问卷294份,有效率为98%。在所涉及的294位乘客中,男女性别比例约为55∶45;在年龄分布上,35岁以下的青年人占比较高,占据总数的78.23%,50岁以上群体的参与度较低,只有2.04%;在学历上以大学本科、专科学历为主,二者合计占到总数的2/3;在乘客的来源地上,来自苏州本地的乘客占比较低,不足10%,江苏省内(不含苏州市)的乘客占比约为20%,70%以上的乘客来自江苏省以外的其他地区;在出行目的上,以商务出行为主,占比超过1/3,其次是探亲,占比约为28%(表8-3)。

表8-3 乘客基本信息表(2019年)

变量	变量内容	数量/人	百分比/%
性别	男	161	54.76
	女	133	45.24
年龄	18—25岁	130	44.22
	26—35岁	100	34.01
	36—50岁	58	19.73
	50岁以上	6	2.04
学历	初中及以下	27	9.18
	高中	44	14.97
	大学专科	63	21.43
	大学本科	133	45.24
	研究生	27	9.18
来源地	苏州市	28	9.52
	江苏省内其他地区	57	19.39
	江苏省外其他地区	209	71.09
出行目的	探亲	82	27.89
	访友	18	6.12
	商务	99	33.67
	会议	31	10.55
	旅游	27	9.18
	其他	37	12.59

2019年乘客对站点地区节点—场所服务的重要性—满意度评价结果见表8-4和图8-4。高铁客运服务、综合交通换乘、公交服务、地铁服务、

出租车服务五个节点功能位于优势区,满意度和重要性均要高于其他指标,属于站点目前的优势所在,未来发展以维持强化为主。由于该节点功能具有很高的重要性,因此依然需要重点关注。站内外零售、餐饮服务位于修补区,是乘客普遍认为重要性较高但满意度较低的服务功能。其中,对于站点内部的零售、餐饮服务来说,主要的问题在于品质与价格不符,以及品类不全等方面,未来提升的重点在于商品品质与可选择的服务内容上;而站点外部的零售、餐饮服务的主要问题则是周边缺乏,不易找到,因此未来发展的重点是在站点周边临近地区增加这些服务内容。这一区域内的指标属于未来发展需要首要关注的指标。公共服务位于维持区。乘客对于站点公共服务的满意度较高,但认为重要性不高,未来只需维持即可,不必作为重点发展的对象。其余服务功能位于机会区,满意度很低,但重要性也不高,主要包括场所服务中的住宿服务、旅游服务、快递服务、医疗服务、文化体育服务、娱乐休闲服务,以及节点功能服务中的租车服务。这一类指标的发展次序在修补区和优势区之后。

综合 2017 年和 2019 年两次乘客反馈结果可以发现,苏州北站站点地区的节点交通服务功能建设较好,而商业包括餐饮、住宿、商品零售等乘客

表 8-4 基于乘客主体的重要性—满意度分区结果(2019 年)

服务类别	指标内容	代码	分区结果	分区名称
节点功能服务	高铁客运服务	N_1	QⅠ	优势区
	综合交通换乘	N_2	QⅠ	优势区
	公交服务	N_3	QⅠ	优势区
	地铁服务	N_4	QⅠ	优势区
	出租车服务	N_5	QⅠ	优势区
	租车服务	N_6	QⅢ	机会区
场所功能服务	站内商品零售	P_1	QⅡ	修补区
	站外商品零售	P_2	QⅡ	修补区
	站内餐饮服务	P_3	QⅡ	修补区
	站外餐饮服务	P_4	QⅡ	修补区
	住宿服务	P_5	QⅢ	机会区
	旅游服务	P_6	QⅢ	机会区
	快递服务	P_7	QⅢ	机会区
	医疗服务	P_8	QⅢ	机会区
	文化体育服务	P_9	QⅢ	机会区
	娱乐休闲服务	P_{10}	QⅢ	机会区
	公共服务	P_{11}	QⅣ	维持区

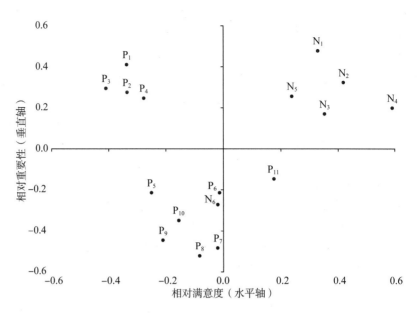

图 8-4 乘客重要性—满意度评价结果(2019 年)

较为关注的产业功能开发问题较多。站点地区在未来产业发展过程中,应当重视站点周边的餐饮、住宿业、商品零售业服务的品质提升。另外,乘客对站点地区的问题或不满高度集中在站房拥挤、候车厅小、候车体验差等方面,因此,站点的改造或扩建应该得到重视,以应对日益增多的客流量。

8.2.2 居民主体

与乘客不同,居民在站点地区生活,高铁服务并不是居民生活关注的核心。居民关注的是生活是否方便,周边的公共交通是否便捷,教育、医疗等配套设施是否完善。在对苏州北站站点周边居民的问卷调查中,共发放问卷 270 份,回收有效问卷 258 份。在对应的 258 位居民中(表 8-5),男性占比较多,超过 54%;在年龄的分布上,26—35 岁的青年人占比超过 50%,50 岁以上人群数量较少,不足 6%;学历以大学本科、大学专科为主,二者合计占比超过 60%,研究生学历的占比较低,约 5%;在苏州北站周边居民中,80% 以上是来自苏州市以外的外来人口,其中 47% 以上的居民来自江苏省以外地区;职业类型较多,有公司职员、销售、个体经营者、工程师、教师等,总的来说公司职员和个体工商户较多,但没有绝对优势的职业类型;在收入分布上,月收入在 5 000 元以下、5 000 元到 7 999 元的居民数量较多,还有接近 20% 的居民月收入在 1 万元以上;在居住区的分布上,主要分布在环秀湖花园、鑫苑鑫城、建发•中洸天成、金科观天下花苑、太阳花园以及圆融广场附近的公寓,其中,环秀湖花园、鑫苑鑫城以及金科观天下花苑的居民数量最多;在居住年限上,超过 35% 的居民表示在站点周边居住的时间不超过1年,42.64%的被调查居民在此居住的时间为1—3年,在此居住4年以上的居民总计56人,占比为21.7%。

表8-5 居民基本信息表

变量	变量内容	数量/人	百分比/%
性别	男	140	54.26
	女	118	45.74
年龄	18—25岁	57	22.09
	26—35岁	138	53.49
	36—50岁	48	18.61
	50岁以上	15	5.81
学历	初中及以下	38	14.73
	高中	49	18.99
	大学专科	78	30.23
	大学本科	80	31.01
	研究生	13	5.04
来源地	苏州市	49	18.99
	江苏省内其他地区	87	33.72
	江苏省外其他地区	122	47.29
月收入	5 000元以下	77	29.84
	5 000—7 999元	93	36.05
	8 000—9 999元	37	14.34
	1万—1.5万元	30	11.63
	1.5万元以上	21	8.14
居住时间	不足1年	92	35.66
	1—3年	110	42.64
	4—6年	30	11.62
	7—10年	9	3.49
	10年以上	17	6.59

由于居民的需求与乘客不同,除交通服务功能外,居民对站点地区的其他服务功能如餐饮、购物、教育、医疗等也有较高的要求,这些也是保证正常生活的必要功能,因此,通过对居民的访谈,结合国家行业分类标准所列出的服务类型,确定了以下29项居民在日常生活中所需要的服务类型,并对其满意度和重要性进行问卷调查。满意度和重要性的确定方法与上文相同。为了便于分区,将各变量的满意度和重要性得分进行了归一化处

理,并求取了29个变量满意度、重要性的平均值,将归一化后的值减去均值,如果满意度和重要性的差值均为正则该指标位于第一象限的优势区;均为负则位于第三象限的机会区;如果满意度差值为正,重要性差值为负,则该指标位于第四象限的维持区,反之则位于第二象限的修补区。各变量的满意度得分、排名及最终的分区结果见表8-6和图8-5。

首先看表8-6居民主体对各项服务功能的满意度评分及排名,综合客运交通服务包括高铁、地铁、公交、出租车等公共交通服务十分便捷,满意度排名第1位。快递物流的满意度也较高,排名第2位。总的来说,居民

表8-6 基于居民主体的重要性—满意度分区结果

行业类别	变量内容	代码	满意度/分	排名	分区结果	
交通运输、仓储和邮政业	综合客运交通服务	N_1	3.97	1	QⅠ	优势区
	快递物流服务	N_2	3.85	2	QⅠ	优势区
批发和零售业	零售商品服务	P_1	3.28	10	QⅠ	优势区
	商品批发	P_2	2.77	26	QⅡ	修补区
住宿和餐饮业	餐饮服务	P_3	3.29	9	QⅠ	优势区
	住宿服务	P_4	3.26	11	QⅠ	优势区
信息传输、软件和信息技术服务业	网络和电信服务	P_5	2.99	18	QⅡ	修补区
金融业	银行服务	P_6	2.70	27	QⅡ	修补区
	保险服务	P_7	3.06	13	QⅢ	机会区
房地产业	房屋租赁服务	P_8	3.31	8	QⅣ	维持区
	房价水平	P_9	2.80	24	QⅡ	修补区
	房租水平	P_{10}	2.79	25	QⅢ	机会区
租赁和商务服务业	法律服务	P_{11}	3.00	17	QⅢ	机会区
水利、环境和公共设施管理业	环境保护服务	P_{12}	3.43	7	QⅠ	优势区
	公共设施服务	P_{13}	3.54	5	QⅠ	优势区
居民服务、修理和其他服务业	生活服务	P_{14}	3.06	12	QⅡ	修补区
	日用品维修	P_{15}	2.87	22	QⅢ	机会区
	机动车维修	P_{16}	2.91	20	QⅢ	机会区
教育	学前教育	P_{17}	3.53	6	QⅣ	维持区
	中小学教育	P_{18}	3.73	3	QⅣ	维持区
	职业培训	P_{19}	2.89	21	QⅢ	机会区
卫生和社会工作	医疗服务	P_{20}	2.69	28	QⅢ	机会区
	社会救助	P_{21}	3.02	15	QⅢ	机会区

续表 8-6

行业类别	变量内容	代码	满意度/分	排名	分区结果	
文化、体育和娱乐业	出版和影视音制作	P_{22}	3.06	14	QⅢ	机会区
	文艺表演服务	P_{23}	2.81	23	QⅢ	机会区
	公共图书馆与博物馆	P_{24}	2.68	29	QⅢ	机会区
	体育设施与场馆服务	P_{25}	2.92	19	QⅢ	机会区
	娱乐活动与娱乐设施	P_{26}	3.00	16	QⅡ	修补区
公共管理、社会保障和社会组织	政府机构服务	P_{27}	3.57	4	QⅠ	优势区

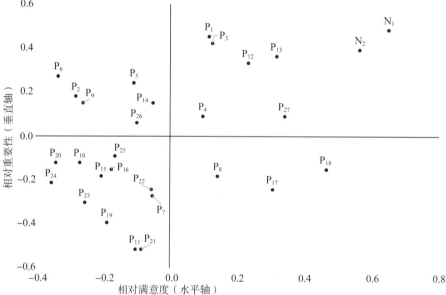

图 8-5　居民重要性—满意度评价结果

对交通运输业及交通设施建设的满意度最高。中小学教育、学前教育服务的满意度分别排名第 3 位和第 6 位，说明居民对中小学及幼儿园教育的满意度较高，教育设施的建设能够很好地满足居民需求。居民对政府机构服务的满意度较高，排名第 4 位，无论是问卷调查结果还是在与部分居民的访谈中，都得到相同的结果，居民对站点管理者的服务评价较高。环境保护服务、公共设施服务的满意度得分也较高，分别排名第 7 位、第 5 位。居民对于站点管理者在周边环境保护、污染防治、公共设施的维护管理以及保持市容整洁方面的评价较高，其为居民提供了良好的居住环境。餐饮、住宿和零售商品服务的满意度得分也较高。多数居民表示，目前站点地区以及小区周边的商业设施都已经建设起来，餐饮住宿和购物都较为便捷。居民对房价水平、房租水平、商品批发、银行服务、医疗服务、公共图书馆与博物馆服务的满意度最低。居民认为,房价水平、房租水平过高增加了生活负担;银行服务、医疗服务较少,造成生活不便;至于商品批发和公共图书馆与博物馆则尚未发现周边具有这些服务设施的建设。

从重要性—满意度分区结果(图 8-5)可以发现,2019 年站点地区的优势主要表现在交通、商品零售、餐饮住宿、环境保护与公共设施管理、政府机构服务几个方面。居民对于上述相关产业和服务的满意度较高,重要性评价也较高。未来在站点开发的过程中,这些方面需要加以关注但并不需要投入太多精力,维护保持即可。在居民看来,2019 年站点地区产业发展和设施建设的主要问题在于商品批发、网络和电信服务、银行服务、房价水平、生活服务、娱乐活动与娱乐设施六个方面,这六个方面的重要性很高,但满意度得分较低,因此位于修补区,也是站点开发今后需要重点解决的问题。其中生活服务的满意度得分虽然较低,但已经很接近平均值,是最有希望向优势区转化的变量。位于机会区的变量,重要性和满意度均较低,但部分服务功能或设施如医疗服务、文艺表演服务、体育设施与场馆服务等,虽然得分较低,但也属于与居民日常生活密切相关的基本公共服务功能,不可或缺,因此也应当给予适当关注并加强此类设施的建设。

8.2.3 企业员工

企业员工在站点地区工作,主要关注上下班通勤服务、工作环境以及餐饮购物等。由于员工在站点周边工作,一天中大部分的活动时间都位于工作地周边,因此对周边功能和服务的需求也较多,和居民相比,可能具有不同的侧重点,但基本需要的服务种类相差无几。因此在对企业员工主体满意度进行调研时,调查的具体产业服务功能与设施等内容与居民相同。在基本信息上增加了出行方式的调查,具体服务功能仍然涉及 13 个主要行业类型,共 29 项指标。

针对企业员工的问卷调查(表 8-7),共发放问卷 170 份,回收有效问卷 157 份,有效问卷占比为 92.4%。在涉及的员工中,基本涵盖了主要的办公大楼。在被调查者中,男女比例约为 56∶44;年龄主要在 26—35 岁,占比超过 60%,36 岁以上人数较少,没有 50 岁以上的受访者愿意参与调查;学历以大学本科、大学专科为主,合计占比将近 80%,具备研究生学历的受访者不足 4%;在企业员工中,来自苏州市本地的占比为 24.84%,来自江苏省(非苏州市)和其他省区的受访者比重接近;员工月收入集中在 5 000—7 999 元,还有 18.07% 的受访者月收入在万元以上;接近 30% 的受访者在当地工作不超过 1 年,31.21% 的受访者已经在当地工作 1—3 年,39.49% 的受访工作年限超过 4 年;在通勤方式上,自驾车上下班的员工数量最多,占比为 32.58%,其次是乘坐地铁上下班,出现在 25.84% 的员工选择结果中,大部分员工通勤时选择多种交通方式相结合,比如地铁+骑车,公交+步行等,也有员工主要依靠高铁上下班,但数量较少;在商务出行方面,高铁是最为主要的出行方式,传统火车和飞机次之。

表 8-7 企业员工基本信息表

变量	变量内容	数量/人	百分比/%
性别	男	88	56.05
	女	69	43.95
年龄	18—25 岁	36	22.93
	26—35 岁	96	61.15
	36—50 岁	25	15.92
	50 岁以上	0	0.00
学历	初中及以下	5	3.18
	高中	21	13.38
	大学专科	60	38.22
	大学本科	65	41.40
	研究生	6	3.82
来源地	苏州市	39	24.84
	江苏省内其他地区	58	36.94
	江苏省外其他地区	60	38.22
月收入	5 000 元以下	41	26.45
	5 000—7 999 元	62	39.49
	8 000—9 999 元	26	16.77
	1 万—1.5 万元	17	10.97
	1.5 万元以上	11	7.10
工作年限	不足 1 年	46	29.30
	1—3 年	49	31.21
	4—6 年	30	19.11
	7—10 年	15	9.55
	10 年以上	17	10.83
上下班通勤方式	地铁	46	25.84
	公交	16	8.99
	出租车	7	3.93
	自驾车	58	32.58
	高铁	4	2.25
	骑车	20	11.24
	步行	27	15.17

续表 8-7

变量	变量内容	数量/人	百分比/%
商务出行方式	公共汽车	8	5.10
	火车(非高铁)	18	11.46
	高铁	112	71.34
	飞机	19	12.10

企业员工对站点地区各项服务功能与设施建设的满意度,以及重要性—满意度分区结果见表 8-8 和图 8-6。首先观察满意度的分布情况。从企业员工的视角来看,站点地区的综合客运交通服务、快递物流服务均较好,满意度最高,说明交通运输设施建设较好。政府机构服务的满意度得分也较高,排名第 3 位,仅次于交通。排名第 4 位、第 5 位的是公共设施服务和环境保护服务。中小学教育和学前教育的满意度得分也较高,说明员工也认可政府在教育配套设施建设上的努力。房屋租赁服务的满意度得分也较高,排名第 7 位。我国高铁站点大都处于开发建设初期阶段,有着大量的新建楼盘,因此周边也分布着较多的房地产中介门店,也方便了企业员工在附近租房。员工对站点地区的餐饮服务、住宿服务的评价也较高,其中餐饮服务满意度排名第 10 位,住宿服务则排名第 8 位,二者均可较好地满足员工基本需要。但房租与房价水平过高,医疗服务与配套设施不健全,文化、体育和娱乐业设施较少,都对员工的生活造成负面影响,以上几方面也是目前满意度最低的地方。

接下来观察员工视角下,站点各服务功能与设施的重要性—满意度分区结果(图 8-6)。综合客运交通服务、快递物流服务、住宿服务、餐饮服务、环境保护服务、公共设施服务、生活服务、政府机构服务共 8 项服务,涉

表 8-8 基于企业员工的重要性—满意度分区结果

行业类别	变量内容	代码	满意度/分	排名	分区结果	
交通运输、仓储和邮政业	综合客运交通服务	N_1	4.10	1	QⅠ	优势区
	快递物流服务	N_2	3.87	2	QⅠ	优势区
批发和零售业	零售商品服务	P_1	3.10	15	QⅡ	修补区
	商品批发	P_2	2.85	24	QⅢ	机会区
住宿和餐饮业	餐饮服务	P_3	3.29	10	QⅠ	优势区
	住宿服务	P_4	3.36	8	QⅠ	优势区
信息传输、软件和信息技术服务业	网络和电信服务	P_5	3.14	13	QⅡ	修补区
金融业	银行服务	P_6	2.87	22	QⅡ	修补区
	保险服务	P_7	3.14	14	QⅢ	机会区

续表 8-8

行业类别	变量内容	代码	满意度/分	排名	分区结果	
房地产业	房屋租赁服务	P_8	3.44	7	QⅣ	维持区
	房价水平	P_9	2.74	26	QⅡ	修补区
	房租水平	P_{10}	2.86	23	QⅢ	机会区
租赁和商务服务业	法律服务	P_{11}	3.26	11	QⅣ	维持区
水利、环境和公共设施管理业	环境保护服务	P_{12}	3.57	5	QⅠ	优势区
	公共设施服务	P_{13}	3.61	4	QⅠ	优势区
居民服务、修理和其他服务业	生活服务	P_{14}	3.17	12	QⅠ	优势区
	日用品维修	P_{15}	2.97	18	QⅢ	机会区
	机动车维修	P_{16}	2.99	17	QⅢ	机会区
教育	学前教育	P_{17}	3.33	9	QⅣ	维持区
	中小学教育	P_{18}	3.47	6	QⅣ	维持区
	职业培训	P_{19}	2.90	21	QⅡ	修补区
卫生和社会工作	医疗服务	P_{20}	2.69	28	QⅡ	修补区
	社会救助	P_{21}	2.95	19	QⅢ	机会区
文化、体育和娱乐业	出版和影视音制作	P_{22}	3.03	16	QⅢ	机会区
	文艺表演服务	P_{23}	2.78	25	QⅢ	机会区
	公共图书馆与博物馆	P_{24}	2.61	29	QⅢ	机会区
	体育设施与场馆服务	P_{25}	2.71	27	QⅢ	机会区
	娱乐活动与娱乐设施	P_{26}	2.93	20	QⅡ	修补区
公共管理、社会保障和社会组织	政府机构服务	P_{27}	3.77	3	QⅠ	优势区

及 4 种行业类型，是企业员工认为较为重要，并对服务和设施较为满意的方面，是站点地区的优势所在，未来的发展以强化和维持为主，使优势继续保持，防止下滑入修补区。房屋租赁服务、法律服务、学前教育、中小学教育这 4 项内容的满意度也较高，但重要性相对较低，因此在发展次序上落后于优势区，未来发展也以维持为主，保持正常的发展即可。但教育设施关乎基本的民生，是基本公共服务的重要方面，虽然员工主体视角下的重要性不高，但也不可忽视。落入机会区的变量包括商品批发、保险服务、房租水平、日用品维修、机动车维修、社会救助、出版和影视音制作、文艺表演服务、公共图书馆与博物馆、体育设施与场馆服务 10 项。机会区是变量最多的一个分区，其变量普遍满意度较低，重要性也较低，但机会区的变量存在跃迁到其他分区的可能，尤其是商品批发已经十分接近修补区，保险服

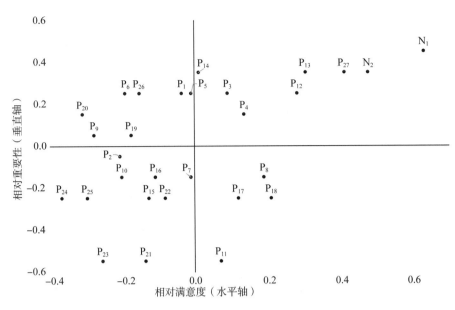

图 8-6 企业员工重要性—满意度评价结果

务则十分接近维持区。最后是位于修补区的变量,包括零售商品服务、网络和电信服务、银行服务、房价水平、职业培训、医疗服务、娱乐活动与娱乐设施共 7 项内容。其中,零售商品服务、网络和电信服务已经十分接近优势区。这一区域是员工满意度很低但又十分重要的方面,是站点地区开发主要的问题所在,也是未来工作的重点,在下一步的开发建设活动中,要在这些方面采取措施,增强设施建设和服务水平的提升,提高企业员工主体的满意度,促进这一区域的指标向优势区转移。

8.2.4 商家

商家主要是指在站点地区进行个体经营活动的商业网点经营者,也是从业人员的一种。不过与企业员工相比,商家具有相对更高的自由度,而且自负盈亏。在具体的服务功能与设施建设上,商家自然希望设施完善,能够吸引更多的顾客,进而增加收入,但也会排斥竞争对手。商家一般都选择在商店周边居住,以减少通勤时间,按时营业。商家与员工一样,一天内大部分的活动时间都在站点地区度过,对服务功能和设施的需求种类也与企业员工有着许多相似之处。因此,在具体的调研内容上也与企业员工一样,涉及 13 个主要行业类型的 29 项指标。

在对商家的调研中,共发放问卷 110 份,回收有效问卷 97 份,占比为 88.18%。主要涉及的商家包括圆融购物中心内部及外围附近商铺,主要的居住区内部或外围商铺,以及南部汽车城部分商家。主要的商家类型以餐馆、便利店为主,行业类别上以餐饮业、零售业、居民服务业为主。在 97 份问卷中,部分受访者拒绝透露个人基本信息。主要的个人信息见表

8-9。可以看出,男女比例接近55:45;年龄上以26—35岁为主,35岁以下的受访者占据绝对优势,达到82.11%,50岁以上受访者较少,占4.21%;学历以大学专科及以下为主,共计占比超过90%,具备本科学历的经营者占8.42%,没有研究生学历的经营者;经营者大多来自苏州市以外地区,来自苏州本市的占比不足15%;月收入8 000元以下的受访者占据绝对优势,占比接近3/4;61.54%的受访者表示在苏州本地工作的时间不超过3年;当前的上下班交通方式以步行和自驾车居多。

表8-9 商家基本信息表

变量	变量内容	数量/人	百分比/%
性别	男	53	54.64
	女	44	45.36
年龄	18—25岁	26	27.37
	26—35岁	52	54.74
	36—50岁	13	13.68
	50岁以上	4	4.21
学历	初中及以下	28	29.47
	高中	23	24.22
	大学专科	36	37.89
	大学本科	8	8.42
	研究生	0	0.00
来源地	苏州市	14	14.58
	江苏省内其他地区	31	32.29
	江苏省外其他地区	51	53.13
月收入	5 000元以下	40	43.96
	5 000—7 999元	28	30.77
	8 000—9 999元	16	17.58
	1万—1.5万元	6	6.59
	1.5万元以上	1	1.10
工作年限	不足1年	16	30.77
	1—3年	16	30.77
	4—6年	11	21.15
	7—10年	4	7.69
	10年以上	5	9.62

续表 8-9

变量	变量内容	数量/人	百分比/%
上下班通勤方式	地铁	13	12.75
	公交	6	5.88
	自驾车	36	35.29
	骑车	9	8.82
	步行	38	37.26

商家对站点地区各项服务功能与设施建设的满意度评分、重要性—满意度分区结果见表 8-10 和图 8-7。首先，观察表 8-10 中的满意度得分与排名。综合客运交通服务以及快递物流服务的满意度评分较高，分列第 1 位和第 3 位。中小学教育和学前教育则分列第 2 位和第 4 位。公共设施服务、环境保护服务则排名第 5 位和第 6 位。紧随其后的是零售商品服务、住宿服务、政府机构服务、餐饮服务，分列第 7 位至第 10 位。上述 10 项服务的满意度得分最高，表明商家对周边交通设施、教育设施、零售业、环境保护、餐饮住宿业以及政府公共服务等相关服务功能和设施的建设都较为满意。公共图书馆与博物馆、医疗服务、房租水平、房价水平以及银行服务是商家满意度最低的五个方面。从商家主体的视角来看，截至 2019 年，站点地区商业设施的开发建设较好，但除交通、教育设施以外的其他基本公共服务设施建设滞后，造成商家经营与生活不便。

表 8-10 基于商家的重要性—满意度分区结果

行业类别	变量内容	代码	满意度/分	排名	分区结果	
交通运输、仓储和邮政业	综合客运交通服务	N_1	3.92	1	QⅠ	优势区
	快递物流服务	N_2	3.71	3	QⅠ	优势区
批发和零售业	零售商品服务	P_1	3.38	7	QⅠ	优势区
	商品批发	P_2	2.69	24	QⅡ	修补区
住宿和餐饮业	餐饮服务	P_3	3.25	10	QⅠ	优势区
	住宿服务	P_4	3.27	8	QⅣ	维持区
信息传输、软件和信息技术服务业	网络和电信服务	P_5	2.90	17	QⅡ	修补区
金融业	银行服务	P_6	2.51	27	QⅡ	修补区
	保险服务	P_7	2.89	18	QⅢ	机会区
房地产业	房屋租赁服务	P_8	3.17	11	QⅣ	维持区
	房价水平	P_9	2.44	29	QⅡ	修补区
	房租水平	P_{10}	2.47	28	QⅡ	修补区

续表 8-10

行业类别	变量内容	代码	满意度/分	排名	分区结果	
租赁和商务服务业	法律服务	P_{11}	2.88	19	QⅢ	机会区
水利、环境和公共设施管理业	环境保护服务	P_{12}	3.48	6	QⅠ	优势区
	公共设施服务	P_{13}	3.49	5	QⅠ	优势区
居民服务、修理和其他服务业	生活服务	P_{14}	2.98	13	QⅡ	修补区
	日用品维修	P_{15}	2.79	20	QⅢ	机会区
	机动车维修	P_{16}	2.69	23	QⅢ	机会区
教育	学前教育	P_{17}	3.51	4	QⅣ	维持区
	中小学教育	P_{18}	3.80	2	QⅣ	维持区
	职业培训	P_{19}	2.78	21	QⅢ	机会区
卫生和社会工作	医疗服务	P_{20}	2.57	26	QⅢ	机会区
	社会救助	P_{21}	2.90	16	QⅢ	机会区
文化、体育和娱乐业	出版和影视音制作	P_{22}	3.05	12	QⅠ	优势区
	文艺表演服务	P_{23}	2.73	22	QⅢ	机会区
	公共图书馆与博物馆	P_{24}	2.67	25	QⅢ	机会区
	体育设施与场馆服务	P_{25}	2.93	15	QⅢ	机会区
	娱乐活动与娱乐设施	P_{26}	2.97	14	QⅢ	机会区
公共管理、社会保障和社会组织	政府机构服务	P_{27}	3.27	8	QⅠ	优势区

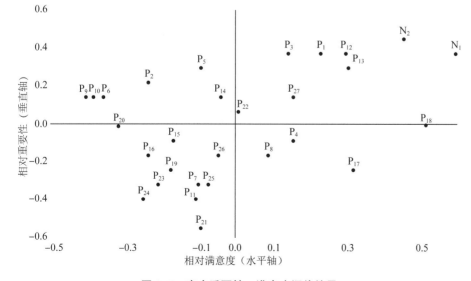

图 8-7 商家重要性—满意度评价结果

接下来观察基于商家主体的站点地区各项服务功能与设施的重要性—满意度分区结果(图8-7)。首先是优势区。共有8项指标落入优势区,分别为综合客运交通服务、快递物流服务、零售商品服务、餐饮服务、环境保护服务、公共设施服务、出版和影视音制作、政府机构服务。商家主体对于上述8项服务及设施的满意度较高,同时认为重要性也较高。这是站点地区的优势所在,未来发展以强化保持为主。其次是维持区。维持区的指标数量最少,仅4项指标落入此区域,分别为住宿服务、房屋租赁服务、学前教育、中小学教育。商家对这4项服务与设施的满意度评价较好,但重要性程度较低。中小学教育的重要性虽然不高,但已经非常接近临界值,距离优势区只有一步之遥。维持区的各项指标在未来发展中以保持维护为主,不需要投入太多的资源,但也要防止其滑入机会区。落入机会区的指标数量最多,多达11项,主要涉及医疗服务、社会救助、保险服务、法律服务、日用品维修、机动车维修以及文艺表演服务等。上述这些服务与设施的满意度、重要性评分都较低,未来发展虽然不将其作为重点,但这些都属于公共服务设施,关乎基本民生,因此未来也需要对其加强建设,以提高满意度。最后是修补区。落入修补区的指标主要包括商品批发、网络和电信服务、银行服务、房价水平、房租水平、生活服务6项,这些指标是商家主体认为很重要,但对2019年以前的开发建设较不满意的方面。并且多数商家在访谈中也反映,房价快速大幅度增长,租金也水涨船高,严重增加了经营的负担;另外,高铁新城属于新开发区,设施不健全,生活也不太方便。下一步的发展要在上述方面增加投入,完善设施建设,提升服务品质。这也是站点地区未来发展的重点。

8.3 利益主体对站点地区产业开发效果的评价

8.3.1 评价指标体系

1) 基于社会性主体的评价指标体系

产业开发的最终目的是取得地方经济的振兴与可持续发展。具体到利益主体,则主要表现为出行便捷、就业机会增多、收入稳定增长、具有优良的居住或就业环境、生活品质得到提升。站点地区产业开发建设的目的同样如此。因此,为了检验社会性主体对站点产业开发效果的评价,本章从交通出行、就业、生活、环境四个方面建立站点产业发展效果评价体系(表8-11),并对居民、企业员工、商家三种社会性利益主体进行问卷调查与访谈,以期能够对站点开发效应进行客观真实的评价,能够更为准确地锁定站点地区产业发展存在的问题。

在对交通出行进行评价时,主要采用日常出行便捷性、上下班通勤便捷性、商务出行便捷性三个二级指标分别反映站点交通设施建设对居民、从业人员不同主体的出行的影响效果,使用与市中心的交通便捷性来反映站点综合交通区位条件。在就业方面,主要采用不同利益主体对就业机会、工资水平、工作场所以及收入增长四个二级指标对产业发展对就业的带动效果进行评价。在生活方面,主要采用房价水平、房租水平、生活/经营成本来反映站点产业的开发建设活动对居民生活造成的影响,是否增加其生活负担或经营成本。在环境方面,主要从居住环境和开放空间两个方面进行评价,用步行适宜性、绿地、公园、休闲活动广场、体育场馆及设施来反映站点地区开放空间的营造。

表 8-11 基于社会性主体的站点地区产业发展效果评价指标体系

一级指标	二级指标	评价方法
交通出行	日常出行便捷性(X_1)	打分评价: 非常不满意=1分; 不满意=2分; 一般=3分; 满意=4分; 非常满意=5分。 根据对该项指标的满意程度打分
交通出行	上下班通勤便捷性(X_2)	
交通出行	商务出行便捷性(X_3)	
交通出行	与市中心的交通便捷性(X_4)	
就业	就业机会(X_5)	
就业	工资水平(X_6)	
就业	工作场所(X_7)	
就业	收入增长(X_8)	
生活	房价水平(X_9)	
生活	房租水平(X_{10})	
生活	生活/经营成本(X_{11})	
环境	步行适宜性(X_{12})	
环境	居住环境(X_{13})	
环境	绿地(X_{14})	
环境	公园(X_{15})	
环境	休闲活动广场(X_{16})	
环境	体育场馆及设施(X_{17})	

2) 基于政府主体的评价指标体系

与社会主体不同,政府主体主导着整个站点地区的开发。站点地区的规划、产业类型选择、开发次序、招商、开发建设等均由政府主体决定。政府主体致力于站点地区开发,其目的是使整个地区经济呈持续稳定增长。政府主体关注产业的配置,站点地区的产业开发是否能够带来预期的就业增长、税收增加以及人口集聚度的不断提升。因此,相对于社会性主体,除交通出行与环境指标一致以外,基于政府主体的站点地区产业发展效果评价指标体系(表 8-12)主要有以下不同:开发方式和效果反馈代替了生活和就业。使用产业结构配置、产业多样性、站点地区建设进度、土地开发的集约性四个指标来衡量站点产业开发实践的合理性;使用城市(地方)形象提升、就业密度、就业率增长、税收增长、人口数量与密度来反映产业开发的实际效果。

表8-12 基于政府主体的站点地区产业发展效果评价指标体系

一级指标	二级指标	评价方法
交通出行	日常出行便捷性(X_1)	打分评价: 非常不满意=1分; 不满意=2分; 一般=3分; 满意=4分; 非常满意=5分。 根据对该项指标的满意程度打分
交通出行	上下班通勤便捷性(X_2)	
交通出行	商务出行便捷性(X_3)	
交通出行	与市中心的交通便捷性(X_4)	
环境	步行适宜性(X_5)	
环境	绿地(X_6)	
环境	公园(X_7)	
环境	休闲活动广场(X_8)	
环境	体育场馆及设施(X_9)	
开发方式	产业结构配置(X_{10})	
开发方式	产业多样性(X_{11})	
开发方式	站点地区建设进度(X_{12})	
开发方式	土地开发的集约性(X_{13})	
效果反馈	城市(地方)形象提升(X_{14})	
效果反馈	就业密度(X_{15})	
效果反馈	就业率增长(X_{16})	
效果反馈	税收增长(X_{17})	
效果反馈	人口数量与密度(X_{18})	

8.3.2 利益主体对产业开发效果的评价结果分析

1) 基于社会性主体的开发效果评价

根据上文社会性主体的指标体系,采用问卷调查与访谈的方式搜集数据。共发放问卷320份,回收问卷312份,筛选出有效问卷280份。问卷的基本信息见表8-13。由于部分个体具有多重身份,例如既是居民,又在此地工作或经营商铺,因此最终得到的居民主体为230人,企业员工为99人,商家为100人;将近57%的受访者为男性;约55%的受访者年龄在26岁到35岁之间,50岁以上的个体数目仅占5.36%;学历以高中、大学本科、大学专科为主,三者合计占比接近80%,研究生学历者不足7%;月收入以8 000元以下为主,共计占比为65%;超过80%的受访者来自苏州市

表 8-13 个人基本信息表

变量	变量内容	数量/人	百分比/%
利益主体类型	居民	230	53.61
	企业员工	99	23.08
	商家	100	23.31
性别	男	159	56.79
	女	121	43.21
年龄	18—25 岁	65	23.21
	26—35 岁	152	54.29
	36—50 岁	48	17.14
	50 岁以上	15	5.36
学历	初中及以下	45	16.07
	高中	52	18.57
	大学专科	88	31.43
	大学本科	76	27.14
	研究生	19	6.79
月收入	5 000 元以下	87	31.07
	5 000—7 999 元	95	33.93
	8 000—9 999 元	49	17.50
	1 万—1.5 万元	28	10.00
	1.5 万元以上	21	7.50
来源地	苏州市	51	18.22
	江苏省内其他地区	97	34.64
	江苏省外其他地区	132	47.14
居住年限	不足 1 年	94	36.43
	1—3 年	111	43.02
	4—6 年	16	6.20
	7—10 年	11	4.27
	10 年以上	26	10.08
工作年限	不足 1 年	56	29.17
	1—3 年	63	32.81
	4—6 年	38	19.79
	7—10 年	15	7.81
	10 年以上	20	10.42

续表 8-13

变量	变量内容	数量/人	百分比/%
上下班通勤方式	地铁	79	22.51
	公交	28	7.98
	自驾车	117	33.33
	骑车	37	10.54
	步行	69	19.66
	出租车	10	2.85
	高铁	11	3.13

注：有 22 份问卷没有填写居住年限；有 88 份问卷没有填写工作年限。

以外的其他地区；在苏州居住 4 年以内的受访者接近 80%；工作 4 年以内的受访者超过 60%；在通勤方式上，33.33% 的人选择自驾车，22.51% 的人选择搭乘地铁，多数人在通勤时选择多种出行方式相结合。

综合社会性主体对站点产业开发效果的评价结果来看（表 8-14，图 8-8），截至 2019 年站点地区的优势集中在工作场所、居住环境、绿地三个方面。其他满意度较高但重要性较低的指标分别是位于维持区的日常出行便捷性、上下班通勤便捷性、商务出行便捷性、与市中心的交通便捷性、步行适宜性。位于机会区的指标主要有房价水平、房租水平、生活/经营成本三项。在大多数商家主体看来，房价水平、房租水平过高也是其所面临的重要问题，而且这也严重增加了经营的成本，造成生活负担加重。虽然上述三项指标位于机会区，但实际上距离修补区已经非常近，尤其是生活/经营成本和房价水平几乎位于机会区与修补区的临界线位置，极有可能向修补区跃迁。位于修补区的指标较多，包括就业机会、工资水平、收入增长、公园、休闲活动广场、体育场馆及设施共六个指标。这些较为重要的方面，社会性主体的满意度较低，主要涉及就业、环境两个方面，基本上反映了站点地区开发所存在的主要问题，工资水平较低、收入增长缓慢。而且在与居民的访谈中发现，站点地区的产业开发活动的确带来了就业机会的增多，但多是一些低端的工作类型，真正高端的就业机会仍然较少。绿地虽然较多，但休闲广场的建设开发大多正在进行中，附近则没有公园，最近的公园距离此处接近 3 km，体育设施也较少。除自然环境和交通条件之外的其他方面，目前来说都不太令人满意。

总的来说，在社会性主体看来，目前站点地区的发展效果较差，基本上与社会性主体较为相关的重要社会经济指标都未能取得满意的效果。虽然截至 2019 年站点地区仍处于开发建设的初期，总的开发建设面积还未占到整个高铁新城的 1/3，对于整个更大的阳澄生态新区来说，更是不足 5%，在整个高铁新城南片区，商务大楼与商业住宅林立，部分商务大楼的使用率不足 50%，商业住宅的入住率不足 20%，但商务大楼和商业住宅的开发依然占据了站点开发活动的主体，而配套设施的建设却凸显不足。从地方的宏观经济发展上看，主要的产业类型、产业结构已经发生根本改变，外在的城市景观也经历着更新，但这些变化都尚未惠及多数的社会性主体。

表 8-14 基于社会性主体的重要性—满意度分区结果表

一级指标	二级指标	分区结果	
交通出行	日常出行便捷性(X_1)	QⅣ	维持区
	上下班通勤便捷性(X_2)	QⅣ	维持区
	商务出行便捷性(X_3)	QⅣ	维持区
	与市中心的交通便捷性(X_4)	QⅣ	维持区
就业	就业机会(X_5)	QⅡ	修补区
	工资水平(X_6)	QⅡ	修补区
	工作场所(X_7)	QⅠ	优势区
	收入增长(X_8)	QⅡ	修补区
生活	房价水平(X_9)	QⅢ	机会区
	房租水平(X_{10})	QⅢ	机会区
	生活/经营成本(X_{11})	QⅢ	机会区
环境	步行适宜性(X_{12})	QⅣ	维持区
	居住环境(X_{13})	QⅠ	优势区
	绿地(X_{14})	QⅠ	优势区
	公园(X_{15})	QⅡ	修补区
	休闲活动广场(X_{16})	QⅡ	修补区
	体育场馆及设施(X_{17})	QⅡ	修补区

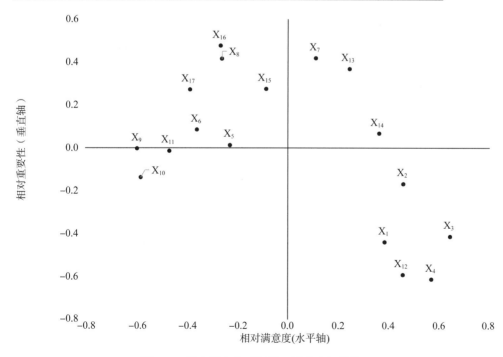

图 8-8 社会性主体重要性—满意度评价结果

房价的快速增长,较低的工资和收入水平,使得人们的生活并未得到改善。

2) 基于政府主体的开发效果评价

苏州高铁新城管理委员会成立于 2012 年,主要是从不同的政府部门、不同等级的政府机构抽调人员组成的,汇集了政府各主要部门的高铁新城建设者,也代表了不同部门的发展诉求。因此在对政府主体的调研中,主要调研了高铁新城管理委员会共 11 位政府管理人员,涉及产业发展研究专员、城市规划与设计研究员、经济服务中心工作人员、招商引资专员、对外宣传部门工作人员、人力资源管理人员,覆盖了政府管理机构的主要部门。这 11 位政府工作管理人员全部为本科以上学历,其中 6 位具有研究生学历,部分具有留学经历;年龄大多在 30—35 岁;收入水平也较高,半数以上月收入超过 1 万元。总之,在被调查的政府主体中,高学历、高收入、年轻化是这一群体的主要特征,并且其深度参与了站点地区开发的各项环节。

根据政府主体对站点地区产业开发效应的评价(表 8-15)可以发现,总体上综合效应在满意以上,各指标均值大于 4 分。在交通出行方面,整体都较为便捷,但与市中心的交通联系相对来说最弱。这也十分符合站点开发的现状。在环境方面,步行环境得分最高,其他都在一般之上,满意之下。当地的绿地,包括居住区周边道路两侧绿地,以未建设用地为主,极少有供专门休闲娱乐的公共绿地;另外,公园、休闲活动广场、体育场馆及设施等都较少。在开发方式上,政府主体也表示满意。只有站点地区建设进度在满意以下,但十分接近满意。其他包括产业结构配置、产业多样性以及土地开发的集约性,都达到满意的水平。从效果反馈来看,地方形象得到提升,就业密度提高,就业率和税收都实现显著增长,整体的开发效果较好。只有人口数量与密度这一个指标的得分在满意以下,但也十分接近满意水平。总的来说,环境(步行适宜性除外)、人口数量与密度、站点地区建设进度、土地开发的集约性在满意以下,其他均在满意以上。政府主体对站点产业发展效果的整体评级在满意之上。

表 8-15 基于政府主体的满意度评价结果表

一级指标	二级指标	满意度/分	排名
交通出行	日常出行便捷性(X_1)	4.64	1
	上下班通勤便捷性(X_2)	4.64	1
	商务出行便捷性(X_3)	4.45	3
	与市中心的交通便捷性(X_4)	4.18	9
环境	步行适宜性(X_5)	4.36	4
	绿地(X_6)	3.91	13
	公园(X_7)	3.55	16
	休闲活动广场(X_8)	3.45	17
	体育场馆及设施(X_9)	3.27	18

续表 8-15

一级指标	二级指标	满意度/分	排名
开发方式	产业结构配置(X_{10})	4.27	5
	产业多样性(X_{11})	4.00	11
	站点地区建设进度(X_{12})	3.82	14
	土地开发的集约性(X_{13})	4.00	11
效果反馈	城市(地方)形象提升(X_{14})	4.27	5
	就业密度(X_{15})	4.09	10
	就业率增长(X_{16})	4.27	5
	税收增长(X_{17})	4.27	5
	人口数量与密度(X_{18})	3.82	14
均值		4.07	

对比社会性主体和政府主体对站点开发效果的满意度(图 8-9)。政府主体的满意度评分介于 3.2—4.8 分,均在一般之上;而社会性主体的满意度评分则介于 2.6—4.0 分,均在满意以下,部分指标在一般以下。可见,整体上,政府主体对开发效果的满意度要高于社会性主体。对比二者在交通出行各指标上的满意度可以发现,政府主体的最低评分(距离市中心的交通便捷性,4.18 分)也要高于社会性主体的最高评分(商务出行便捷性,3.92 分)。在各交通指标中,政府主体认为距离市中心的交通便捷性是满意度最低的方面,但是社会性主体则认为距离市中心的交通便捷性相对较好,至少优于日常出行便捷性与上下班通勤便捷性。社会性主体是站点地区开发的参与者和切实体验者,其评价能够更为客观地反映现实状况,而政府主体作为站点地区开发的主导者,显然对开发效果的评价过于乐观。

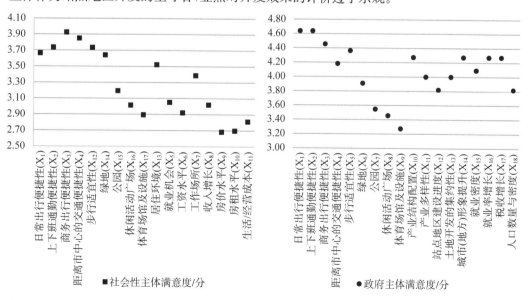

图 8-9 社会性主体和政府主体满意度对比

9 高铁站点地区产业发展的总体过程与机制分析

前文分别对企业、商业和房地产业的发展过程与动力机制进行了分析,接下来本章将在前文研究的基础上,对站点地区总体产业发展的过程与动力机制进行总结,针对站点地区产业发展存在的问题提出建议。并在对苏州北站站点地区产业发展过程、动力与存在问题认识的基础上,探讨苏州北站的案例对我国其他高铁站点地区产业发展的启示。

9.1 站点地区产业发展的总体过程

本章选择苏州北站为案例,对站点地区的产业发展进行研究。研究区主要由高铁新城中部片区和南部片区组成。高铁轨道以南为南部片区,以北属于中部片区。在高铁开通前的2010年前后,当时的苏州北站周边主要由村庄、农田、工业园区以及零散分布的制造业工厂组成。房地产业相关活动主要是工业用地出让或租赁及厂房建设,村民及工人自住房舍的修建与出租,没有商品住宅开发及大型购物中心的建设等其他商业性的房地产开发活动。城市化的主要表现为村民主要就业方式的非农化,产业以工业尤其是制造业为主。到2019年,苏州北站站点地区的面貌已经发生重大改变。区内所有的村庄、厂房、工业园区都已经消失,出现了大量的空地。站点以北的主要地物包括一个超大型的居住区、高铁新城体育场、体育馆,以及若干地铁站和公交站。主要的开发建设活动分布在站点以南,沿紧邻站点的主干道两侧,以商业住宅与商务办公大楼为主,并有一个购物中心、若干公寓大楼,在南片区东西部边缘分布有3所学校。整个南片区已经初步具备现代化的城市面貌,商务大楼代替了厂房,全新的居住区取代了传统村庄,产业也由商务服务业、信息技术、科研技术服务业等知识密集型产业代替了原有的制造业。这一城市景观和产业演变过程可以分为以下几个阶段:

9.1.1 高铁的开通与附属交通设施的建设

2011年6月苏州北站开始正式运营。高铁站点本身是以提供区域或区际客运服务为主,但随着附属基础设施的建设、公交线路的增加、地铁线路的开通等,高铁站点的地方可达性大大增加,不仅成为区际交通的枢纽,而且成为所在城市发展区的交通枢纽。在这一阶段,站点地区开发的直接驱动力是高铁服务,主要的开发建设主体是政府,资本投入也是以国有资本为主,主要的产业活动以高铁客运、建筑业活动为主。

9.1.2 房地产开发与配套设施建设

便捷的区域和地方可达性,吸引了大量的投资,首当其冲的就是房地产资本的涌入。站点地区的开发进入第二个阶段——商业性的房地产开发活动与公益性的配套设施建设。这一阶段分为两个部分:其一是商业性的房地产开发活动。2012年1月11日,苏州高铁新城管理委员会挂牌成立。2012年5月,苏州市政府审批通过苏州高铁新城概念规划。2012年8月高铁新城第一批挂牌的土地成功出让,2015年、2016年第一批商务大楼、居住区和首个综合性购物中心相继建成,原有的居民区、制造业工厂也已基本完成转移、关停,但拆迁工作仍在继续。与商业性的房地产开发活动同时进行的是公益性的配套设施建设,其通过土地划拨的方式,交由苏州市高铁新城建设投资有限责任公司统一进行开发,主要是站点地区基础设施的建设,包括学校、道路广场、停车场、污水处理厂、政府机构、高铁新城体育馆等配套设施,以及站点景观配套工程。

这一阶段,站点地区开发活动的直接驱动力是政府决策。地方政府为转变整个地区经济落后的状况,以高铁为契机,推出了高铁新城开发计划,试图将该地区从一个传统制造业集聚区转变为以高新技术产业为主导的高端产业新城,并在基础设施建设上投入了大量资本。基于对地方房地产市场的正面预期,民营企业也开始积极参与站点地区的房地产开发活动中,成为商业地产开发的主力,贡献了80%的土地出让金额。因此这一阶段站点地区的投资主体有两个:一个是国有企业,另一个则是民营企业。相应的资本来源也有两个:国有资本主导基础设施建设,并参与办公地产的开发;而民营资本则主导商品住宅开发,并参与办公地产开发。这一阶段站点地区的产业活动以房地产业为核心,并涉及部分关联产业,如建筑业。在这一阶段,土地拆迁整理完全打破了原有的产业格局和城市景观,新的房地产开发与基础设施建设则重塑了整个地区的城市景观。新的产业格局即将形成。

9.1.3 产业和人口集聚阶段

随着部分地块开发建设活动的结束,商务办公大楼、购物中心、商业住宅的相继投入使用,站点地区的发展进入了第三个阶段——产业和人口的集聚阶段。房地产开发活动为不同类型的产业经济活动提供了充足的场所。企业作为产业活动主体占据了办公大楼,新的商业活动则在购物中心、居住区外围集聚,形成规模不等、类型各异的商业中心。新建居住区为居民的入住提供了场所。企业的进驻则带来了大量的就业人口。站点地区的人气逐渐提升。不同的产业活动之间彼此影响,互相促进:企业的进驻为商业发展带来了高消费群体,为住宅地产带来了潜在的消费对象;商业的开发与繁荣提升了地方的吸引力,方便了居民和员工的工作与生活;住宅的开发则为企业员工和居民提供了居住之所。另外,随着产业和人口的集聚,政府公共服务机构也陆续迁入,为上述企业和居民提供了必要的公共服务。

在这一阶段,站点地区的房地产开发活动仍在继续。产业活动逐渐从房地产业向多样化的企业活动过渡,企业的类型决定了站点地区的产业结构。在这一阶段,包括商务服务、科研、软件与信息技术等在内的知识密集型产业开始占据主导,商业开始繁荣。这一阶段的投资主体依然是国有企业和民营企业两类主体,产业发展的核心则是民营企业,资本来源也是以民营资本为主。高铁服务和政府政策是这一阶段产业活动发展的主导力量。高铁的时空压缩效应,促使商务服务业、科研技术等时间敏感型企业在站点地区集聚。政府政策,具体包括产业发展政策、税收等优惠政策、人才引进政策。产业发展政策决定了引进企业的类型必须与规划、与地方发展方向相符合,因此一般制造业企业不会被引入;即便是制造业企业,能够进驻的也只是其办公或研发部门,所以产业政策直接决定了引入企业的类型。企业的入驻是双向选择的过程,为了吸引合适类型企业的到来,政府出台了一系列优惠政策,包括税收优惠、租金补贴、投融资服务等。尤其是对于大型龙头企业来说,这些优惠政策具有十足的吸引力。另外人才是知识密集型产业发展的重要决定因素,能否招到合适的高素质劳动力也决定着企业的未来发展,因此地方政府出台了一系列人才引进与人才补贴政策,为企业吸纳高端人才提供帮助。经过这一阶段的发展,站点地区新的产业格局生成。一个集商务办公、居住、交通、商业等多样化高密度开发的公交导向型发展(TOD)地区逐渐形成。

9.1.4　新产业格局的形成与动态平衡

随着产业和人口的集聚,新的产业格局逐渐形成。但新的格局并不是一成不变的,在多种内在和外在因素的作用下,产业内部会发生着更新与淘汰。

随着基础设施的不断完善,大量投资的涌入,房地产价格开始上涨,地租的不断提升成为调节产业和人口集聚的一个重要力量。营利能力不足、背负沉重租金负担的企业会慢慢选择退出,以让位于营利能力更强、具备更高支付能力的企业。地租也对站点地区的人口集聚产生调节作用,房地产价格的上涨,也导致没有足够支付能力的群体无法在站点地区生存,也会选择外迁。因此,地租对产业和人口都具有筛选作用。

市场竞争对产业起到优胜劣汰的作用。无法在市场竞争中获胜的企业会被逐渐淘汰。2019年在已经入驻高铁新城的企业中,有部分企业已经选择关闭分公司,或者外迁。除了市场竞争和地租以外,自身的经营能力、对市场风险与市场前景的准确把握能力也决定着企业的生死存亡。因此,在地租、市场竞争、自身经营能力的影响下,站点地区的企业和人口集聚也在不断变化,经历着企业和人口的迁入迁出,并保持着动态平衡。在这一阶段,产业经济活动的主体是民营企业,主要的投资主体也是民营企业,资本是民营资本。市场机制开始代替政府政策发挥其在产业发展中的主导作用。

　　综上所述,站点地区的产业发展过程可以分为四个阶段:第一个阶段是高铁的开通与附属交通设施的建设阶段;第二个阶段是房地产开发与配套设施建设阶段;第三个阶段是产业和人口集聚阶段;第四个阶段是新产业格局的形成与动态平衡阶段。另外,基础设施的建设、商业地产的开发、产业与人口的集聚、市场机制的调节都贯穿地区发展的整个过程,因此在时间上,上述四个阶段互有交叉,并无严格明确的界限。在不同的阶段,站点地区产业活动的主要类型、投资主体和主要资本来源都不同,站点地区产业空间格局变化的主导力量也不同。旧产业格局被打破的主导力量是政府决策力——主要是政府产业发展政策的转变以及由此引发的土地拆迁整理,这都属于政府决策力。新格局形成的主导力量较为复杂,政府决策是一方面,另外高铁服务、市场机制也是产业空间格局转变的重要力量。

9.2　站点地区产业发展的动力机制分析

　　苏州北站站点地区的开发、高铁新城的建设,突出地表现为强政府主导下的新城建设模式,具体表现为:产业政策的根本性转变所带来的站点地区原有产业活动的集体外迁;土地的整体拆迁与用途转变以支持产业新城的建设;全新的商务大厦与居住小区、基础设施的建设,带来全新的城市化面貌;新的产业类型的入驻从根本上升级了产业结构,完成了主导产业的更新。短短5年时间,站点地区经历了由传统乡镇工业景观到现代化城市新区的剧变,充分彰显了资本的力量。强有力的政府和雄厚的资本支持是苏州北站高铁新城开发的显著特点。政府的高效不仅表现在产业政策的执行上,而且表现在土地拆迁整理、新区建设活动等方面。在全国众多高铁新城规划的案例中,苏州北站的推进速度首屈一指。优越的区位条件,背靠经济强市所带来的雄厚资本实力,园区和新区等产业新区开发的成功经验,都成为苏州北站高铁新城开发的强力支撑。这种内外部优势是无法复制的。具体来说,苏州北站站点地区产业发展的主要驱动力量有以下几点(图9-1):

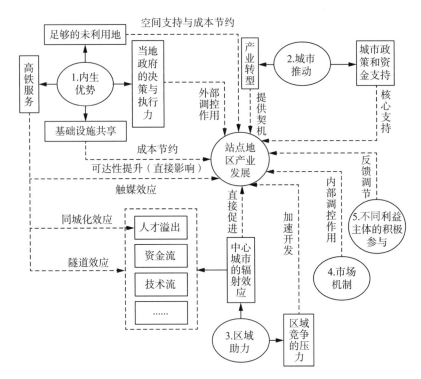

图 9-1　苏州北站站点地区产业发展的驱动机制图

9.2.1　内生优势

1）节点效应与可达性的提升

节点功能的完善对可达性的提升主要体现在站点地区区域可达性 (regional accessibility) 的提升方面，主要是提升了对外的交通联系，由此产生了高铁对产业发展的一系列影响效应。

（1）时空压缩效应。时空压缩是指一定地域范围内人际交往所需的时间和距离，随着交通与通信技术的进步而缩短 (Harvey, 1989; 范建红等, 2018)。高铁的时空压缩效应主要是指作为一种区域快速交通方式, 高铁的出现极大地提升了站点城市的可达性，使得站点城市之间的时间距离缩短，造成时空距离被压缩的现象。时空压缩效应，简单来说就是高铁带来的可达性提升，也是高铁其他效应存在的基础。高铁的时空压缩效应直接刺激新的产业活动在站点地区产生，吸引产业活动在站点地区集聚，表现出对产业发展的直接促进作用。

（2）隧道效应。隧道效应是指，从交通网络的视角来看, 高铁虽然增加了站点城市的可达性，但对于更为广大的非站点地区来说，尤其是位于高铁站点之间的、没有接入高铁网络的地区来说，造成其可达性下降或者与周边站点城市的差距拉大的现象 (Vickerman, 1997; Ravazzoli et al.,

2017)。隧道效应的出现主要是因为高铁作为一种区域性的、快速的轨道交通系统,其接入口是有限的,不能保证机会的均等。隧道效应一方面为节点城市之间的要素流动提供了快捷通道,另一方面也造成了非站点城市发展机会或资源的流失。高铁的隧道效应对产业发展的影响具体体现在:高铁输送的大量客流所附加的知识技术、资本等属性,通过高铁站点在站点地区集聚、停留,促进了产点地区产业的发展。同时,高铁的隧道效应通过与城市群溢出流的结合,强化了城市群中心城市的扩散效应,进而对站点地区的产业发展产生积极影响。隧道效应对产业发展的影响既有直接的促进作用,也有间接的促进作用。

(3)同城化效应。同城化概念强调通过城市间的资源整合来促进区域的整体发展。物质、人力、信息、资金在城市间的自由流动与合理配置是同城化的基本要求(黄鑫昊,2013)。高铁的时空压缩与隧道效应为同城化提供了必要的交通条件,促进了同城化的进程,强化了城市之间的同城化效应。其中高铁的时空压缩效应切实缩短了城市之间的旅行时间,使得城市之间的距离进一步拉近;隧道效应则为各种"流"的移动提供了快速便捷的流通通道。高铁带来的同城化效应在产业发展上表现为,使异地工作和居住成为可能,促进了相邻城市之间的人才与资本交流,进而为站点地区的产业发展带来更多的人才和资本支持。

(4)触媒效应。根据20世纪末美国城市设计师韦恩·奥图和唐·洛干在《美国都市建筑——城市设计的触媒》一书中提出的城市设计的触媒理论可知,城市环境中的各个元素都是相互关联的,如果其中一个元素发生变化,它就会像化学反应中的"触媒"(catalyst,即催化剂)一样,影响或带动其他元素发生改变(金广君,2006)。高铁的触媒效应表现为高铁的出现,为城市发展带来的一系列开发项目、投资,从而加速了整个地区经济发展的过程。由此,高铁在城市和区域发展中扮演"触媒"的角色所引发的一系列发展活动称之为高铁的触媒效应。高铁的触媒效应,使得站点地区的产业发展与结构转换的进程被大大压缩,实现了产业的快速发展。虽然高铁的触媒效应对站点地区产业发展的影响是间接的,但却为站点地区的产业发展带来了极为重要的政策和资本支持,这对于站点地区产业的快速发展具有决定性的意义。

(5)虹吸效应。高速轨道交通通车后会导致人才、资金、信息等各种要素将依托铁路的通道优势呈现出由中小城市向中心城市单向、快速转移的趋势,学界将这种现象称为"虹吸效应"(彭燕东,2012)。高铁的虹吸效应造成沿线中小城市的发展资源加速向大型中心城市流动的现象,中小城市的发展机会、人才、资本等的流失加剧,从而对中小节点城市、非节点城市的产业经济发展造成负面影响。对于站点地区的产业发展而言,高铁的虹吸效应表现为吸引了沿线其他中小城市人才和资本的到来、吸引了地方企业向站点地区的搬迁等,这些都对站点地区的产业发展具有积极影响。虹吸效应也会对城市产业发展产生负面作用,但周边沿线大型核心城市的扩散效应,与站点城市自身的强大实力与吸引力,使得虹吸效应对产业发展的负面影响降至最低。

除高铁对站点区域可达性的提升之外,站点地区的节点效应还表现在附属交通设施的建设上,提升了站点的地方可达性,主要是提升了对内的交通联系;以及站点地区相比其他地区具备的天然优势,即"最后一公里"①的优势。位于站点地区为出行者节约了出发点到站点(door-to-station)或站点到目的地(station-to-door)的时间消耗。对于苏州城区内的出行者来说,这个时间大约为 30 min,对于苏州市其他县市的出行者来说一般为 1 h。如果将这"最后一公里"所节约的时间换算为高铁的出行距离的话,那么约等于苏州到南京的距离,这对于企业来说是非常重要的,极大地提升了出行的可达性和便捷性。可达性的提升直接吸引了知识密集型企业的进驻,为站点地区的产业发展带来了直接的促进作用。这也可以称之为时空压缩效应给站点地区产业发展带来的积极影响,但这种时空压缩效应是由于附属交通设施的建设、地方可达性提升所带来的,并非由高铁直接产生。

2) 基础设施共享红利

高铁站点开通运营的同时,首先要保障必要的能源供应如水、电力系统等基础设施的完备。其次站点要满足乘客的交通接驳需求,使得出行人员能够快速便捷地到达或者离开高铁站点,这就需要附属交通设施的完善。也就是说,在高铁站点正常运营的情况下,国家铁路部门和地方政府已经投入了大量的资本用于基础设施的建设,并且部分基础设施已经相当完备。鉴于高铁站点周边已经投入的巨大的基础设施成本,如果能够更好地发挥这些已有基础设施的效用,那么也会提高资本的利用效率。因此,在站点地区发展产业新区,使得产业活动、人口在站点地区集聚,可以实现充分利用已有基础设施的目的。相对于寻找一个全新的区域,从零开始进行产业园区的开发建设,在站点地区进行开发可以极大地节约开发成本。因此,基础设施共享所带来的红利,是政府选择在站点地区进行产业开发的重要原因。

3) 充足的未开发用地

高铁站选址在远离城市中心的郊区地带,本身就有建设成本上的考虑。站点和轨道建设需要消耗相当规模的土地资源,郊区未利用地多,拆迁成本低,因此可以在很大程度上节约站点建设的成本。处于远郊区,也就决定了这里的发展水平有限,开发程度较低。苏州北站周边已有的建设活动以村庄、工业厂房为主,其他的开发建设活动较少。相对于其他城市地块来说,高铁站点周边具有以下优势:首先,开发活动少,未利用地多,有充足的未开发用地可以供产业新区开发建设所用。其次,已有建筑少,拆迁成本低。已有的工业园区规模较小,而零散分布的厂房也较为简易,因此拆迁所付出的成本较低。而且此处的拆迁工作所涉及的利益关系远远没有中心城区那么复杂,因此便于进行土地的整理与出让。最后,得益于站点周边原本的落后,以及拥有充足的未开发用地,产业开发等一系列建设活动得以有充足的空间展开,并且土地整理出让迅速,也大大提高了站点开发建设的速度。

4) 当地政府的决策力和执行力

相城区的经济发展水平在苏州市长期位居倒数,从国民经济统计数据上来看,仅优于姑苏区。面对长期经济落后、增长乏力的局面,地方政府为了扭转经济发展的颓势,决心以高铁为契机,推行新城建设,打造高端服务业示范区。从产业定位、城市规划到具体实施都十分高效,对规划的执行也十分到位,并制定与推出一系列优惠政策,吸引企业和人才的到来。地方政府的决策力和高执行力,直接推动了站点地区的产业升级与发展。没有政府高效的政策制定、管理与运营,站点地区的产业发展与建设就不会进展得如此迅速,表现最为明显的就是土地的拆迁整理。另外,短期内快速实现了办公大楼的建设和企业的入驻。苏州北站站点地区的开发建设速度要远远领先于其他地区高铁新城规划的实施速度,这与当地政府的高执行力密不可分。所以说当地政府的决策力和高执行力是站点地区产业发展的重要推动力量。

9.2.2 城市推动

1) 城市支持力

苏州市在2019年的地区生产总值达到1.86万亿元,位居江苏省第1位,全国第7位,甚至超越了大部分省会城市,仅落后于北京、上海、广州、深圳、天津和重庆。苏州市的经济、环境和自身条件都对企业和人才极具吸引力,这也使得苏州高铁新城的发展从中获益。并且有苏州市这样一个经济实力强劲的城市为后盾,苏州高铁新城的发展在资本和政策上也得到了强有力的支持。城市支持力是决定站点地区产业发展的决定性力量,没有资本的支持就不会有大规模建设活动的展开,也就不会有当前的城市景观。高铁新城建设规划的顺利实施,首先取决于苏州市政府的批准。苏州市政府国有资产监督管理委员会、苏州工业园区管理委员会国有资产监督管理办公室和相城区政府国有资产监督管理办公室是苏州北站站点地区基础设施开发的核心投资主体,为站点地区的开发提供了大量的政策和资本支持。北河泾街道、元和镇等下属的乡镇级地方政府也积极参与并配合高铁新城的开发,为产业发展提供了足够的后备土地资源。在制造业迁出过程中,接收地政府也积极配合。在迁入企业中,有许多来自工业园区和其他县市、乡镇产业园的企业,各级地方政府都表现出了对高铁新城产业发展的支持。另外,苏州工业园区、苏州高新区开发建设的成功经验,为高铁站点地区的开发提供了帮助。因此,总的来说,苏州市的政策和资本支持与其他各级政府的配合力所共同构成的城市支持力是站点地区产业发展的关键驱动力。

2) 城市总体产业转型的契机

根据美国区域经济学家埃德加·胡佛（Edgar Hoover）和约瑟夫·费希尔（Joseph Fisher）提出的经济增长阶段理论可知，城市经济发展存在着"标准阶段次序"。在工业化阶段，城市经济以制造业为先导，工业逐渐兴起成为经济增长的主导力量。在工业化阶段之后是服务业输出阶段。在这一阶段，服务业快速发展，服务的输出逐渐取代工业成为推动城市经济增长的核心动力（Hoover et al.，1949；李小建，2006）。苏州市则正处于工业化阶段向服务业输出阶段的过渡时期。苏州市在渡过了制造业经济腾飞的黄金时期之后，为了实现产业结构的高级化，保持长期经济发展的持续稳定增长，开始谋求制造业升级与产业向高端服务业、科技服务业的转型，并在城市总体规划中制定了以商务、商贸、创意和研发产业等高新技术产业为主导的产业发展目标，以"一核四城"为主的城市空间开发战略。苏州北站高铁新城即为"四城"中的北部新城，苏州北站也是苏州市的北门户。苏州高铁新城的开发建设，恰好处于苏州市总体产业转型期。苏州北站站点地区的产业开发抓住了苏州市产业转型的契机，因此，也使得其开发建设能够获得来自城市层面的资本和政策的大力支持，这些为高铁新城的产业发展提供了重要的城市推动力。

9.2.3 区域助力

1) 城市群核心城市的辐射效应

苏州市属于长三角城市群的成员之一，身处中国经济最为发达、最为先进的城市群，城市群的扩散效应，尤其是核心城市上海的辐射效应，使苏州高铁新城成为最直接的受益者。高铁新城的许多企业都来自上海，也能够从上海吸引大批的人才，这都对站点地区的产业发展起到了促进作用。由高铁的时空压缩带来的同城化效应，也使得越来越多的人选择在上海和苏州两地分别居住和工作。上海作为全球城市网络中的重要一员，在全球化背景下，面对其知识技术、信息流、资本等的外溢，苏州市通过与上海的紧密交通联系，尤其是通过高铁的隧道效应，为核心城市的各种溢出的流提供快捷通道，使得苏州成为核心城市知识和资本外溢的优先接收者，这对高铁站点地区乃至整个苏州市的产业发展都具有积极作用。另外，背靠长三角城市群，有利于企业业务市场的扩展，巨大的腹地范围，有利于企业市场的拓展和未来的发展。除城市推动力以外，城市群核心城市的辐射效应作为最主要的区域助力，对站点地区的产业发展施加着独特的影响，并且在高铁时空压缩效应与隧道效应的共同作用下得到强化。

2) 区域间竞争所带来的发展动力

区域之间既有分工合作，也存在竞争。据不完全统计，在京沪高铁沿线 24 个站点中，有 22 个设站城市、16 座高铁新城。其中天津拟建设的高铁新城就有两座,几乎所有的高铁新城都以"商务、科技、总部经济"为产业发展核心,产业类型的雷同也使得区域经济之间的相互竞争已经蔓延到高铁新城的开发建设上。苏州北站临近的无锡东站,锡东新城的产业发展定位也是高铁商务区,这就形成了不同地区高铁新城之间对同一类企业、资本的争夺。因此,如果想要在区域之间的激烈竞争中占得先机,就必须加快自身的开发建设进度,提升和完善配套设施,以此来提升自身对企业、人才和投资的吸引力。所以从这个角度来看,来自周边其他高铁商务新城的竞争压力,最终转变为自身加快发展的动力,作为一种区域助力推动了高铁新城的开发建设。

9.2.4 市场机制

市场在资源配置中起到基础性作用,通过有效的资源配置,市场机制可以有效激励经济活动的不同参与主体。任何违背市场规律的产业刺激措施最终都会适得其反,高铁站点也不例外,站点地区的一系列开发建设活动虽然是由政府进行决策并付诸实施,但这一系列开发建设活动都要建立在市场机制的基础上,以市场规律为前提。当前,站点地区的大规模开发建设加速了市场结构的转变,从长期发展来看,市场依然会最终决定资源的配置,决定企业的生死,因此市场机制是站点地区产业发展的内生决定力量。当前的苏州北站,市场机制在站点地区产业发展过程中的作用远不及城市政策和资本的支持力、当地政府的政策和执行力;但在企业商家等入驻之后,在未来的经营过程中,市场机制的作用将会越来越显著,并最终成为主导产业发展的决定性力量。

9.2.5 不同利益主体的积极参与

不同利益主体积极参与并推动了站点地区的产业发展。政府作为产业发展的管控者总揽全局,为产业发展制定科学合理的规划,制定辅助政策,引导产业的健康快速成长。企业作为站点地区产业经济活动的主体,在充分利用外部条件的情况下,精心经营以在市场竞争中生存并获得发展。众多企业的增长才构成了站点地区整个产业的发展,而企业的增长则是由员工所创造。商家是站点地区商业活动的供给方,商业也是站点地区产业活动的重要组成部分。商家的经营活动为站点地区其他利益主体的日常工作与生活提供了便利,也增强了站点地区的吸引力。居民是站点地区商业服务的消费主体,居民的集聚与数量增长为商业的繁荣提供了可能。另外,居民也可能同时扮演着企业员工或商家的角色,为站点地区的产业增长贡献着力量。

9.3 站点地区产业发展的问题与对策建议

9.3.1 企业

企业是站点地区产业经济活动的主体。针对企业发展现状及发展过程中面临的主要问题，如人才引进、融资服务、商务服务等，未来站点地区应当从以下方面采取措施，以促进企业健康发展：

第一，融资服务。不论是对于大中型企业还是初创型小微企业，具有充足的资金支持是企业发展的重要保障。当前站点地区的企业在融资服务上的需求较大，政府管理者应当担当好服务角色，帮助企业寻找具有投资能力和投资意愿的合作伙伴，为企业的投融资服务牵线搭桥。另外，也可以通过成立专项投资基金的方式，为达到一定标准的小微企业提供融资服务，以促进初创型企业的发展。

第二，采取措施加强和促进企业之间的相互了解，提升站点地区内部企业之间的交流与合作，形成产业合力。当前企业多为刚刚进驻站点地区，彼此之间缺乏了解。商务服务业企业是站点地区数量较多的企业类型，但多数企业反映需要商务咨询服务或市场推广服务时无法快速找到合适的合作对象。因此，作为站点运营者，在今后的工作中应当采取措施增进企业之间的相互了解，促进内部企业之间的深度业务合作，以应对外部竞争。例如可以成立内部企业联盟或者协会，定期收集企业需要的服务，并为企业适时推送相关服务的提供者，为企业推荐可靠的合作对象。

第三，也是最为关键的一点，即人才引进。未来城市的竞争，归根结底是人才的竞争，人才对于企业来说，也是发展的关键。成功吸引足够多的高素质人才，对企业、对地方经济的发展都至关重要。相城区由于长期经济发展水平低，区位条件差，在人才吸引力上落后于工业园区和高新区。虽然目前已经出台了一系列人才引进政策，但企业仍然面临着招人难的问题。针对这一问题，除了企业自身要采取措施以外，作为站点开发的运营者和管理者，当地政府应当继续提升对人才的优惠政策，加大对人才的引进力度，尤其是高端人才方面。

第四，区位优势的进一步提升。名义上在站点地区注册的企业数量要远大于真正在此地营业的企业数量，其原因首先在于当地具有较好的政策优惠，使得投资人愿意在此地注册企业，或者愿意将企业的注册地更改到高铁新城地区。其次区位优势不足以吸引企业的实质性搬迁。多数企业仅仅注册在站点地区，但不在此地办公，也就是并未进行实际的企业迁移或在站点地区的正式运营，一个可能的原因是整体的区位优势不够，政策为企业所带来的好处不足以抵消搬迁为企业带来的额外成本。因此，在未来的发展上，除了政策以外，也要考虑配套硬件——服务设施的健全，软件——公共服务的提升，进一步提升站点地区的区位优势，吸引企业的入驻。

9.3.2　商业

商业开发与品质提升并重。虽然目前站点周边的商业开发能够满足不同利益主体的基本需求,但在居民服务、电信服务、银行服务等方面还有较大不足;而且由于不同收入人群对商品和服务的需求层次不同,商业设施不仅需要类别的完善,而且在高端商品服务的供给上也需要进一步加强。另外,根据乘客的反映,站内外餐饮零售服务存在比较大的问题。由于乘客自身的时空条件限制,不能远离站点,更不能在外部停留较长时间,只能在紧邻站房和站房内部消费,因此紧邻站点的周边地区的餐饮零售商业的开发需要加强,提升乘客与商业服务之间的可达性,更好地满足乘客的需求;站内餐饮零售服务的品质也需要提升,并加强管理,保障商品服务与价格的匹配,维护消费者权益。总的来说,在商业的发展上,需要商业设施的进一步开发,商业服务品质的进一步提升。但商业的发展由市场需求决定,随着人口集聚、市场需求的增长,商业活动也会逐渐丰富,因此商业可不作为重点建设的对象,而交由市场机制主导。

9.3.3　房地产业

作为国民经济的重要组成部分,房地产市场的火爆,房地产交易额的提升可以带来直接的国民经济产值增长。而且对于地方经济发展来说,房地产价格的适度上涨会增加投资者对站点地区良好发展前景的信心,能够为站点地区的开发吸引更多的投资,从而为地方经济发展做出积极贡献。其他产业经济活动的入驻也需要房地产业先行。但房价的过度上涨则可能造成广大的劳动人民、为经济发展直接付出的从业人员等,因为没有足够的支付能力而不能安居乐业。对于过高的房价和房租水平,商业经营者已经表现出对经营状况的担忧。对于企业来说,房地产投资能够轻松带来超出一般行业的收益率,会打击其他企业经营者经营实业的信心,对经济发展产生不利影响。从2012年到2019年,站点地区的住宅价格几乎翻了两番,住宅用地的拍卖价格也屡创新高。高铁新城出让的土地价值总计就超过200亿元,远超同期的税收总和。站点地区开发已经表现出过度的房地产化趋势,因此,未来需要加强对房地产市场的监管与调控,避免过度的房地产化趋势给经济发展带来的进一步伤害。

9.3.4　兼顾不同利益主体需求,体现以人为本的开发理念

从不同利益主体的切身利益出发,增强站点地区配套设施建设,满足不同利益主体的需求,为利益主体的工作、生活提供方便。在配套设施方面,医疗设施的不足是首要问题,因此首先要做的是医院和诊所以及社会

医疗卫生服务中心的建设,打造站点地区完善的医疗服务体系。与居民生活相关的广场、体育娱乐设施的建设也是未来需要加强的地方。对于居民和从业人员来讲,通过必要的职业培训和再就业服务,提升利益主体参与高端就业的能力,也是重要的方面。因此,针对不同主体的不同需求,在未来的开发建设中要做到不同产业服务功能之间的平衡,做到兼顾不同群体的需求,实现基本公共服务的均等化,真正实现以人为本的开发建设理念。

9.3.5 坚持高标准的城市建设与监管,营造高品质城市场所

站点地区的规划建设有效地避免了高铁的噪声、大量客流对企业生产和居民生活的负面影响。高品质的工作场所、优质的外部环境都对居民和从业人员产生积极影响。得益于站点管理者的有效监管,违法乃至犯罪活动并未在此滋生,维护了站点地区作为城市门户的良好形象。由此可见,坚持高标准的城市建设与监管,营造高品质的城市场所对站点地区的发展有益无害。根据弗洛丽达(Florida,2005)对场所品质的定义,一个高品质的场所所具备的特征包括土地开发的高密度与多样性,健全的配套设施,开放包容的文化体系,高品质的自然环境和安全的环境即较低犯罪活动发生率,以此吸引创新阶层的到来,产生创新经济的集聚(Trip,2007),实现地区经济的繁荣与可持续发展。创新阶层的到来意味着高端人才的集中,创意产业的集聚则意味着知识密集型产业的集聚。从目前来看,站点地区开发建设的方方面面都与弗洛丽达的场所品质理念相符,因此应当继续坚持高标准的城市建设与监管,逐步完善站点地区高品质场所的营造,为更好地实现站点地区产业发展的目标提供外部助力。

9.4 对其他高铁站点地区产业开发的启示

苏州北站由于其特殊的城市—区域背景——背靠全国最为发达的城市群,地处全国经济发展水平最高的地级市,毗邻全国产业园区成功建设的典型苏州工业园区,因此不但具备得天独厚的区位优势,而且具备强力的资本支持。而对于其他大部分高铁站点来说,其面对的情况一般包括:所在城市群的整体发展程度不高,城市群的中心城市仍处于集聚发展阶段,辐射扩散效应较弱;所在城市的经济发展水平一般,不足以在短时间内投入大量的财力来支撑站点开发;城市内部同时具备多个在建的开发区或产业园区,站点地区的产业发展所面临的同类开发区的竞争远大于合作,同时也导致城市财力或上级政府的财政支持较为分散。也就是说对于大部分站点而言,除了具备相似的内生优势与区域竞争压力之外,城市助力与城市群核心城市的辐射效应均不具备。因此,苏州北站的大拆大建、平地起新城的模式对于我国大多数普通高铁站点地区的发展来说并不适用。在其站点地区开发的过程中,应特别注意以下方面:

9.4.1 理性看待高铁效应

高铁对城市产业发展的影响大多体现为间接作用,通过可达性的提升,从宏观上促进城市整体产业发展水平的提高。对于一些特定的时间敏感型行业,如旅游业、商务服务业等知识密集型企业的影响通常较为显著。但旅游业、知识密集型产业的发展与城市自身的旅游资源、科学技术水平与创新实力密切相关。大多数城市自身的科技实力较低,发展水平有限,当前阶段并不具备优先发展知识密集型产业的实力,因此不能盲目地认为,只要优先发展知识密集型产业,依靠高铁的优势,就一定可以实现地方经济水平的快速提升。高铁效应的发挥与城市本身特点密切相关,而且已有研究还发现,由于高铁的到来,对大型节点城市可达性提升较为显著,对于一些中等城市而言,因为与大城市的邻近性,由于虹吸效应的存在,资本和人才因受到大城市的吸引而流失,反而会因此而丧失自身发展机会。总之,对于大多数经济发展水平一般的站点城市而言,不可过高估计高铁效应的积极影响,不能盲目冒进地进行高铁站点的开发。

9.4.2 站点开发优先考虑节点功能完善

高铁站点的开发应当以节点功能的完善为主。我国大部分地区的高铁站点都位于远离城市中心的边缘地带。已有研究表明,与市中心良好的交通连接,是站点地区获得良好发展的必要条件。实现站点与城市中心的便捷交流,也有助于站点与城市内部之间的互动,实现站点与城市之间人流、物流、信息流的高效流动,从而也会有助于站点周边产业活动的产生与发展。对于乘客而言,如何在这些边缘的站点实现快速高效的换乘,尽快到达目的地也是十分重要的方面。交通基础设施的完善是站点地区产业发展的前提条件。对于经济发展水平一般的多数站点城市而言,优先完善站点的交通节点功能,实现乘客的快速集散,站点与市中心的便捷交流,也会加速站点地区产业自发升级、发展的过程。因此,对于多数高铁站点而言,优先完善节点功能是站点开发的前提和首要任务。

9.4.3 政府决策要以市场机制为前提

高铁站点地区的开发要协调市场机制与政府决策在产业配置中的作用。产业的发展、类型的转变、结构的升级是一个长期的过程。对于没有足够资本实力,而且本身不具备发展知识密集型产业条件的城市,一味地追求高铁商务新区的开发只会造成土地、资本的浪费与低效利用,很难实现预期的发展效果。因此,在站点地区开发建设的过程中,要充分发挥市场机制的作用,以市场机制为主,政策引导为辅,充分遵循并依靠市场规律,完成产业升级发展的过程,使得站点地区的产业配置与城市本身的产业基础相匹配,实现站城产业发展的良性互动,这样才能节约并提高资本的利用效率,最大限度地避免资源的浪费;而不是强行依靠资本的堆积,试图实现产业的直接转型。总之,以市场机制为前提制定政府决策是站点地区开发需要遵循的另一准则。

9.4.4 合理选择重点区域进行产业开发

围绕高铁站点的新城或新区开发建设,并不是破解城市经济发展瓶颈的唯一办法。对于多数城市来说,产业集聚区或产业园区等开发区都不止一个,与围绕高铁站点的高铁新城建设相比,这类产业园区也会受到高铁效应的影响,唯一的区别在于"最后一公里"。这"最后一公里"的时间成本节约虽然对部分企业十分重要但并不足以决定产业发展的成败。另外,由于城市本身的财力有限,过多的产业园区建设会造成财力的分散,无法集中力量办大事。因此与其在站点地区重新建设一个产业新区,不如集中已有的资源重点发展已有的产业园区,这样可能对城市经济发展的提升更为有效。所以,对于经济并不发达的城市来说,如何合理选择适当的园区作为重点进行产业发展,避免同类开发区之间对有限资源的竞争也是需要注意的重要方面。

第 9 章注释

① 按出版规范,全书"公里"均采用 km 表示,因"最后一公里"为固定说法,故不将其改为"最后 1 km"。

10 结论与展望

本书从交通节点、产业与城市场所之间的内在关系出发,以区位论、公交导向型发展(TOD)理论、利益相关者理论,结合节点—场所理论、站点地区的圈层结构模型等经典理论模型为基础,选择苏州北站高铁站点为研究对象,在对高铁站点地区范围进行界定的基础上,探讨高铁站点地区产业空间演变与发展的过程与机制,并从利益主体的视角,对站点地区产业发展的效果进行评价,明确站点地区产业未来发展的方向。在研究方法的选择上,采用核密度分析方法进行站点地区企业和商业空间分布格局的研究;尝试将机器学习的方法引入高铁对城市产业的影响研究,识别高铁属性与城市产业之间的相互作用关系;采用特征价格模型对站点地区房地产价格形成机制进行探索;采用重要性—满意度分析方法分析利益主体对站点产业配置、综合开发效果的评价,以发现站点开发存在的问题。根据具体研究的需要,综合采用了大小数据相结合、统计数据、社会调查数据、地图数据等多种不同的数据形式。

10.1 主要结论

(1) 受高铁建设影响显著的城市产业类型的识别。以京沪高铁沿线地级站点城市为例,运用机器学习的方法,探讨了高铁属性对国民经济不同行业部门的影响,不仅识别出受高铁影响显著的行业类型,而且还识别出高铁的哪些属性对产业的影响作用较强,并与已有研究成果进行类比。研究发现:①通过对比高铁开通前后各行业就业增长率的变化,发现高铁运营与产业增长具有高度的同时性。②采用基于"2,1 范数"($\ell 2, 1$-norms)算法的特征选择模型,计算高铁各属性对不同行业的影响权重,得到在不同的规模尺度下对产业具有显著影响的高铁属性因子,即站点的位置、站点的等级与开发范围。③根据权重分布进行聚类分析,最终识别出在地级站点城市受高铁属性影响显著的行业类型,主要包括电力、煤气及水生产供应业(S_3)、建筑业(S_4)、科研、技术服务和地质勘查业(T_8)、水利、环境和公共设施管理业(T_9)、教育(T_{11})、卫生、社会保险和社会福利业(T_{12})、文化、体育和娱乐业(T_{13})、公共管理和社会组织(T_{14})。④高铁对中等城市的影响效应具有一定的普遍规律,但由于不同的城市—区域背景、地方主导产业以及宏观经济条件的差异，其影响效应也有较大差别，总的来说，高铁对第三产业的影响最为显著。

（2）高铁站点地区企业空间格局演变过程、演变动力与企业发展的驱动机制分析。首先使用企业兴趣点（POI）数据，对企业空间分布与集聚趋势进行分析，并对不同企业集聚中心的企业类型进行研究，总结企业空间演变的总体特征与过程。其次采用问卷调查与深度访谈的方式，从企业区位选择的视角对站点地区企业空间演化的动力进行分析，并对企业增长的动力、高铁站点对企业增长的影响进行分析。研究发现：①苏州北站站点地区企业空间演变过程可以明显地分为两个阶段：第一个阶段即站点开通的2011年前后到2014年，这一阶段企业的类型、数量与空间分布都保持了极强的稳定性，无明显变化。企业类型以制造业为主，主要依托于已有的产业园区分布。第二阶段为2014年到2019年，这一阶段的突出特征是站点核心区企业数量的增长和类型的多样化。企业类型变化主要表现为高新技术化和去制造业化。在企业空间分布上，产生新的知识密集型产业集聚中心，并沿紧邻站点的主干道两侧分布。企业来源多为本地新注册的企业，少数企业为较高级别的区域集团的分公司，以民营企业为主。新迁入的企业与当地原有的产业类型没有任何关联，但与地方规划、城市未来重点发展的产业类型高度一致，与高铁建设敏感的行业类型差别较大。②在企业空间演化的动力上，企业迁出的动力主要是政府决策力，通过行政命令的方式强制搬迁。企业迁入的主要动力是政府的产业政策，包括产业规划、一系列优惠政策、人才引进政策等；市场调节力、高铁的触媒效应和直接吸引力也是企业演化的重要作用力；另外还受到当地自然—社会环境、土地成本与可得性、投资者的行为以及市场投资环境的影响。③高铁站点对企业发展的影响主要体现在节点可达性、场所品质与不断完善的场所功能为企业带来生产效率的提高、企业形象的提升等正面影响，另外站点地区高标准的建设和政府管理消除了站点对企业可能存在的负面作用，也使得大部分企业对自身未来发展的前景保持乐观。

（3）苏州北站站点地区商业发展过程与机理。使用高德地图兴趣点数据，并与实地调研相结合，采用核密度分析方法，分析了站点地区总体商业网点的空间分布及发展过程，对不同类型的商业网点、配套设施的建设也进行了专门的分析，并对各类商业集聚中心的形成原因进行了讨论，结果发现：①站点地区的商业空间格局以2014年为节点分为前后两个阶段：第一阶段的商业网点空间分布表现为沿主要交通线路，依托村庄居民点、站点、专业化市场分布的特征；第二阶段表现为社区商业中心、站点商业街、购物广场和专业化市场的集聚状态。两个阶段的商业网点类型均以餐饮、零售为主。空间分布并没有呈现出圈层结构的特征。②站点开发活动则主导了商业中心的形成，高铁服务、政府规划的决策、市场选择、开发主体的建设与运营和商业网点自身的交通区位共同决定了站点地区商业的主要类型与空间分布。③按照商业中心服务范围的不同，将专业化市场划分为最高等级即第一等级的商业中心,之后依次为购物广场和社区商业集聚中心,站点商业街为最低等级的商业中心。不同等级的商业中心所受到的高铁服务和站点开发的影响程度不同。

(4) 苏州北站站点地区房地产业的发展过程与机理。对高铁开通前后土地利用类型的变化过程进行分析。根据特征价格模型,探索居住和商业地产的价格形成机制。基于土地利用变化过程分析及特征价格模型结果,探讨了苏州北站站点地区房地产业发展的影响因素。具体结论包括:①苏州北站站点地区的用地类型经历了从工业用地到商务办公用地、从传统村庄建设用地到商业住宅用地的转变。土地流转的主要方式是划拨与挂牌出让。划拨土地主要用于基础设施建设,由政府统一进行开发管理,由国家资本投入建设。住宅和商务办公用地则由国有企业和民营企业共同参与开发,投资主体为民营企业,主要资本来源是民营资本。②站点地区住宅地产的发展经历了一个由传统村庄到现代城镇小区的变化过程。商铺由开发初期的农贸市场和村庄便利店发展到当前的小区底商与大型综合购物中心组合的格局。工业地产经历了一个从主导类型到逐渐消失的过程。写字楼地产则经历了从无到成为主导商业地产类型的过程。③高铁服务与站点开发、特定开发阶段与政策、区域宏观经济背景、地方社会经济水平和人口素质等不同力量共同塑造了当前站点地区的房地产业。

(5) 基于利益主体视角的站点地区产业发展评价。根据利益相关者理论和节点—场所理论来分析不同类型的利益主体对站点地区产业功能类型、产业综合开发效果的评价,通过对不同类型主体满意度的分析,明确站点地区产业发展与设施建设存在的问题,根据发现的问题提出站点地区产业发展的建议与对策。根据利益相关者理论和节点—场所理论,从乘客、企业员工、商家、居民不同利益主体的视角对站点地区的产业功能建设进行评价,然后从政府性主体和社会性主体的视角对站点地区产业发展的综合效果进行评价,结果发现:①综合各利益主体满意度,站点地区产业服务功能满意度最低的为文化、体育和娱乐业,批发和零售业,金融业,房地产业,卫生和社会工作五个行业类型。从重要性—满意度分区上看,站点地区产业开发的主要问题则在于商品批发、网络和电信服务、银行服务、生活服务和房地产业五个方面。②从产业综合开发效果反馈来看,社会性主体与政府性主体在主要发展成果上的看法相反。社会性主体认为,缺乏高端就业机会、工资水平与收入增长缓慢,房价、租金增长过快,公共设施建设不完善,产业发展并未给利益主体带来实质性的利益,区域经济的发展并没有惠及普通大众。而从政府性主体对产业发展效果的评价上看,其对主要的社会经济指标都表示满意,就业机会增多,就业率增长,税收增加,产业结构合理,站点开发的集约性较高,整体发展效果在满意以上。

(6) 对站点地区总体产业发展的过程与动力机制进行总结。在对苏州北站站点地区产业发展过程、动力与存在问题认识的基础上,探讨苏州北站的案例对我国其他高铁站点地区产业发展的启示。①站点地区产业总体发展过程可以分为以下几个阶段:高铁的开通与附属交通设施的建设阶段;房地产开发与配套设施建设阶段;产业和人口集聚阶段;新产业格局的形成与动态平衡阶段。每一阶段具有不同的主导力量。产业空间分布表现出单侧带状扩张并逐渐向面状发展的趋势,产业空间分布的圈层结构特征不明显,苏州北站站点地区的开发模式表现为强政府主导下的新城建设模式。②站点地区产业发展驱动力包括节点服务、基础设施共享、充足的未利用地和当地政府的决策和执行力在内的内生动力,城市政府的政策和资本支持与城市产业转型所构成的城市推动力,以及包括城市群核心城市辐射效应、区域竞争的压力所带来的加速发展的动力在内的区域助力,共同促进了站点地区的产业发展。高铁对产业发展的具体影响表现在:对可达性的直接提升所带来的产业活动与人口在站点地区的集聚;站点地区的产业开发通过与高铁共享基础设施所带来的成本节约;高铁的时空压缩所带来的同城化效应增强对周边人才,尤其是来自核心城市人才的吸引力;高铁的隧道效应通过为核心城市溢出的技术流、信息流提供快捷通道,增强了核心城市的辐射效应强度;高铁服务的触媒效应通过刺激站点的产业开发与投资决策,大大加速了站点地区的发展速度。③在未来产业发展的对策建议上,针对企业、商业和房地产业面临的具体问题提出了对应的发展建议;除此之外,还提出在总体发展上要兼顾不同利益主体需求,体现以人为本的开发理念;坚持高标准的城市建设与监管,营造高品质的城市场所。

10.2　主要创新点

(1)从高铁这一交通方式的特殊属性出发,探讨了高铁属性与城市产业之间的关联,不但识别了受高铁影响显著的行业类型,而且检测出了对产业作用较强的高铁属性因子。

(2)由于本书研究的数据特点,传统的统计学方法适用性较差。因此,尝试引入机器学习的方法,采用基于"2,1范数"($\ell 2,1$-norms)算法的特征选择模型,探讨高铁属性与产业增长之间的关系,并与相关研究进行了对比,一方面验证了方法的有效性,另一方面也探讨了不同研究结论差异背后的原因。

(3)从多元利益主体视角对站点地区的产业发展进行评价。对高铁站点地区产业的已有研究,多偏重于对现状或过程的描述,并追求节点和场所功能的平衡,但却忽略了对于不同利益主体来说,由不同的产业服务构成的场所功能内部同样需要一种平衡。因此,本书基于利益相关者理论与节点—场所理论,基于场所功能的内部平衡,借鉴重要性—绩效评价模型,构建站点地区产业服务功能评价的重要性—满意度矩阵,从而发现站点地区产业开发的问题。

(4)本书不但对高铁站点地区的产业空间分布与演变过程进行了细

致分析,而且还对站点地区产业发展的机理进行了分析,并讨论了高铁服务和站点开发对产业发展的影响,深入分析了站点地区产业发展的机制,梳理了站点地区产业发展的过程,并分析了不同阶段的主导力量。已有的产业研究多从产业空间分布入手,描述格局变化过程,分析格局变化原因,而对产业自身发展的原因关注不足。本书不但梳理了产业空间格局的变化过程,对格局变化的动力进行了分析;而且还循着格局变化梳理了整个站点地区产业发展的过程,对产业发展的动力机制进行了深入探讨。

10.3　不足与研究展望

(1) 数据方面的不足。由于研究区域的特殊性,空间范围较小,不是独立的行政单元,因此在宏观经济发展数据的获取上限制较大。以企业兴趣点(POI)数据为例,虽然具有较强的空间分辨率,但由于自身属性内容较少,规模属性的缺失是一个重要问题。对于企业和政府来说,产值属于保密性较强的数据,因此获取难度较大。种种原因导致了宏观经济数据、企业或商业的产值等规模属性的获取难度较大,因此对研究的结果也有一定的不利影响。在微观数据方面,在对企业和不同利益主体进行问卷调查时,虽然采用了线上和线下相结合的方式,但根据问卷调查结果可以明显发现线上的整体评价要普遍低于线下,主观数据的获取会受到调查者以及问卷本身的影响。另外,从年龄来看,问卷集中于 35 岁以下群体,中老年群体的参与度和配合度较低,因此也造成微观数据的不全面。未来的研究可采用与地方政府或企业建立合作的方式,克服上述不足,使数据获取更为全面,质量更高。

(2) 研究内容上的不足。企业的迁入迁出贯穿于站点地区开发的整个过程,本书则重点考虑了企业迁入的原因,对迁入之后又迁出的企业缺乏关注。如果能够进一步对企业迁出的机制进行深入探讨,将会增强研究结论的可靠性。站点地区的开发、产业的发展是一个长期的过程,产业发展的成功与否,并不是短期能够识别的。因此未来需要进一步的跟踪研究,才能够对苏州北站站点地区产业发展的科学性、站点地区建设的合理性做出评判。本书通过站点地区企业活动、房地产业和商业活动来探讨站点地区的产业发展,并结合国民经济行业分类进行细化分析,一方面不同的经济活动之间可能会有交叉,另一方面可能不能涵盖所有的产业活动,因此在未来的进一步研究中,要探讨更为科学的产业细分类型,使其既能较为全面地涵盖产业活动,又能避免重复。人口是站点地区发展的关键要素,人口的发展决定着站点地区的发展活力,人口增长也与产业发展紧密相关,因此未来要关注产业与人口之间的互动机制,从而更好地优化站点地区的产业发展。

附录

附录 1　苏州北站站点地区企业区位选择要素调查问卷

1）企业基本信息

① 企业名称_____。

② 企业共有员工数量_____人，与企业成立时相比（增加了　减少了）_____人。

③ 企业年产值_____。

④ 企业创建年份_____。

⑤ 企业何时_____由何地_____搬入高铁新城。

⑥ 目前企业的主要市场地是（　　）

　　A. 本市　　B. 本省　　C. 长三角地区　　D. 全国　　E. 国际

2）苏州北站站点地区企业区位选择要素调查表

要素类别	要素内容	很不重要 1分	不重要 2分	一般 3分	重要 4分	非常重要 5分
行为	投资者的主观意愿					
市场	靠近主要市场地					
	投资环境					
	融资难度					
交通	对外交通便捷性					
	市内交通便捷性					
	与市中心的交通便捷性					
	通勤时间成本					
	通勤费用					
劳动力	劳动力质量					
	劳动力数量					
原材料与能源	接近原材料产地					
	水电等能源消耗成本					
土地	租金水平					
	充足的办公场所/生产用地					
企业集群	集聚经济					
	企业间合作					

续表

要素类别	要素内容	很不重要	不重要	一般	重要	非常重要
		1分	2分	3分	4分	5分
财税政策	租金优惠					
	资金扶持					
	税收优惠					
	政策稳定性					
环境	社会风气					
	周边自然环境					
	办公环境					

注：根据该要素在企业区位选择中的重要性程度打分，在对应分值下打勾即可。

3) 开放性问题

① 如果没有高铁新城，企业会首选在哪里布局？

② 企业在高铁新城内部选址时主要考虑的因素是什么？为什么选择现在的位置，而不是其他办公大楼？

附录2　高铁服务与站点开发对企业发展的可能影响调查问卷

1）企业发展状况调查

① 入驻高铁新城后企业发展是否达到预期（　　）

　　A. 未达预期　　B. 达到预期　　C. 超出预期

② 您对企业未来发展前景的判断（　　）

　　A. 非常乐观　　B. 良好,但有一些挑战　　C. 一般,面临很多挑战

　　D. 不乐观

③ 与周边企业的合作主要有（　　）

　　A. 共同研发　　B. 合作生产　　C. 市场推广与营销　　D. 无合作

④ 企业当前最需要哪方面的帮助（　　）

　　A. 政府公共服务　　B. 科研智力支持　　C. 周边附属设施完善

　　D. 员工职业培训　　E. 产品宣传与市场推广　　F. 融资服务

　　G. 信息技术服务　　H. 商务咨询　　I. 不需要　　J. 其他_____

2）高铁服务与站点开发对企业发展的可能影响调查表

高铁服务与站点开发对企业发展的可能影响			非常符合	较符合	一般	不符合	严重不符合
			5分	4分	3分	2分	1分
正面效应	节点效应	扩大市场范围					
		扩大劳动力来源					
		吸引更多高素质人才					
		上下班通勤效率提升					
		便捷的高铁服务					
		便捷的地铁服务					
		便捷的公交服务					
	场所效应	提升企业形象					
		提供高品质的办公场所					
		提供优质的外部环境					
		提供丰富的文化娱乐休闲服务					
		提供多样的餐饮服务					
		提供便捷的住宿服务					
		提供便捷的医疗服务					
		提供充足的商业零售服务					

续表

高铁服务与站点开发对企业发展的可能影响		非常符合	较符合	一般	不符合	严重不符合
		5分	4分	3分	2分	1分
负面效应	配套设施不完善,造成员工生活不便					
	职住分离,增加通勤成本					
	人口流动性大,安全性较低					
	房价过高,增加生活成本					
	土地/租金成本高					
	劳动力成本高					
	高速列车的噪声污染					

注:本问卷采用打分评价,请根据符合程度进行选择,打勾即可。

3）开放性问题

① 高铁给企业带来哪些便利与不利?

② 当前企业发展所面临的主要问题有哪些?

③ 除高铁因素以外,企业发展还受到哪些因素的显著影响或制约?

附录3　乘客视角的高铁站点地区产业服务功能满意度调查问卷

1) 个人基本信息

① 您的性别(　　)

　　A. 男　　B. 女

② 您的年龄(　　)

　　A. 18—25 岁　　B. 26—35 岁　　C. 36—50 岁　　D. 50 岁以上

③ 您的学历(　　)

　　A. 初中　　B. 高中　　C. 大学专科　　D. 大学本科　　E. 研究生

④ 您来自(　　)

　　A. 苏州本地　　B. 江苏省内其他地区　　C. 江苏省外其他地区

⑤ 此次出行目的(　　)

　　A. 探亲　　B. 访友　　C. 业务　　D. 会议　　E. 旅游　　F. 其他

2) 乘客视角的高铁站点地区产业服务功能满意度调查表

服务类别	指标内容	不了解 0分	非常满意 5分	满意 4分	一般 3分	不满意 2分	非常不满意 1分
节点功能服务	高铁客运服务						
	综合交通换乘						
	公交服务						
	地铁服务						
	出租车服务						
	租车服务						
场所功能服务	站内商品零售						
	站外商品零售						
	站内餐饮服务						
	站外餐饮服务						
	住宿服务						
	旅游服务						
	快递服务						
	医疗服务						
	文化体育服务						
	娱乐休闲服务						
	公共服务						

注:请您对高铁站点地区的产业服务功能进行评价,根据满意程度进行选择,打勾即可。

3）开放性问题
① 您认为苏州北站存在的最大问题是什么？
② 您认为苏州北站周边的哪些方面需要进一步提升？
③ 您在整个出行过程中面临的最大问题是什么？

附录4　社会性主体视角的高铁站点地区产业服务功能满意度调查问卷

身份标签(　　)　A. 企业员工　　B. 商家　　C. 居民

1) 个人基本信息

① 您的性别(　　)

　　A. 男　　B. 女

② 您的年龄(　　)

　　A. 18—25 岁　　B. 26—35 岁　　C. 36—50 岁　　D. 50 岁以上

③ 您的学历(　　)

　　A. 初中　　B. 高中　　C. 大学专科　　D. 大学本科　　E. 研究生

④ 您来自(　　)

　　A. 苏州本地　　B. 江苏省内其他地区　　C. 江苏省外其他地区

⑤ 您的月收入(　　)

　　A. 5 000 元以下　　B. 5 000—7 999 元　　C. 8 000—9 999 元

　　D. 10 000—15 000 元　　E. 15 000 元以上

⑥ 您的职业_____

⑦ 您在高铁新城居住的年限(　　)(仅居民填写)

　　A. 不足 1 年　　B. 1—3 年　　C. 4—6 年　　D. 7—10 年

　　E. 10 年以上

以下仅商家和企业员工填写：

① 您在高铁新城工作的年限(　　)

　　A. 不足 1 年　　B. 1—3 年　　C. 4—6 年　　D. 7—10 年

　　E. 10 年以上

② 您上下班主要的通勤方式(　　)(多选)

　　A. 地铁　　B. 公交　　C. 出租车　　D. 自驾车　　E. 高铁

　　F. 骑车　　G. 步行

③ 您的商务出行频率大概是一年_____次

④ 您商务出行的主要方式(　　)(多选)

　　A. 公共汽车　　B. 火车(非高铁)　　C. 高铁　　D. 飞机

　　E. 自驾车　　F. 其他

2) 社会性主体视角的高铁站点地区产业服务功能满意度调查表

服务类别	指标内容	不了解 0分	非常满意 5分	满意 4分	一般 3分	不满意 2分	非常不满意 1分
交通运输、仓储和邮政业	综合客运交通服务						
	快递物流服务						

续表

服务类别	指标内容	不了解 0分	非常满意 5分	满意 4分	一般 3分	不满意 2分	非常不满意 1分
批发和零售业	零售商品服务						
	商品批发						
住宿和餐饮业	餐饮服务						
	住宿服务						
信息传输、软件和信息技术服务业	网络和电信服务						
金融业	银行服务						
	保险服务						
房地产业	房屋租赁服务						
	房价水平						
	房租水平						
租赁和商务服务业	法律服务						
水利、环境和公共设施管理业	环境保护服务						
	公共设施服务						
居民服务、修理和其他服务业	生活服务						
	日用品维修						
	机动车维修						
教育	学前教育						
	中小学教育						
	职业培训						
卫生和社会工作	医疗服务						
	社会救助						
文化、体育和娱乐业	出版和影视音乐制作						
	文艺表演服务						
	公共图书馆与博物馆						
	体育设施与场馆服务						
	娱乐活动与娱乐设施						
公共管理、社会保障和社会组织	政府机构服务						

注：请您对高铁站点地区的产业服务功能进行评价，根据满意程度进行选择，打勾即可。

附录5 社会性主体视角的高铁站点地区产业发展效果满意度调查问卷

身份标签（　　）　　A. 企业员工　　B. 商家　　C. 居民

1) 个人基本信息

① 您的性别（　　）

 A. 男　　B. 女

② 您的年龄（　　）

 A. 18—25 岁　　B. 26—35 岁　　C. 36—50 岁　　D. 50 岁以上

③ 您的学历（　　）

 A. 初中　　B. 高中　　C. 大学专科　　D. 大学本科　　E. 研究生

④ 您来自（　　）

 A. 苏州本地　　B. 江苏省内其他地区　　C. 江苏省外其他地区

⑤ 您的月收入（　　）

 A. 5 000 元以下　　B. 5 000—7 999 元　　C. 8 000—9 999 元

 D. 10 000—15 000 元　　E. 15 000 元以上

⑥ 您在高铁新城居住的年限（　　）

 A. 不足 1 年　　B. 1—3 年　　C. 4—6 年　　D. 7—10 年　　E. 10 年以上

⑦ 您在高铁新城工作的年限（　　）

 A. 不足 1 年　　B. 1—3 年　　C. 4—6 年　　D. 7—10 年　　E. 10 年以上

⑧ 您上下班主要的通勤方式（　　）（多选）

 A. 地铁　　B. 公交　　C. 出租车　　D. 自驾车　　E. 高铁

 F. 骑车　　G. 步行

2) 社会性主体视角的高铁站点地区产业发展效果满意度调查表

类别	指标内容	不了解 0分	非常满意 5分	满意 4分	一般 3分	不满意 2分	非常不满意 1分
交通出行	日常出行便捷性（X_1）						
	上下班通勤便捷性（X_2）						
	商务出行便捷性（X_3）						
	与市中心的交通便捷性（X_4）						
就业	就业机会（X_5）						
	工资水平（X_6）						

续表

类别	指标内容	不了解 0分	非常满意 5分	满意 4分	一般 3分	不满意 2分	非常不满意 1分
就业	工作场所(X_7)						
	收入增长(X_8)						
生活	房价水平(X_9)						
	房租水平(X_{10})						
	生活/经营成本(X_{11})						
环境	步行适宜性(X_{12})						
	居住环境(X_{13})						
	绿地(X_{14})						
	公园(X_{15})						
	休闲活动广场(X_{16})						
	体育场馆及设施(X_{17})						

注：请您对高铁站点地区产业发展效果进行评价，根据满意程度进行选择，打勾即可。

附录6 政府主体视角的高铁站点地区产业发展效果评价调查问卷

1) 个人基本信息

① 您的性别（　　）
　　A. 男　　B. 女

② 您的年龄（　　）
　　A. 18—25 岁　　B. 26—35 岁　　C. 36—50 岁　　D. 50 岁以上

③ 您的学历（　　）
　　A. 初中　　B. 高中　　C. 大学专科　　D. 大学本科　　E. 研究生

④ 您来自（　　）
　　A. 苏州本地　　B. 江苏省内其他地区　　C. 江苏省外其他地区

⑤ 您的月收入（　　）
　　A. 5 000 元以下　　B. 5 000—7 999 元　　C. 8 000—9 999 元
　　D. 10 000—15 000 元　　E. 15 000 元以上

⑥ 您的工作部门（工作职责）＿＿＿＿＿＿＿

⑦ 您在高铁新城居住的年限（　　）
　　A. 不足 1 年　　B. 1—3 年　　C. 4—6 年　　D. 7—10 年
　　E. 10 年以上

⑧ 您在高铁新城工作的年限（　　）
　　A. 不足 1 年　　B. 1—3 年　　C. 4—6 年　　D. 7—10 年
　　E. 10 年以上

⑨ 您上下班主要的通勤方式（　　）（多选）
　　A. 地铁　　B. 公交　　C. 出租车　　D. 自驾车　　E. 高铁
　　F. 骑车　　G. 步行

2) 政府主体视角的高铁站点地区产业发展效果评价调查表

类别	指标内容	不了解 0分	非常满意 5分	满意 4分	一般 3分	不满意 2分	非常不满意 1分
交通出行	日常出行便捷性(X_1)						
	上下班通勤便捷性(X_2)						
	商务出行便捷性(X_3)						
	与市中心的交通便捷性(X_4)						
环境	步行适宜性(X_5)						
	绿地(X_6)						
	公园(X_7)						

续表

类别	指标内容	不了解 0分	非常满意 5分	满意 4分	一般 3分	不满意 2分	非常不满意 1分
环境	休闲活动广场(X_8)						
	体育场馆及设施(X_9)						
开发方式	产业结构配置(X_{10})						
	产业多样性(X_{11})						
	站点地区建设进度(X_{12})						
	土地开发的集约性(X_{13})						
效果反馈	城市(地方)形象提升(X_{14})						
	就业密度(X_{15})						
	就业率增长(X_{16})						
	税收增长(X_{17})						
	人口数量与密度(X_{18})						

注：请您对高铁站点地区产业发展效果进行评价，根据满意程度进行选择，打勾即可。

参考文献

• 中文文献 •

边头保,2015.铁路企业实施高铁站区土地综合开发策略研究[J].铁道经济研究(6):35-37,44.

曹小曙,郑慧玲,李涛,等,2018.高铁对关中平原城市群可达性影响的多尺度分析[J].经济地理,38(12):60-67.

曹阳,2017.基于高铁站区影响的城市空间研究[J].郑州大学学报(工学版),38(2):21-25.

陈丰龙,徐康宁,王美昌,2018.高铁发展与城乡居民收入差距:来自中国城市的证据[J].经济评论(2):59-73.

陈庚,朱道林,苏亚艺,等,2015.大型城市公园绿地对住宅价格的影响:以北京市奥林匹克森林公园为例[J].资源科学,37(11):2202-2210.

陈岚,2010.高速铁路客站总体布局研究:以法国为例[D].北京:北京交通大学.

陈小君,林晓言,2018.京津冀地区高铁车站开发价值评估:基于节点—场所模型[J].技术经济,37(12):82-93.

陈颖,2012.分税制下地方政府和房地产业深度契合的根源探析[J].中国房地产(19):29-32.

崔功豪,魏清泉,刘科伟,2006.区域分析与区域规划[M].2版.北京:高等教育出版社.

邓洪波,陆林,虞虎,2018.空铁型综合交通枢纽地区空间演化特征:以上海虹桥枢纽为例[J].人文地理,33(4):130-136.

邓涛涛,王丹丹,程少勇,2017.高速铁路对城市服务业集聚的影响[J].财经研究,43(7):119-132.

丁金学,金凤君,王姣娥,等,2013.高铁与民航的竞争博弈及其空间效应:以京沪高铁为例[J].经济地理,33(5):104-110.

董二通,2010.铁路枢纽中客运专线客运站的布局及站型选择研究[D].成都:西南交通大学.

董瑶,孟晓晨,2014.京广沿线高铁站腹地的范围与结构研究[J].地理科学进展,33(12):1684-1691.

窦迪,2012.城市高铁客运站周边区域开发策略研究[D].上海:上海交通大学.

段进,2009.国家大型基础设施建设与城市空间发展应对:以高铁与城际综合交通枢纽为例[J].城市规划学刊(1):33-37.

范建红,莫悠,朱雪梅,等,2018.时空压缩视角下城市蔓延特征及治理述评[J].城市发展研究,25(10):118-124.

方大春,孙明月,2015.高铁时代下长三角城市群空间结构重构:基于社会网络分析[J]. 经济地理,35(10):50-56.

冯振宇,2013. 基于旅客出行费用最小的高速铁路客运站选址研究[D]. 重庆:重庆交通大学.

付良玉,焦道娟,2016. 高速铁路站区土地综合开发方案探讨[J]. 高速铁路技术,7(2):90-94.

高祥,2010. 区域内高速铁路客运站布局优化研究[D]. 成都:西南交通大学.

高翔,2019. 高速铁路在服务业分布中的作用:基于城市层级体系视角的研究[J]. 中国经济问题(1):106-123.

郭建科,王绍博,王辉,等,2016. 哈大高铁对东北城市旅游供需市场的空间效应研究:基于景点可达性的分析[J]. 地理科学进展,35(4):505-514.

郭剑英,李银花,2018. 基于四分图模型的农民村庄整治满意度研究:以江苏丰县华山村为样本[J]. 中国农业资源与区划,39(2):164-168.

郭宁宁,于涛,2018. 高铁新城的空间效应研究进展及思考[J]. 现代城市研究,33(8):115-122.

国家发展和改革委员会,2008. 中长期铁路网规划(2008年调整)[Z]. 北京:国家发展和改革委员会.

国家发展和改革委员会,自然资源部,住房和城乡建设部,等,2018. 关于推进高铁站周边区域合理开发建设的指导意见(发改基础〔2018〕514号)[Z]. 北京:国家发展和改革委员会.

国家统计局,2011. 统计上大中小微型企业划分办法(国统字〔2011〕75号)[Z]. 北京:国家统计局.

国家统计局,2013. 批发和零售业[Z]. 北京:国家统计局.

韩会然,杨成凤,宋金平,2018. 北京批发企业空间格局演化与区位选择因素[J]. 地理学报,73(2):219-231.

韩天明,2016. 中国房地产业与区域经济发展研究[D]. 北京:北京邮电大学.

郝之颖,2008. 高速铁路站场地区空间规划[J]. 城市交通,6(5):48-52.

何丹,杨犇,2011. 高速铁路对沿线地区城市腹地的影响研究:以皖北地区为例[J]. 城市规划学刊(4):66-74.

何里文,邓敏慧,韦圆兰,2015. 武广高铁对住宅价格影响的实证分析:基于Hedonic Price模型和微观调查数据[J]. 现代城市研究,30(8):14-20,25.

侯明明,2008. 高铁影响下的综合交通枢纽建设与地区发展研究[D]. 上海:同济大学.

侯雪,2014. 高速铁路站点地区发展研究[D]. 北京:北京师范大学.

侯雪,张文新,乔标,等,2016. 高速铁路站点地区规划研究:以天津和荷兰兰斯塔德对比为例[J]. 北京交通大学学报,40(1):42-48.

黄鑫昊,2013. 同城化理论与实践研究:以长吉为例[D]. 长春:吉林大学.

贾生华,温海珍,2004. 房地产特征价格模型的理论发展及其应用[J]. 外国经济与管理,26(5):42-44.

蒋海兵,徐建刚,祁毅,2010. 京沪高铁对区域中心城市陆路可达性影响[J]. 地理学报,65(10):1287-1298.

金广君,2006. 城市设计的"触媒效应"[J]. 规划师,22(10):22.

金相郁,2004. 20世纪区位理论的五个发展阶段及其评述[J]. 经济地理, 24(3):294-298,317.

井维仁,2012. 高铁客运站周边地区城市设计研究[D]. 西安:西安建筑科技大学.

李佳洺,孙威,张文忠,2018. 北京典型行业微区位选址比较研究:以北京企业管理服务业和汽车制造业为例[J]. 地理研究,37(12):2541-2553.

李炯光,2004. 古典区位论:区域经济研究的重要理论基础[J]. 求索(1):14-16.

李磊,孙小龙,陆林,等,2019. 国内外高铁旅游研究热点、进展及启示[J]. 世界地理研究,28(1):175-186.

李胜全,张强华,2011. 高速铁路时代大型铁路枢纽的发展模式探讨:从"交通综合体"到"城市综合体"[J]. 规划师,27(7):26-30.

李世庆,2012. 高铁站周边地区开发与城市发展的相关性研究[C]//中国城市规划学会. 多元与包容:2012中国城市规划年会论文集. 昆明:云南科技出版社.

李松涛,2009. 高铁客运站站区空间形态研究[D]. 天津:天津大学.

李涛,马卫,高兴川,等,2017. 基于Super-DEA模型的厦深高铁可达性效应综合评估与空间分异[J]. 经济地理,37(8):67-76.

李文静,翟国方,何仲禹,等,2016. 日本站城一体化开发对我国高铁新城建设的启示:以新横滨站为例[J]. 国际城市规划,31(3):111-118.

李小建,2006. 经济地理学[M]. 2版. 北京:高等教育出版社.

林辰辉,2011. 我国高铁枢纽站区开发的影响因素研究[J]. 国际城市规划, 26(6):72-77.

林辰辉,马璇,2012. 中国高铁枢纽站区开发的功能类型与模式[J]. 城市交通,10(5):41-49.

刘芳,2014. 高速铁路站点地区空间形态规划研究[D]. 合肥:合肥工业大学.

刘俊山,2015. 基于TOD模式的高铁站区规划设计初探[J]. 华中建筑,33(6):121-125.

刘志红,王利辉,2017. 交通基础设施的区域经济效应与影响机制研究:来自郑西高铁沿线的证据[J]. 经济科学(2):32-46.

刘倬函,2013. 基于城市空间结构绩效评价的高速铁路客运枢纽选址研究[D]. 长沙:中南大学.

卢杰,2013. 城市高铁客运站地区公共空间规划设计策略研究[D]. 天津:天津大学.

鲁君四,2017. 中国房地产业发展对经济增长的影响研究[D]. 长春:吉林大学.

陆化普,2012. 城市交通规划与管理[M]. 北京:中国城市出版社.

陆建,2016. 高铁枢纽的规划与交通功能提升[J]. 规划师,32(9):40.

陆林,邓洪波,2019. 节点—场所模型及其应用的研究进展与展望[J]. 地理科学,39(1):12-21.

罗鹏飞,徐逸伦,张楠楠,2004.高速铁路对区域可达性的影响研究:以沪宁地区为例[J].经济地理,24(3):407-411.

骆嘉琪,匡海波,冯涛,等,2019.基于两阶段博弈模型的高铁民航竞合关系研究[J].系统工程理论与实践,39(1):150-164.

吕卫国,陈雯,2009.制造业企业区位选择与南京城市空间重构[J].地理学报,64(2):142-152.

马小毅,黄嘉玲,2017.高铁站点周边地区发展与规划策略研究[J].规划师,33(10):123-128.

毛德华,吴亚菱,袁周炎妍,等,2018.长沙市生态景观对住宅价格的影响分析[J].经济地理,38(8):76-82.

孟德友,魏凌,樊新生,等,2017.河南"米"字形高铁网构建对可达性及城市空间格局影响[J].地理科学,37(6):850-858.

孟繁茹,2011.城市高铁站核心区域功能布局规划研究[D].西安:长安大学.

聂冲,温海珍,樊晓锋,2010.城市轨道交通对房地产增值的时空效应[J].地理研究,29(5):801-810.

潘海啸,钟宝华,2008.轨道交通建设对房地产价格的影响:以上海市为案例[J].城市规划学刊(2):62-69.

彭燕东,2012.苏沪同城效应情境下的苏南地方政府人才战略研究:基于产业结构和人才政策视角的分析[D].苏州:苏州大学.

史东辉,2015.产业组织学[M].2版.上海:格致出版社,2015.

史官清,张先平,秦迪,2014.我国高铁新城的使命缺失与建设建议[J].城市发展研究,21(10):1-5.

苏州工业园区管理委员会,2019.园区简介[EB/OL].(2019-02-14)[2023-08-30].苏州工业园区管理委员会官网.

苏州规划设计研究院,2015.苏州市高铁新城片区总体规划(2012—2030)[Z].苏州:苏州市规划局.

孙枫,汪德根,牛玉,2017.高速铁路与汽车和航空的竞争格局分析[J].地理研究,36(1):171-187.

索超,张浩,2015.高铁站点周边商务空间的影响因素与发展建议:基于沪宁沿线POI数据的实证[J].城市规划,39(7):43-49.

覃成林,杨晴晴,2016.高速铁路发展与城市生产性服务业集聚[J].经济经纬,33(3):1-6.

覃成林,杨晴晴,2017.高速铁路对生产性服务业空间格局变迁的影响[J].经济地理,37(2):90-97.

汪德根,2013.武广高速铁路对湖北省区域旅游空间格局的影响[J].地理研究,32(8):1555-1564.

汪德根,章鋆,2015.高速铁路对长三角地区都市圈可达性影响[J].经济地理,35(2):54-61.

汪佳莉,季民河,邓中伟,2016.基于地理加权特征价格法的上海外环内住宅租金分布成因分析[J]. 地域研究与开发,35(5):72-80.

汪建丰,李志刚,2014. 沪杭高铁对沿线区域经济发展影响的实证分析[J]. 经济问题探索(9):74-77.

王法辉,2009. 基于GIS的数量方法与应用[M]. 姜世国,滕骏华,译. 北京:商务印书馆.

王慧云,2015. 基于土地发展权的高铁站区开发权利分配研究[D]. 北京:北京交通大学.

王姣娥,胡浩,2013. 中国高铁与民航的空间服务市场竞合分析与模拟[J]. 地理学报,68(2):175-185.

王姣娥,焦敬娟,金凤君,2014. 高速铁路对中国城市空间相互作用强度的影响[J]. 地理学报,69(12):1833-1846.

王兰,王灿,陈晨,等,2014. 高铁站点周边地区的发展与规划:基于京沪高铁的实证分析[J]. 城市规划学刊(4):31-37.

王丽,2015. 高铁站区产业空间发展机制:基于高铁乘客特征的分析[J]. 经济地理,35(3):94-99.

王丽,曹有挥,刘可文,等,2012. 高铁站区产业空间分布及集聚特征:以沪宁城际高铁南京站为例[J]. 地理科学,32(3):301-307.

王涛,2015. 行业收入差距的四分图模型测度方法研究[J]. 统计研究,32(2):31-36.

王昭晖,张晋博,2015. 基于TOD模式的高铁站区景观设计初探:以济南西客站为调研解析案例[J]. 华中建筑,33(4):54-57.

魏后凯,贺灿飞,王新,2001. 外商在华直接投资动机与区位因素分析:对秦皇岛市外商直接投资的实证研究[J]. 经济研究,36(2):67-76.

魏丽,卜伟,王梓利,2018. 高速铁路开通促进旅游产业效率提升了吗:基于中国省级层面的实证分析[J]. 经济管理,40(7):72-90.

温海珍,李旭宁,张凌,2012. 城市景观对住宅价格的影响:以杭州市为例[J]. 地理研究,31(10):1806-1814.

吴淑莲,2006. 城市化与房地产业互动发展关系研究[D]. 武汉:华中农业大学.

徐银凤,汪德根,2018. 中国城市空间结构的高铁效应研究进展与展望[J]. 地理科学进展,37(9):1216-1230.

许闻博,王兴平,2016. 高铁站点地区空间开发特征研究:基于京沪高铁沿线案例的实证分析[J]. 城市规划学刊(1):72-79.

杨东峰,孙娜,2014. 大连高铁站建设对周边地区发展的跨尺度、多要素影响探析[J]. 城市规划学刊(5):86-91.

杨明基,2015. 新编经济金融词典[M]. 北京:中国金融出版社.

杨维,2011. 高速铁路站区交通与土地利用协调发展研究[D]. 成都:西南交通大学.

杨维凤,2010. 京沪高速铁路对我国区域空间结构的影响分析[J]. 北京社会科学(6):38-43.

殷铭,汤晋,段进,2013.站点地区开发与城市空间的协同发展[J].国际城市规划,28(3):70-77.

尹宏玲,2011.高铁站地区的功能定位思路与方法探析:以京沪高铁济南西客站地区为例[J].山东建筑大学学报,26(3):199-203,214.

于长明,杨浚,冯雅薇,2013.世界城市高铁枢纽及周边土地利用形态:伦敦、巴黎、纽约、东京与北京[J].北京规划建设(6):71-77.

余晋,2011.高铁客站新区交通综合网络规划研究[D].武汉:武汉理工大学.

余泳泽,潘妍,2019.高铁开通缩小了城乡收入差距吗:基于异质性劳动力转移视角的解释[J].中国农村经济(1):79-95.

禹文豪,艾廷华,2015.核密度估计法支持下的网络空间POI点可视化与分析[J].测绘学报,44(1):82-90.

翟国方,2016.日本高铁站城发展及启示[J].规划师,32(9):42-43.

翟国方,朱炜宏,2016.高铁周边地区与现代服务业集聚区规划[J].规划师,32(9):38-39.

张本涌,郑猛,余世英,2015.武汉市高铁枢纽选址及铁路总体布局优化[J].城市交通,13(6):37-45.

张辉,2018.当前高铁新城发展中存在的缺陷以及对策[J].中华建设(7):84-85.

张凯烊,孟晓晨,2016."被高铁"现象的理性分析:以京沪高铁为例[J].地理科学进展,35(4):496-504.

张潘,2012.吉安高铁站点周边地区土地开发策略研究[D].武汉:华中科技大学.

赵倩,陈国伟,2015.高铁站区位对周边地区开发的影响研究:基于京沪线和武广线的实证分析[J].城市规划,39(7):50-55.

郑德高,杜宝东,2007.寻求节点交通价值与城市功能价值的平衡:探讨国内外高铁车站与机场等交通枢纽地区发展的理论与实践[J].国际城市规划,22(1):72-76.

郑德高,张晋庆,2011.高铁综合交通枢纽商务区规划研究:以上海虹桥枢纽与嘉兴南站地区规划为例[J].规划师,27(10):34-38.

周学军,李勇汉,2018.基于Hedonic模型的旅游地产价格影响因子特征分析[J].统计与决策,34(11):100-103.

朱锋,2010.高速铁路站点周边地区规划与开发研究[D].苏州:苏州科技学院.

朱一中,王哲,潘英健,2015.基于特征价格理论的土地增值影响因素及其效应:以中山市商品住宅用地为例[J].经济地理,35(12):185-192.

外文文献

ALBALATE D,BEL G,2012. High-speed rail:lessons for policy makers from experiences abroad[J]. Public administration review,72(3):336-349.

ANDERSON E W,SULLIVAN M W,1993. The antecedents and consequences of customer satisfaction for firms[J]. Marketing science,12(2):125-143.

ANDERSON T K,2009. Kernel density estimation and K-means clustering to profile road accident hotspots[J]. Accident analysis and prevention,41(3):359-364.

ANDERSSON D E,SHYR O F,FU J,2010. Does high-speed rail accessibility influence residential property prices? Hedonic estimates from southern Taiwan[J]. Journal of transport geography,18(1):166-174.

ATOC,2009. Passenger demand forecasting handbook version 5[Z]. London:Association of Train Operating Companies.

BANISTER D,THURSTAIN-GOODWIN M,2010. Quantification of the non-transport benefits resulting from rail investment[J]. Journal of transport geography,19(2):212-223.

BECKERICH C, BENOIT S, DELAPLACE M, 2019. Are the reasons for companies to locate around central versus peripheral high-speed rail stations different? The cases of Reims central station and Champagne-Ardenne station[J]. European planning studies,27(3):574-594.

BECKERICH C,BENOIT-BAZIN S,DELAPLACE M,2017. Does high speed rail affect the behaviour of firms located in districts around central stations? The results of two surveys conducted in reims in 2008 and 2014[J]. Transportation research procedia,25:3017-3034.

BECKMANN M J,1999. Lectures on location theory[M]. Berlin:Springer.

BERTOLINI L, 1996. Nodes and places: complexities of railway station redevelopment[J]. European planning studies,4(3):331-345.

BERTOLINI L, 1999. Spatial development patterns and public transport: the application of an analytical model in the Netherlands[J]. Planning practice and research,14(2):199-210.

BERTOLINI L, SPIT T, 1998. Cities on rails: the redevelopment of railway station area[M]. London:E & FN SPON.

BLAINEY S P, 2009. Forecasting the use of new local railway stations and services using GIS[D]. Southampton:University of Southampton.

BLAINEY S P,PRESTON J M,2013. A GIS-based appraisal framework for new local railway stations and services[J]. Transport policy,25:41-51.

BOWES D R,IHLANFELDT K R,2001. Identifying the impacts of rail transit stations on residential property values[J]. Journal of urban economics,50(1):1-25.

BROTCHIE J,BATTY M,HALL P,et al,1991. Cities of the 21st century:new technologies and spatial systems[M]. New York:Longman Cheshire.

BROUWER A E, MARIOTTI I, VAN OMMEREN J N, 2004. The firm relocation decision:an empirical investigation[J]. The annals of regional science,38(2):335-347.

CALTHORPE P,1993. The next American metropolis:ecology,community, and the American dream[M]. New York:Princeton Architectural Press.

CASTILLO J,CÁCERES N,ROMERO L M,et al,2014. Models for the hazardous goods railway transportation in Spain considering the effect of the catchment area of the station[J]. Transportation research procedia, 3:584-591.

CERVERO R,1994. Transit-based housing in California:evidence on ridership impacts[J]. Transport policy,1(3):174-183.

CERVERO R,2007. Transit-oriented development's ridership bonus:a product of self-selection and public policies[J]. Environment and planning A: international journal of urban and regional research,39(9):2068-2085.

CERVERO R, DUNCAN M, 2002. Transit's value-added effects: light and commuter rail services and commercial land values[J]. Transportation research record:journal of the transportation research board,1805(1): 8-15.

CERVERO R, MURPHY S, FERRELL C, et al, 2004. Transit-oriented development in the United States:experiences,challenges,and prospects [J]. BMC research notes,8(1):1-7.

CHEN C L, HALL P, 2011. The impacts of high-speed trains on British economic geography:a study of the UK's InterCity 125/225 and its effects [J]. Journal of transport geography,19(4):689-704.

CHEN Z H,HAYNES K E,2012. Tourism industry and high speed rail: is there a linkage:evidence from China's high speed rail development[Z]. Fairfax:GMU School of Public Policy Research Paper No. 2012-14.

CHEN Z H,HAYNES K E,2015. Impact of high speed rail on housing values: an observation from the Beijing-Shanghai line [J]. Journal of transport geography,43:91-100.

CHEN Z H,XUE J B,ROSE A Z,et al,2016. The impact of high-speed rail investment on economic and environmental change in China:a dynamic CGE analysis[J]. Transportation research part A:policy and practice,92: 232-245.

CHENG Y H,2010. High-speed rail in Taiwan:new experience and issues for future development[J]. Transport policy,17(2):51-63.

CHORUS P,BERTOLINI L,2011. An application of the node place model to explore the spatial development dynamics of station areas in Tokyo[J]. Journal of transport and land use,4(1):45-58.

CHOU J S, KIM C W, KUO Y C, et al, 2011. Deploying effective service strategy in the operations stage of high-speed rail[J]. Transportation research part E:logistics and transportation review,47(4):507-519.

CYERT R M, MARCH J G, 1963. A behavioural theory of the firm[M].

Englewood Cliffs: Prentince Hall.

DAI X Z, XU M, WANG N Z, 2018. The industrial impact of the Beijing-Shanghai high-speed rail[J]. Travel behaviour and society, 12: 23-29.

DEBREZION G, PELS E, RIETVELD P, 2007. The impact of railway stations on residential and commercial property value: a meta-analysis[J]. The journal of real estate finance and economics, 35(2): 161-180.

DEBREZION G, PELS E, RIETVELD P, 2011. The impact of rail transport on real estate prices[J]. Urban studies, 48(5): 997-1015.

DEL CASTILLO J M, CÁCERES N, ROMERO L M, et al, 2014. Models for the hazardous goods railway transportation in Spain considering the effect of the catchment area of the station[J]. Transportation research procedia, 3: 584-591.

DITTMAR H, OHLAND G, 2012. The new transit town: best practices in transit-oriented development[M]. Washington, D. C. : Island Press.

DONALDSON T, PRESTON L E, 1995. The stakeholder theory of the corporation: concepts, evidence, and implications [J]. Academy of management review, 20(1): 65-91.

DUNSE N, JONES C, 1998. A hedonic price model of office rents[J]. Journal of property valuation and investment, 16(3): 297-312.

FELIU J, 2012. High-speed rail in European medium-sized cities: stakeholders and urban development[J]. Journal of urban planning and development, 138(4): 293-302.

FLORIDA R, 2005. Cities and the creative class[M]. London: Routledge.

FORNELL C, 1992. A national customer satisfaction barometer: the Swedish experience[J]. Journal of marketing, 56(1): 6-21.

FORNELL C, JOHNSON M D, ANDERSON E W, et al, 1996. The American customer satisfaction index: nature, purpose, and findings[J]. Journal of marketing, 60(4): 7-18.

FREEMAN R E, 2010. Strategic management: a stakeholder approach[M]. Cambridge: Cambridge University Press.

FREEMAN R E, MCVEA J, 2005. A stakeholder approach to strategic management[M]//HITT M, FREEMAN E, HARRISON J. Handbook of strategic management. Oxford: Blackwell: 183-201.

GATZLAFF D H, SMITH M T, 1993. The impact of the Miami metrorail on the value of residences near station locations[J]. Land economics, 69(1): 54-66.

GENG B, BAO H J, LIANG Y, 2015. A study of the effect of a high-speed rail station on spatial variations in housing price based on the hedonic model [J]. Habitat international, 49: 333-339.

GREGORY D, JOHNSTON R, PRATT G, et al, 2009. The dictionary of human geography[M]. 5th ed. New York:John Wiley & Sons.

GUERRA E,CERVERO R,TISCHLER D,2012. Half-mile circle:does it best represent transit station catchments[J]. Transportation research record: journal of the transportation research board,2276(1):101-109.

HARVEY D,1989. The condition of postmodernity(Vol. 14)[M]. Oxford: Blackwell.

HAYNES K E, 1997. Labor markets and regional transportation improvements:the case of high-speed trains:an introduction and review[J]. The annals of regional science,31(1):57-76.

HAYTER R,1997. The dynamics of industrial location:the factory,the firm and the production system[M]. New York:John Wiley & Sons.

HEKMAN J S,1982. Survey of location decisions in the south[J]. Economic review,6:6-19.

HENSHER D A, HO C Q, ELLISON R B, 2019. Simultaneous location of firms and jobs in a transport and land use model[J]. Journal of transport geography,75:110-121.

HENSHER D,LI Z,MULLEY C,2012. The impact of high speed rail on land and property values: a review of market monitoring evidence from eight countries[J]. Road & transport research:a journal of Australian and New Zealand research and practice,21(4):3-14.

HESS D B, ALMEIDA T M, 2007. Impact of proximity to light rail rapid transit on station-area property values in Buffalo, New York[J]. Urban studies,44(5/6):1041-1068.

HIROTA R,1984. Present situation and effects of the Shinkansen[Z]. Paris: Paper presented to the International Seminar on High-Speed Trains.

HIROTA R,1985. Japon:l'effet shinkansen(Japan:the shinkansen effect)[J]. Transports,310:678-679.

HOOVER E M,FISHER J L,1949. Research in regional economic growth. A chapter in problems in the study of economic growth[Z]. Cambridge: National Bureau of Economic Research.

ISEKI H, JONES R P, 2018. Analysis of firm location and relocation in relation to Maryland and Washington,DC metro rail stations[J]. Research in transportation economics,67:29-43.

JACOBSON D, ANDRÉOSSO-O'CALLAGHAN B, 1996. Industrial economics and organization:a European perspective[M]. New York: McGraw-Hill Book Company Limited.

JOHNSON M D,GUSTAFSSON A,WALLIN ANDREASSEN T,et al,2001. The evolution and future of national customer satisfaction index models [J]. Journal of economic psychology,22(2):217-245.

KAMEL K, MATTHEWMAN R, 2008. The non-transport impacts of high-speed trains on regional economic development: a review of the literature [EB/OL]. (2008-12-12)[2023-01-23]. http://www.locateinkent.com.

KNIGHT R L, TRYGG L L, 1977. Evidence of land use impacts of rapid transit systems[J]. Transportation, 6(3):231-247.

KO K, CAO X J, 2010. Impacts of the Hiawatha light rail line on commercial and industrial property values in Minneapolis[Z]. Minnesota: Center for Transportation Studies, University of Minnesota.

LANDIS J, GUHATHAKURTA S, HUANG W, et al, 1995. Rail transit investments, real estate values, and land use change: a comparative analysis of five California rail transit systems[Z]. Berkeley: Institute of Urban and Regional Studies, University of California at Berkeley.

LEVINSON D M, 2012. Accessibility impacts of high-speed rail[J]. Journal of transport geography, 22:288-291.

LI J A, RONG W Z, 2018. Research on competitive ticket pricing of China's high speed rail: a case study of Beijing-Shanghai high-speed railway [J]. IOP conference series: materials science and engineering, 392:062138.

LÖSCH A, 1954. The economics of location[M]. New Haven: Yale University Press.

LYU G, BERTOLINI L, PFEFFER K, 2016. Developing a TOD typology for Beijing metro station areas[J]. Journal of transport geography, 55:40-50.

MA W L, WANG Q A, YANG H J, et al, 2019. Effects of Beijing-Shanghai high-speed rail on air travel: passenger types, airline groups and tacit collusion[J]. Research in transportation economics, 74:64-76.

MANNONE V, 1997. Gares TGV et nouvelles dynamiques urbaines en centre ville: le cas des villes des servies par le TGV Sud-Est(TGV train stations and new urban dynamics in the city center: the case of cities served by the TGV South-East)[J]. Les cahiers scientifiques du transport, 31:71-97.

MARTIN F, 1997. Justifying a high-speed rail project: social value vs. regional growth[J]. The annals of regional science, 31(2):155-174.

MARTINEZ H S, MOYANO A, MA CORONADO J, et al, 2016. Catchment areas of high-speed rail stations: a model based on spatial analysis using ridership surveys[J]. European journal of transport and infrastructure research, 16(2):364-384.

MASSON S, PETIOT R, 2009. Can the high speed rail reinforce tourism attractiveness? The case of the high speed rail between Perpignan (France) and Barcelona(Spain)[J]. Technovation, 29(9):611-617.

MEJIA-DORANTES L, PAEZ A, MANUEL VASSALLO J, 2012. Transportation infrastructure impacts on firm location: the effect of a new metro line in the suburbs of Madrid[J]. Journal of transport geography, 22:236-250.

MOK H M K,CHAN P P K,CHO Y S,1995. A hedonic price model for private properties in Hong Kong[J]. The journal of real estate finance and economics,10(1):37-48.

MONZÓN A,ORTEGA E,LÓPEZ E,2013. Efficiency and spatial equity impacts of high-speed rail extensions in urban areas[J]. Cities,30:18-30.

MOSES L N,1958. Location and the theory of production[J]. The quarterly journal of economics,72(2):259-272.

MOULAERT F,SALIN E,WERQUIN T,2001. Euralille:large-scale urban development and social polarization[J]. European urban and regional studies,8(2):145-160.

MURAKAMI J,CERVERO R,2016. High-speed rail and economic development:business agglomerations and policy implications[M]// PÉREZ HENRÍQUEZ B L,DEAKIN E. High-speed rail and sustainability:decision-making and the political economy of investment. London:Taylor and Francis.

MUTH R,1969. Cities and housing:the spatial patterns of urban residential land use[D]. Chicago:University of Chicago.

NAKAMURA H,UEDA T,1989. The impacts of the Shinkansen on regional development[C]. Yokohama:The Fifth World Conference on Transport Research:3.

NEWMAN P,THORNLEY A,1995. Euralille:'boosterism' at the centre of Europe[J]. European urban and regional studies,2(3):237-246.

NIE F P,HUANG H,CAI X,et al,2010. Efficient and robust feature selection via joint $\ell2,1$-norms minimization[C]. Vancouver:Proceedings of the 23rd International Conference on Neural Information Processing Systems.

O'LOUGHLIN C,COENDERS G,2004. Estimation of the European customer satisfaction index:maximum likelihood versus partial least squares. application to postal services[J]. Total quality management & business excellence,15(9/10):1231-1255.

OLARU D,MONCRIEFF S,MCCARNEY G,et al,2019. Place vs. node transit:planning policies revisited[J]. Sustainability,11(2):1-14.

PEEK G J,BERTOLINI L,DE JONGE H,2006. Gaining insight in the development potential of station areas:a decade of node-place modelling in the Netherlands[J]. Planning practice and research,21(4):443-462.

PETHERAM S J,NELSON A C,MILLER M,et al,2013. Use of the real estate market to establish light rail station catchment areas:case study of attached residential property values in Salt Lake County,Utah,by light rail station distance[J]. Transportation research record:journal of the transportation research board,2357(1):95-99.

POL P,2003. The economic impact of the high-speed train on urban regions

[Z]. Jyväskylä: European Regional Science Association (ERSA) Conference Papers.

PRED A, 1967. Behaviour and location: foundations for a geographic and dynamic location theory: part I[J]. Lund studies in geography B(28): 36-55.

PREMUS R, 1982. Location of high technology firms and regional economic development: a staff study[Z]. Washington, D.C.: US Government Printing Office.

PRESTON J, 1991. Demand forecasting for new local rail stations and services [J]. Journal of transport economics and policy, 25(2): 183-202.

PRESTON J, 2009. The case for high speed rail: a review of recent evidence [M]. London: RAC Foundation.

RAVAZZOLI E, STREIFENEDER T, CAVALLARO F, 2017. The effects of the planned high-speed rail system on travel times and spatial development in the European Alps [J]. Mountain research and development, 37(1): 131-140.

ROSEN S, 1974. Hedonic prices and implicit markets: product differentiation in pure competition[J]. Journal of political economy, 82(1): 34-55.

SANDS B D, 1993. The development effects of high-speed rail stations and implications for California[J]. Built environment, 19(3/4): 257-284.

SCHÜTZ E, 1998. Stadtentwicklung durch hochgeschwindigkeitsverkehr (urban development by High-Speed Traffic)[J]. Hef, 6: 369-383.

SINGH Y J, LUKMAN A, FLACKE J, et al, 2017. Measuring TOD around transit nodes: towards TOD policy[J]. Transport policy, 56: 96-111.

STORPER M, SALAIS R, 1997. Worlds of production: the action frameworks of the economy[M]. Cambridge: Harvard University Press.

STORPER M, SCOTT A J, 2009. Rethinking human capital, creativity and urban growth[J]. Journal of economic geography, 9(2): 147-167.

TIERNEY S, 2012. High-speed rail, the knowledge economy and the next growth wave[J]. Journal of transport geography, 22: 285-287.

TOWNROE P M, 1972. Some behavioural considerations in the industrial location decision[J]. Regional studies, 6(3): 261-272.

TRIP J J, 2007. What makes a city? Planning for 'quality of place': the case of high-speed train station area development[M]. Amsterdam: IOS Press.

TRIP J J, 2008. What makes a city: urban quality in Euralille, Amsterdam South Axis and Rotterdam Central [M]//BRUINSMA F, PELS E, PRIEMUS H, et al. Railway development impacts on urban dynamics. Amsterdam: Physica-Verlag Publishing: 79-99.

UIC, 2017. High-speed lines in the world (Updated in November 2017)[EB/

OL]. (2017-11-01) [2023-11-15]. https://uic. org/IMG/pdf/20171101highspeedlines intheworld. pdf.

UPCHURCH C, KUBY M, ZOLDAK M, et al, 2004. Using GIS to generate mutually exclusive service areas linking travel on and off a network[J]. Journal of transport geography,12(1):23-33.

UREÑA J M, MENERAULT P, GARMENDIA M, 2009. The high-speed rail challenge for big intermediate cities: a national, regional and local perspective[J]. Cities,26(5):266-279.

VALE D S, VIANA C M, PEREIRA M, 2018. The extended node-place model at the local scale: evaluating the integration of land use and transport for Lisbon's subway network [J]. Journal of transport geography, 69: 282-293.

VICKERMAN R, 1997. High-speed rail in Europe: experience and issues for future development[J]. The annals of regional science,31(1):21-38.

VICKERMAN R, ULIED A, 2006. Indirect and wider economic impacts of high speed rail[J]. Economic analysis of high speed rail in Europe, 23(3):89-103.

VOITH R, 1991. Transportation, sorting and house values[J]. Real estate economics,19(2):117-137.

WANG L, YUAN F, DUAN X, 2018. How high-speed rail service development influenced commercial land market dynamics: a case study of Jiangsu province, China[J]. Journal of transport geography,72:248-257.

WARDMAN M, LYTHGOE W, WHELAN G, 2007. Rail passenger demand forecasting: cross-sectional models revisited[J]. Research in transportation economics,20:119-152.

WEBER A, 1929. Theory of the location of industries[M]. Chicago: University of Chicago Press.

WILLIGERS J, 2003. High-speed railway developments and corporate location decisions. European regional science association[Z]. Jyväskylä: ERSA.

WILLIGERS J, FLOOR H, VAN WEE B, 2007. Accessibility indicators for location choices of offices: an application to the intraregional distributive effects of high-speed rail in the Netherlands[J]. Environment and planning A: international journal of urban and regional research,39(9):2086-2898.

WILLIGERS J, VAN WEE B, 2011. High-speed rail and office location choices. A stated choice experiment for the Netherlands[J]. Journal of transport geography,19(4):745-754.

ZHANG W X, NIAN P H, LYU G W, 2016. A multimodal approach to assessing accessibility of a high-speed railway station[J]. Journal of transport geography,54:91-101.

图片来源

图 1-1 源自:笔者绘制.

图 2-1 源自:笔者根据 PEEK G J,BERTOLINI L,DE JONGE H,2006. Gaining insight in the development potential of station areas:a decade of node-place modelling in the Netherlands[J]. Planning practice and research,21(4):443-462 相关内容绘制.

图 2-2 源自:笔者根据 POL P,2003. The economic impact of the high-speed train on urban regions[Z]. Jyväskylä:European Regional Science Association (ERSA) Conference Papers 相关内容绘制.

图 2-3 源自:陆化普,2012. 城市交通规划与管理[M]. 北京:中国城市出版社:137.

图 2-4 源自:笔者根据 DONALDSON T,PRESTON L E,1995. The stakeholder theory of the corporation:concepts,evidence,and implications[J]. Academy of management review,20(1):65-91 相关内容绘制.

图 2-5 源自:笔者绘制.

图 2-6 源自:笔者根据高德地图 2019 年兴趣点(POI)数据绘制.

图 3-1 源自:笔者绘制.

图 3-2、图 3-3 源自:笔者根据 2008—2016 年中国城市统计年鉴绘制.

图 4-1 源自:笔者根据高德地图 2019 年兴趣点(POI)数据绘制.

图 4-2 源自:笔者根据企查查、天眼查等企业信息平台数据绘制.

图 4-3 至图 4-8 源自:笔者绘制.

图 4-9 源自:笔者根据高德地图 2010 年、2012 年和 2014 年的企业兴趣点(POI)数据绘制.

图 4-10 源自:笔者根据高德地图 2014 年、2016 年和 2019 年的企业兴趣点(POI)数据绘制.

图 4-11 至图 4-13 源自:笔者根据企业调查数据绘制.

图 4-14 源自:笔者绘制.

图 5-1 至图 5-3 源自:笔者根据企业调查数据绘制.

图 5-4 源自:笔者绘制.

图 6-1 源自:笔者根据王丽,2015. 高铁站区产业空间发展机制:基于高铁乘客特征的分析[J]. 经济地理,35(3):94-99 相关内容绘制.

图 6-2 源自:笔者根据高德地图 2010 年兴趣点(POI)数据绘制.

图 6-3 源自:笔者根据高德地图 2012 年兴趣点(POI)数据绘制.
图 6-4 源自:笔者根据高德地图 2014 年兴趣点(POI)数据绘制.
图 6-5 源自:笔者根据高德地图 2016 年兴趣点(POI)数据绘制.
图 6-6 源自:笔者根据高德地图 2018 年兴趣点(POI)数据绘制.
图 6-7 至图 6-9 源自:笔者根据高德地图 2010 年至 2018 年兴趣点(POI)数据绘制.
图 6-10 源自:笔者根据高德地图 2014 年和 2018 年兴趣点(POI)数据绘制.
图 6-11 源自:笔者根据高德地图 2010 年至 2018 年兴趣点(POI)数据绘制.
图 6-12 源自:笔者根据高德地图 2014 年至 2018 年兴趣点(POI)数据绘制.
图 6-13 源自:笔者绘制.

图 7-1 源自:笔者根据 2019 年高德地图兴趣点(POI)绘制.
图 7-2、图 7-3 源自:笔者根据商铺调查数据绘制.

图 8-1 源自:笔者根据 CHOU J S,KIM C W,KUO Y C,et al,2011. Deploying effective service strategy in the operations stage of high-speed rail[J]. Transportation research part E:logistics and transportation review,47(4):507-519 相关内容绘制.
图 8-2 源自:笔者绘制.
图 8-3 至图 8-9 源自:笔者根据问卷调查数据绘制.

图 9-1 源自:笔者绘制.

表格来源

表 3-1 源自:笔者根据《国民经济行业分类》(GB/T 4754—2017)绘制.

表 3-2 源自:笔者根据维基百科、百度百科以及相关网站对京沪高铁和沿线站点的介绍整理绘制.

表 3-3 源自:笔者绘制.

表 3-4 源自:笔者根据 2008—2016 年中国城市统计年鉴绘制.

表 4-1 至表 4-8 源自:笔者根据企查查、天眼查等企业信息平台数据整理绘制.

表 4-9 至表 4-21 源自:笔者根据企业调查数据整理绘制.

表 5-1 至表 5-6 源自:笔者根据企业调查数据整理绘制.

表 7-1、表 7-2 源自:笔者根据贝壳找房、安居客等地产平台数据整理绘制.

表 7-3 至表 7-5 源自:笔者根据江苏土地市场网苏州市、相城区 2012 年至 2019 年土地招拍挂数据整理绘制.

表 7-6 源自:笔者根据贝壳找房、安居客等地产平台数据以及地图搜索测量数据绘制.

表 7-7 至表 7-13 源自:笔者绘制.

表 7-14 源自:笔者根据实地调研,贝壳找房、安居客等地产平台,地图搜索测量数据绘制.

表 7-15、表 7-16 源自:笔者绘制.

表 8-1 至表 8-10 源自:笔者根据问卷调查数据整理绘制.

表 8-11、表 8-12 源自:笔者绘制.

表 8-13 至表 8-15 源自:笔者根据问卷调查数据整理绘制.

本书作者

张文新，男，广西桂林人。北京师范大学理学博士，北京师范大学地理科学学部教授、博士生导师，土地与城乡发展研究中心主任，兼任中国城市科学研究会理事及中国地理学会城市地理专业委员会委员。主要研究方向为城市地理学、经济地理学、城市发展与城市土地利用、城市与区域规划、国土空间规划。发表中外学术论文100余篇，出版专著10余部。主持省部级以上项目20余项。曾获国家土地管理局科技成果三等奖、北京市教育成果一等奖等。

孙方，男，河南唐河人，北京师范大学理学博士，北京舜土规划顾问有限公司研发中心副主任。主要研究方向为城市地理学，城市与区域规划，国土空间规划以及全民所有自然资源资产清查、储备、保护和使用规划等。发表学术论文10余篇，参与多部专著的出版。长期从事国土空间规划编制工作，主持和参与了10余项市县级国土空间总体规划项目。参与自然资源资产清查和委托代理机制试点项目5项。

史艳慧，女，河南新乡人，北京大学理学硕士，英国伯明翰大学理学博士。师从著名的城市形态学家杰里米·怀特汉德(Jeremy Whitehand)教授、特里·斯莱特(Terry Slater)副教授。主要从事城市形态、世界遗产保护、气候科学等领域的跨文化、跨学科研究。曾以技术顾问的身份作为中国代表团的一员参与联合国教科文组织2017年波兰克拉科夫、2019年阿塞拜疆巴库、2021年中国福州世界遗产大会。